International Relation Study，No. 4.
《国际关系研究》（第四辑）

Multilateral Regime and China's Positioning

多边机制与中国的定位

上海社会科学院世界经济与政治研究院

时 事 出 版 社

编辑委员会

目 录

中国与大国关系

中国与周边合作

东北亚研究

国际关系理论

区域研究

会议综述

Contents

中国与大国关系

美国对中国崛起的认知与反应

刘阿明[*]

内容提要：中国近三十年来的经济蓬勃发展以及随之而来的军力增强、科技进步、人民生活水平提高和国际声望上升，使其充满自信地展现作为一个地区大国的影响力。随着中国的发展，中美的利益合作与竞争愈益具有世界意义和全球影响。美国对中国的心态是复杂的：它一方面在外交、经贸、安全等领域需要中国的合作，另一方面又担心中国的发展会对其至上地位和利益形成挑战。美国对中国崛起的认知与反应不仅将决定中美双边关系的性质，而且将影响整个国际体系的发展走向。

对美国来说，中国在全球范围内的迅速崛起是 21 世纪初所发生的、最显著的地缘政治变化。“这简直就是前所未有的。世

* 刘阿明，上海社会科学院亚太研究所，法学博士。

界上人口最多、人口增长最快的国家正成为一股强大的经济、政治和战略力量。”[①] 在美国国内，无论是保守派还是自由派、无论是政府官员还是学者或智囊机构均已开始将如何认识和应对中国的崛起作为他们关注的迫切课题。美国副国务卿佐利克 2005 年 9 月关于中美关系的讲话表明：美国既承认中国崛起是一个不可逆转的事实，又强调要鼓励中国成为现存国际体系中“负责任的利益攸关方”。这一表述代表了布什政府一种比较务实的对华政策总趋势，不失为美国深切认识中国的开始，但这并不意味着美国在关于中国崛起问题上已达成战略共识。事实上，对于中国的发展，华盛顿决策圈和舆论界始终存在着迥异的战略判断以及不同的政策选择。

一、美国对中国崛起的战略判断

在美国看来，近代以来，中国从未经历过如此迅速的财富和权力的聚积，中国在各个领域的有所作为已引起它的双重反应：既表示欢迎，又心存不安。美国不得不承认中国在全球化时代日益重要的作用，同时也更加担心中国力量的发展可能导致其利益和目标的扩大，最终威胁到美国广泛的地区和全球利益，甚至直接挑战美国的主导地位。可以说，美国目前还不能确定中国的崛起会对自己产生什么样的影响，这种不确定性主要体现为美国对中国崛起的三种不同的认知。

① David Lague，“Coming to Terms with China's Ascent”，The International Herald Tribune，November 8，2005. 有预测认为：在 GDP 每年的增速都能达到 10%，人民币对美元的汇率上升 2.0%，社会、政治、经济和自然各方面都稳定发展的情况下，中国可能在 2035 年至 2040 年间成为世界头号经济体。

1. 中国威胁论

这种论调认为：中国渴望地区霸权，中国实力的增强必然会损害美国的利益，挑战美国的全球领导地位、破坏亚洲乃至整个国际体系的稳定。美中关系是零和博弈和冲突迭起的。[①]持这种判断的人相信，中国日益增加的经济和政治影响力以及中美两国之间的根本性差异使得中国把挑战美国在亚洲和全球的地位作为当务之急。他们从两个层面解读中国对美国利益造成的威胁：一是中国遵循非对称战略，逐步扩大经济势力范围，并利用经济实力建立一个帝国，把触角伸向亚洲大部分地区，将邻国一个个地变成其附庸国，实现地区霸权；二是中国将成为一个足以与美国相抗衡的"军事超级大国"。这批人对中国的战略判断是，中国崛起对美国至上地位构成了迫在眉睫的挑战，其假想敌就是美国。因此，中国威胁论强调当中国的行为违反美国的利益时，美国必须准备以更加咄咄逼人的姿态作出反应。即在贸易、金融、政治、军事等领域对中国实施"遏制"或"对抗"战略，在增强美国自身实力的同时，千方百计地阻挠中国的发展进程。

---

① Michael McDevitt, "The China Factor in US Defense Planning," in Jonathan Pollack ed., *Strategic Surprise*? Newport RI: U.. Naval War College, 2003, pp. 149—158; Bruce Klingner, "'Peaceful rising' seeks to allay 'China threat,'" *Asia-timesonline*, March 12, 2004; Richard Sokolsky, Angel Rabasa, and C. R. Neu, *The Role of Southeast Asia in US Policy Toward China*, Santa Monica CA: Rand Corp. 2000; John Pomfret, "In its own neighborhood, China emerges as a leader," *The Washington Post*, October 18, 2001; Jane Parlez, "China races to replace US as economic power in Asia," *The New York Times*, June 28, 2002. Chung Min Lee, "China's rise, Asia's dilemma," The NationalIinterest, Fall 2005.

2. 和平崛起论

和平崛起论相信中国崛起是历史的必然，中国是一个有着有限利益的、维持现状的国家，而不是修正主义国家。中国正在有效地处理亚洲秩序，没有必要与美国竞争，更不至于威胁美国强权地位。① 持这种判断的人认为：在相当长的时间内，中国需要与美国保持良好关系，以寻求它的经济发展和政治稳定。如果说中国在亚洲和全球范围的崛起伴随着美国声望和力量的相对衰落，那么这主要也是因为美国政策的失误，而不是中国主观上对美国的地位进行挑战的结果。因此，美国的应对办法不是要遏制中国或阻止它的和平崛起，而是应摆脱反恐战争的狭隘思维，在其他国家所关心的经济繁荣、政治稳定、平等发展等问题上投入更多的精力。中国也不应被当成由美国自身原因造成的所有经济问题的替罪羊。美国过去十年贸易逆差大幅度增加的状况应当更多地归因于自己储蓄的匮乏而不是从中国进口的产品。② 总之，和平崛起论不把国际关系看作零和博弈，美国不必每每视中国为对手，而应采取所谓的“融合”或“迁就”战略，主动与中国进行对话和协作，尽量与之一道和睦地工作。

---

① Michael Yahuda, “China's Win-Win Globalization,” YaleGlobalonline, February 19, 2003, http://www.yaleglobal.yale.edu; Joseph Kahn, “Hands across the Pacific,” *The New York Times* November 11, 2002; Evan Medeiros and M. Taylor Fravel, “China's New Diplomacy,” *Foreign Affairs*, November/December 2003; Elaine Kurtenbach, “China emerges as a possible US partner,” Associated Press, Oct. 21, 2003; Fu Ying, “China and Asia in new period,” *Foreign Affairs Journal*, Beijing, No. 69, September 2003, pp. 1—7.

② Aaron L Friedberg, “The Future of US-China Relations,” *International Security*, Fall 2005.

3. 两面下注论

该理论断定中国还远远没有作好正面挑战美国的准备，美国仍拥有足够的时间和各种可用的资源在亚洲和全球遏制中国。①持这种判断的人认为：在除贸易以外的其他领域，例如安全、卫生、打击犯罪和环保等跨国问题上，中国常常只是一个试探性的参与者。目前，中国在亚洲的战略目标和影响被美国所遮盖，更不用说全球范围了。中国即使有挑战美国领导地位的野心，也未必拥有足够的力量作后盾。同时，他们仅仅将“中国的和平崛起”看成是多种可能中的一种，换言之，即便中国现在是一个维持现状国家也不能确保其长期目标将是一成不变的。随着物质力量的积聚和地位的上升，中国的外交和军事倾向可能发生改变，它也许会成为挑战美国主导地位和全球秩序的修正主义国家。因此，美国应该作好两手准备：一方面努力将中国带入国际准则和国际体系，以美国利益为准绳规范中国的行为，说服中国作出正确的选择；另一方面采取“防范”或“围堵”战略，减少中国崛

---

① Robert Sutter, “*China's Rise in Asia*: *Promises*, *Prospects and Implications for the United States*,” Asia-Pacific Center for Security Studies, http: //www. apcss. org; Michael D. Swaine, “Reverse Course? The Fragile Turnaround in US-China Relations,” Carnegie Endowment for International, *Peace Policy Brief* 22, February 2003, pp. 1—3; Bonnie Glaser, “China and US disagree, but with smiles,” *Comparative Connections*, April 2003; Robert Sutter, “Grading Bush's China Policy,” PACNET 10, March 8, 2002, http: //www. csis. org/pacfor; “The acceptability of American power,” *Economist*, June 29, 2002; Benjamin Self, “China and Japan: a fa? ade of friendship,” *Washington Quarterly*, Winter 2002/03, pp. 77—88; Robert Sutter, *The United States and East Asia*, Lanham MD: Rowman and Littlefield, 2003, pp. 199—200, 222—223; Francine Frankel and Harry Harding, *The India-China relationship*: *what the United States needs to know*, New York: Columbia University Press, 2004.

起可能带来的负面影响，[①] 从本质上说，两面下注论表明美国不能确定中国一定会成为一个它所定义的“负责任的利益攸关方”，美国在冀望中国行为规范的同时，仍需为中国可能产生的敌意和威胁做好准备。

中国崛起的事实已经在美国国会和行政当局造成了关于如何应对的分裂性意见。2005 年初，国会成立了两个不同的小组，专门研究如何应对中国崛起的经济和政治影响：一个是由弗吉尼亚州共和党众议员、众议院军事委员会成员兰迪·福布斯领导的 31 人中国小组，关注中国人民解放军军事现代化问题。该小组认为：中国提升军力构成“巨大威胁”，其“目的远不仅仅是台湾”，而“完全是针对美国的”，因此主张美国应加强海军战备以与中国相抗衡。另一个是由伊利诺思州共和党众议员马克·柯克领导的 35 人美中研究小组，旨在“减少由于错误信息而产生的与中国不必要的冲突”。柯克认为：虽然中国的军事实力“全面增强，令人担忧”，但是美中贸易和外交关系将“使中国变成一个不太具有威胁性的国家”。[②] 不难看出，福布斯小组倾向于“中国威胁论”，而柯克小组有意以“和平崛起论”看待中国的发展。

布什政府则在上述两个国会小组的认知之间采行中间路线。国务卿赖斯 2005 年 3 月在日本表示：由于中国的未来还不确定，美国有责任努力推动、诱导中国走向正面的道路。她确信美日关系、美韩关系、美印关系对于塑造一个使中国更可能在其中发挥

---

① Evan S. Medeiros, “Strategic Hedging and the Future of Asia-Pacific Stability,” *The Washington Quarterly*, Winter 2005/06.

② Murray Herbert, “China's Rising Clout Splits Republicans: In U.S. Congress, One Faction Stresses the Benefits of Trade, While Other Fears Military Threat,” *The Wall Street Journal*, October 27, 2005.

积极作用而非消极影响的环境至关重要。[①] 而 2006 年 3 月 17 日在悉尼参加美澳外长会议时，赖斯又断然否认美国对中国实行遏制政策。虽然她也提出了美国对北京加强军备的担忧，但其主旨是承认中国在全球经济中的重要作用，鼓励北京进一步加强经济开放、扩大人权和社会自由。[②]

由此可见，前两种判断，即“中国威胁论”与“和平崛起论”，均非目前布什政府对华政策的主流，大多数时候只代表了某些特殊利益集团的呼声，可以说是美国对华政策“钟摆”的两个“端点”。而第三种应对中国崛起的判断——“两面下注论”，则代表了布什政府内部大多数幕僚的认知。这种战略旨在使中国接受现存国际制度和规则的约束，确保中国的崛起不会破坏亚洲和世界体系的平衡以及损害美国的利益。同时，该战略也包含明显的威慑成分，试图阻止中国以威胁或武力挑战地区安全秩序和谋求经济或安全利益，如统一台湾。[③] 这种判断为制订具有可操作性的政策选择奠定了基础。

二、美国应对中国崛起的政策选择

认知决定战略，战略决定政策。可以说，美国对华政策的总方向是明确的，即促使中国成为帮助美国的积极力量，而不是成

---

① Condoleezza Rice，“Remarks at Sophia University，” Tokyo，March 19，2005，http：//www. stat. gov/secretary/rm/2005/43655. html.

② Steven R. Weisman，“Rice and Australian Counterpart Differ about China，” March 17，2006，http：//topics. nytimes. com/top/reference/timestopics/people/r/condoleezza _ rice/index. html? inline=nyt-per.

③ Evan S. Medeiros，“Strategic Hedging and the Future of Asia-Pacific Stability，” *The Washington Quarterly*，Winter 2005/06，p. 147.

为阻碍美国的消极力量。[1] 相应地，美国选择了一种融接触、约束和遏制于一体的对华政策，在中美关系的各个领域与中国进行建设性接触的同时，对中国加以时隐时显的遏制和防范。

1. 在经贸领域采取贸易保护主义，强迫中国实行金融改革和开放汇率，控制中国获取能源、高新技术等方面的能力

中国对美贸易顺差 2005 年达到 2016 亿美元，占美国贸易总逆差的四分之一强。中国的外汇储备在 2006 年 3 月超过了 8500 亿美元，居世界首位。中国在美国国债中持有的份额也引起了美国人的高度关注——巨额的美元储备使中国有能力向美国经济施压，造成美国联邦财政对中国资金的严重依赖，使北京相对美国的经济优势不断增强。[2]

2005 年年初，美国舆论就大肆宣扬，现行人民币与美元挂钩的汇率机制导致了美国对中国的巨额贸易赤字和国内就业率下降。[3] 而所谓“中国继续违背有关知识产权的国际承诺”的说法，目前在美国也颇有市场。2005 年 11 月中国不得不同意签署一项纺织品协议，对本国出口产品发放配额，直至 2008 年。尽管如此，美国参议院仍然对美中贸易失衡怒火中烧。以美中经济和安全评估委员会[4]为代表的对华贸易强硬派认为：美中关系的趋势对于美国长期的经济利益和国家安全产生了消极影响，敦促国会对中国进口商品“立即征收全面关税”。2006 年伊始，国会

① Fareed Zakaria, “Does the Future Belong to China?” *Newsweek*, May 9, 2005.

② Robert Sutter, “Why does China Matter,” *The Washington Quarterly*, Winter 2003/04, p. 79.

③ Jim Yardley, “America and China: Partners, if Not Friends,” *The New York Times*, November 20, 2005.

④ 美中经济和安全评估委员会成立于 2000 年，旨在检讨美中经济关系对美国国家安全的影响，它的观点通常比美国的官方立场更加强硬。

就开始了新一轮关于反华贸易关税法案的立法讨论，并以贸易、投资限制和制裁等为威胁试图逼迫中国迅速调整币值。在国内的各种压力下，布什总统 2006 年 1 月 31 日发表国情咨文，首次提到中国是美国经济方面的“新竞争对手”，批评中国在贸易领域的政府保护和干预的“重商主义”行为。

从更深层次上说，美国开始阻挠中国获取发展所必需的原材料和能源，给中国的发展设置障碍和羁绊。2005 年上半年，中国海洋石油有限公司竞购美国尤尼科石油公司这一正常的商业并购，被美国国会以“威胁国家安全”为由加以拒绝。有的议员甚至怀疑中国购买尤尼科是中国军事占领中东重要油田的第一步，然后借此操控国际油价。① 一些美国学者也认为：中国海外石油需求的扩大以及争取原油进口渠道的多样化是导致世界石油价格攀升的主要原因之一，并正使美国和中国的利益以前所未有的方式发生冲突。他们批评中国“就像要独占世界资源一样”，甚至与有着糟糕人权记录的国家合作寻求石油，目的是要形成新的垄断石油市场，威胁美国的能源安全。②

然而，中美经济上的相互依赖毕竟难以轻易放弃。从 1979 年两国恢复外交关系到 2005 年，中美双边贸易额增长了 85 倍，达到 2840 亿美元；中国的贸易顺差越大、外汇储备越高，则中国购买美国债券的规模也越大，这就形成了不断扩大的利益共同体。③ 正如美国有学者指出的：“潮水般的中国资本涌入美国，使美国得以保持稳定利率。如果把美国服装业的失业问题归罪于

---

① Albert Keidel, “China's Growing Pains Shouldn't Hurt U. s. ,” *The Washington Post*, July 24, 2005.

② Ian Bremmer, “The Dragon Awakes,” *The National Interest*, Summer 2005.

③ 郑必坚：《中美关系的四个战略机遇》，《人民日报》（海外版）2005 年 7 月 12 日，第一版。

中国，那也应该把美国银行和建筑业新增的就业机会归功于中国。”[①] 同样，美国有些媒体和研究机构也对国会违反市场规律、以政治干预能源问题的做法提出了批评。《纽约时报》警告说，美国在如何对待中国的问题上树立了一个妖魔化中国的危险先例。这种做法有可能使中国这个正在崛起的超级大国变成攻击性的敌手。[②] 美国世界安全研究所所长布鲁斯·布莱尔指出：“中海油竞购尤尼科本身表明中国在拥抱全球市场的价格和透明原则方面迈出了一大步。”[③] 卡内基国际和平基金会高级研究员艾伯特·凯德尔认为：对于中国的崛起，美国的最好反应就是依据共同遵守的商业规则和程序欢迎中国，“那些要在美国建立‘长城’以抵御中国影响的人最终只能损害我们所有人的长期和平与繁荣”。[④]

正是因为国内存在着如此不同的两种声音，在经贸领域，美国对中国的整体认知和政策可以被概括为：一方面要力图将中国相对于美国的贸易优势以及由此给美国经济带来的不利影响降至最小，同时确保不将中国经济逼向倒退、不使中美之间发生大规模的经济磨擦；另一方面强调以美国利益为核心规范中国的经贸行为，开拓与中国的新合作机遇。在这一领域，美国对华政策是“两面下注”战略的最好体现。

---

① Nicholas D. Kristof, “The China Scapegoat,” *The New York Times*, May 29, 2005.

② Editorial, “No Way to Treat a Dragon,” *The New York Times*, August 4, 2005.

③ 陈雅莉：“能源让中美关系走向死胡同”，［美］《华盛顿观察》2005 年 8 月 3 日。http://www.washingtonobserver.org/infocus-energy-080305CN140.cfm.

④ Albert Keidel, “China's Growing Pains Shouldn't Hurt U.s.,” *The Washington Post*, July 24, 2005.

2. 在安全上把中国视为最大的潜在对手予以吓阻和防范

美国历来高度警惕中国军事力量的发展，特别是对 20 世纪 90 年代中期以来的中国军事现代化抱有强烈的危机感。美国防部 2006 年《四年防务评估报告》将中国定位成“美国最大的潜在军事对手”、“站在战略歧路上的国家”和需要重点遏制的对象。报告批评中国军备的“隐秘性”，称“世界各国对中国军备扩充的动机和意图几乎一无所知”。此外，报告还断言中国在电子和自动攻击等非同寻常的领域狠下功夫，这很有可能动摇美军传统的优势地位。①

这份美国防务的指导性文件表明，美国已将战略重心从大西洋转向太平洋，注重在太平洋地区加强军事部署以及与传统盟国及印度等国的合作以遏制中国。美国一方面竭力阻止中国军事技术的发展，众议院国际关系委员会于 2005 年 6 月 30 日通过《2005 年东亚安全法案》，要求行政当局及时向国会提供欧盟对华军售的资讯。在美国的压力下，欧盟、以色列、乌克兰相继搁置了对华军售计划；另一方面大幅度地增加了在太平洋地区对抗中国的政策力度。美国下一代远程轰炸机比原计划提前 20 年，准备于 2018 年正式配备，同时美军计划将 6 艘航空母舰和 60% 的潜艇部署到太平洋地区。

加强美日同盟是美国吓阻中国的一个重要步骤。布什政府支持日本宪法改革，不断加强日本在全球和地区安全事务中的军事作用和外交卷入，鼓励日本在伊拉克和阿富汗参与美国的军事行动，提升未来日本与美国联合军事行动的能力，两国在导弹防御

① 以上引文参阅 Quadrennial Defense Review Report，http：//www. defenselink. mil/qdr/report/Report20060203. pdf.

方面的军事技术合作也呈加强之势。美日联手威吓中国的最新、最重要表现无疑是两国防长和外长的“2+2”会议，这个会议就“区域战略”与“世界战略”调整发表声明，首次直接提到台湾海峡是美日同盟的战略目标之一，声称“假如（北京）不以和平方式解决，日美将不会采取视若无睹的态度”。[①]

美国同时将印度也拉入防控中国的包围圈中。过去几年来，美军与印度军方开展联合演习，双方的军售关系也渐趋繁荣。美国向印度出售了F－16和F/A－18多功能战斗机，并授权以色列向印度出售空中预警系统，美国高层还表示愿意讨论向印度出售在指挥控制系统、早期预警以及导弹防御领域“具有革命性的”能力。印度总理辛格访美期间，与美国达成了开展民用核技术、民用空间和军民两用高科技合作的交易。双方签署了总额近50亿美元的武器合同，其中的反潜巡逻飞机意在窥探中国潜艇在印度洋的活动，而为印度歼击机配备的最新雷达，同样是针对中国。[②] 此外，美国还加强了与新加坡之间的战略协作、与泰国和菲律宾的盟友关系、以及与印度尼西亚和越南的军事合作，新加坡的海军基地成了美国航空母舰在东南亚地区唯一可以停靠的补给站。

在传统安全领域，美国对中国的防范意识要比在经贸领域直白和强硬得多。其主要逻辑是，认定中国在新兴大国中最有可能也最有能力在军事上与美国相抗衡。因此，应努力阻吓中国发展出可能威胁到美国的地区利益的能力和意图，并确保一旦威慑失

---

① Larry A. Niksch, “U. S. Security Policies in the Western Pacific,” http: //www. ndu. edu/inss/symposia/Pacific2005/niksch. pdf.

② 详细数据参阅 K. Alan Kronstadt, “India-U. S. Relations,” *CRS Issue Brief for Congress*, IB93097, August 1, 2005, http: //www. fas. org/sgp/crs/row/IB93097. pdf.

败，美国相对于中国享有足够的军事优势。

尽管这种宣扬中国威胁和主张对华遏制的政策思维在美国军方几乎已成为主流，但同时，也有不少中国问题专家认为在可预见的未来，中国向境外投送常规部队的能力仍然十分有限。中国的军事战略注重于在边境或在边境附近地区应对潜在的敌人，强调的是积极防御，而不是扩张和投送军队。[①] 据美国专家估计：中国军队在卫星侦察、战斗机和远洋作战等领域的军事技术水平与美国的差距大约在 20 年以上，与美国打一场大规模常规战争的能力远远不足。[②] 美国前国务卿鲍威尔坦言中国在军事上落后美国至少 10 年，对美不构成威胁。[③] 事实上，当前中国进行军事现代化建设，意在捍卫主权与领土完整，无可厚非。中国的实际军费开支与美国相比一直保持很低水平。2004 年中国国防支出为 2117 亿元人民币，约合 255 亿美元，而美国的国防预算达到 4559 亿美元，占世界国防开支总和的 47%，是中国的 17.8 倍。[④] 美国兰德公司 2005 年 5 月向美空军提交《中国国防现代化：机遇和挑战》研究报告认为：五角大楼对中国军费开支的评估严重“注水”，呼吁纠正故意炒作“中国军事威胁论”的做法。这些观点均与五角大楼相左，使人们不得不怀疑美国国防部竭力推销“中国军事威胁论”的目的主要是为了树立战略假想敌，使

① Thomas J. Bickford, “US-China Relations-Opportunities, Risks, and the Taiwan Issue,” *Foreign Policy In Focus*, August 15, 2005. http://www.fpif.org/fpiftxt/285.

② Robert S. Ross, “Assessing the China Threat,” *The National Interest*, Fall 2005, pp. 81—88.

③ “Powell: China not military threat to U.S.”, http://www.Chinadaily.com.cn/english/doc/2005—06/14/content—451234.html.

④ “外交部：美国防部长有关中国军费说法毫无根据”，2005 年 6 月 7 日，http://news.xinhuanet.com/world/2005—06/07/content—3056601.html.

美国军费支出保持很高的水平，以满足美国军事—工业集团的利益。

这两种思想的碰撞还反映出美国至少意识到中国与前苏联的不同，毕竟中国没有将与美国进行全球对抗作为目标。由于在防扩散、全球反恐行动上美国不得不争取中国的合作，美国对华安全政策因而也包含一定的合作成分。中美军事交流在2005年10月美国国防部长拉姆斯菲尔德访华前后得到恢复和重建；避免朝核问题的失控和激化成为美国当前在国际安全领域对中国最大的战略需求；在应对地区或全球的非传统安全威胁，如恐怖主义、扩散以及传染病方面，双方也需要合作。中美在这些领域的合作以及共担责任的理念的形成，有助于两国建立一种可管理的、有益于双方的安全关系。

3. 在国内政治变革、人权等方面干涉中国内政

以鼓励开放和改革的名义，促使中国放弃主流政治制度和意识形态，一直是美国“和平演变”中国战略的重要组成部分。在布什第二任期就职演说和随后发表的国情咨文中，“自由”、“推广美国式民主”显然成了关键词。[①] 2006年《美国国家安全战略》报告将“消除暴政和推广有效民主的事业”确立为美国对外政策的中心。[②] 在这样的思想的驱使下，中国被视为世界上少数不符合美国民主和自由价值观、因而需要对其政治制度进行“民主化”改造的国家。美国官员要么在不同场合不断指责中国政府

---

① 相关内容参阅“President Sworn-In to Second Term,” http://www.whitehouse.gov/news/releases/2005/01/20050120—1.html；“State of the Union Address,” http://www.whitehouse.gov/news/releases/2005/02/20050202—11.html.

② 上述引文以及下面未标明出处的引文，参阅The National Security Strategy, March 2006, http://www.whitehouse.gov/nsc/nss/2006/sectionIX.html.

在人权、宗教信仰自由等方面不够民主，要么将中国共产党执政的政治体制看成中美不可避免的长期政治对立的根源，从而对中国的迅速发展抱有深刻的、制度上的敌视态度。

布什总统在与胡锦涛总书记的数次会晤中均表达美国希望中国实施政治改革的愿望，而拉姆斯菲尔德访华期间，更是要求中国建立公开透明的政体。即使是被认为对中美关系颇具建设性意义的 2005 年 9 月佐利克的讲话也对美国对华政策的意识形态标准丝毫不加掩饰。佐利克在演讲中直白地表示希望中国政治制度有所转变。他说："政治封闭不能永远成为中国社会的特色。""中国需要和平的政治过渡，使政府向人民负责，接受人民的问责。"佐利克进而把这一点看作美中长期合作的重要基础。"我们与中国有着许多共同利益。但是，仅凭一致利益建立的关系根基不深。建立在共同利益和共同价值观上的关系才能根深叶茂，长盛不衰。"①

不过，美国国内也有人担心外界的压力可能导致中国领导层作出负面反应，使中国正在进行的内部改革受阻。因此，虽然美国将中国的政治体制和意识形态视为异己，强调"不能忘记或者低估两国之间的基本差异"，但华盛顿目前的应对方法只可能是谋求与中国国内与其共享价值观的集团进行协调、合作，并通过各种渠道鼓励"中国公民有朝一日要求享有政治自由"，② 继续支持中国政治和经济体制的逐步变革。③ 正如新的国家安全战略

---

① 上述引文参阅 Robert B. Zoellick，"Whither China：From Membership to Responsibility?" http：//www. state. gov/s/d/re/53682. html

② 相关内容参阅 "President Discusses Freedom and Democracy in Kyoto，Japan，" http：//www. whitehouse. gov/news/releases/2005/11/20051116—6. html

③ Kishore Mahbubani，"Understanding China，" *Foreign Affairs*，Sept/Oct 2005.

报告的结尾所言，“我们的战略目标是理想主义的，但我们的手段却是现实主义的”。

4. 在对台政策上维持现状，保持中国的分裂和衰弱状态

在美国的战略规划中，台湾的地位十分重要。对台湾当局的支持除了表现出美国与它一手培养起来的民主政体有着息息相关的利益联系、证明美国对长期盟友的一贯忠诚之外，更重要的是遏制中国的发展、牵制中国力量的壮大。鉴于此，虽然美国表示不支持台湾独立，但长期以来它却源源不断地为台湾军队提供武器装备。台湾问题已成为美国试图遏制中国崛起的重要筹码。美国对台军售以及与台湾的军事关系，阻碍了中国的统一进程，并迫使北京在军事现代化上花费宝贵的资源，从而损害了中国的整体竞争力。

然而，美国也认识到，台湾对于中国来说是一个不惜一战加以解决的问题。如何在保护美国利益和避免与中国发生冲突这两个目标之间谋求平衡，于是就成为美国因应台海局势变化时的主要考虑。美国决策者认为：只要中国领导人仍然相信和平统一的条件未来仍将存在，中美冲突的可能性就会降低。因此，美国不但要影响台湾的政治选举，必要时还要对岛内的台独势力予以遏制。[①] 它一方面迫切希望避免在台湾问题上与中国最后摊牌，另一方面向中国表明中国解决台湾问题的方式方法将被美国认为是中国未来作为一个主要大国的行为的关键说明。[②] 正如 2002 年时任美国国务卿鲍威尔所说的：“中国选择和平还是威胁来解决

---

① Michael D. Swaine, “Trouble in Taiwan,” *Foreign Affairs*, March/April, 2004.

② Hugo Restall, “Tough love for China,” *The Wall Street Journal*, October 21, 2002.

它与台湾的分歧会告诉我们中国将如何处理与其邻国和与我们之间的关系。”①

近年来，美国对中国的认识经历了一种显著的范式转变，即从“虚弱中国范式”向“强大中国范式”的转变。②这样的范式转变虽然为布什政府内外的中国威胁论者增添了力量，致使美国倾向于在军事和经济方面直接向中国施压，但尚未完全排除布什政府对华政策中的“怀柔”成分。简言之，这是一种交替使用制衡和融合的政策，在促使中国以“负责任的利益相关者”的身份融入并帮助加强美国主导下的国际体系的同时，以尽可能有效的方式防范或降低中国实力增长可能给美国利益带来的不确定性。从某种意义上说，这种政策不啻为美国历史上惯用的“胡萝卜加大棒”政策的翻版。

三、中国的基本对策

中美关系可谓当今世界最重要、最复杂的双边关系。一方面，两国在意识形态、社会制度、外交理念、地缘政治、经济利益等各个领域存在着矛盾和冲突，美国是对中国构成最大战略压力的国家；另一方面，两国不可避免地在全球诸多领域相互需求，在经济、教育、科技、文化等领域，美国又是中国现代化进

---

① Colin Powell，remarks at Asia Society Annual Dinner，New York City，June 10，2002，http：//www.state.gov/secretary/former/powell/remarks/2002/10983.html；相似观点参阅 Douglas J. Feith，“Freedom，Safety and Sovereignty，”http：//www.defenselink.mil/policy/speech/feb_17_05.html.

② David M. Lampton，“Paradigm Lost：The Demise of ‘Weak China’”，*The National Interest*，Fall 2005，pp. 73—80.

程中极为重要的要素来源。保持中美关系的稳定发展不仅是中国崛起所必需的国际环境的要求，而且将决定本世纪国际体系的基本走向。因此，中国应从以下两个方面着手推进中美关系的长期稳定发展。

1. 中国应加强中美双边经济和安全关系，扩大合作领域和共同利益，减少与美国的正面磨擦

正如唐家璇国务委员反复强调的："中美关系在面临新的发展机遇的同时，也面临一些挑战。我们应该登高望远，看清中美关系的主流和时代的潮流，把握大局，着眼未来，扩大共识，发展合作。"[①] 在相当程度上，可以说中国既是美国一个颇有影响的潜在盟友，也可能成为它的竞争对手。作为有影响的潜在盟友，中国有能力在扩大双方反恐和防扩散合作、遏制朝鲜、伊朗等国的核"野心"方面发挥更大的作用，以配合美国的整体战略利益；作为潜在的竞争对手，中美两国存在长期悬而未决的经贸争端，双方甚至在台湾问题上有爆发战争的风险。事实上，中美的利益交汇点在不断增长，全球化带来的经济利益和战略利益（地区安全与非传统安全方面）、维持一个相对稳定的国际体系、防止台独势力过分膨胀等等，都成为中美两国稳定双边关系的契机。目前中国已经在双边经贸问题上作出了一定让步，并在朝核问题上扮演了调停人角色，凡此种种诠释了中国作为"负责任的利益攸关方"的概念，加大了中美之间共同的经济利益所产生的吸引力和共同维护国际安全的责任感，从而对中美之间可能发生的直接冲突起到了缓解作用。

---

① "唐家璇：努力推进新世纪中美建设性合作关系"，http://world.people.com.cn/GB/1029/3575189.html.

2. 中国应有理有据地声明，自己是现存国际体系的参与者和维护者，而不是挑战者和革命者

无论是亚洲、非洲还是拉丁美洲国家，在与中国增进友好关系的同时，虽然不愿意甚至明确拒绝与美国一起对中国施加压力，但也不愿意在中美之间作出选择。这不仅为中国创造了一个阻挡美国的中间地带，有助于遏制美国打压中国的能力，同时也说明美国的力量仍然是令人生畏的。只要美国仍然保持强大的经济和军事力量，它就会被一些国家看作是亚洲乃至全球安全和稳定的因素。中国接受美国在亚洲和世界的领导权作为其长期的和平发展战略的一部分，这意味着中国改变了冷战后试图打击美国霸权和建立多极世界的策略，反映了一种适应现实的清醒头脑和中美之间在亚洲和世界事务中不对称的力量和影响力的现状。当然，作为当今国际体系的建构者和领导者，美国要维持并优化这个体系就不能一意孤行，否则只会损害自己的软力量，乃至危及其领导地位。目前，爆发一场世界大战的可能性虽然微乎其微，但一场为争夺全球权力和影响的“软战争”正在悄悄展开。中国应利用这个时机，表明自己并非要推翻现存国际体系，而是要在该体系内发挥建设性作用，最终为包括中美在内的大多数国家利益的实现创造条件。

但与此同时，我们也应清醒地认识到，只要中美在意识形态、现实利益等方面的差异和博弈仍然存在，两国就很难达成真正意义上的妥协。中美时而互为朋友、时而互为对手，双方合作与竞争相伴的状况将长期存在。[①]

---

① Fareed Zakaria, “Does the Future Belong to China?” *Newsweek*, May 9, 2005.

四、结论

在全球化的时代，中美之间有着千丝万缕的利益联系。美国对中国崛起的认知和反应的着眼点是防止中国崛起可能对美国的利益产生不利影响。伴随大国的崛起，世界体系急剧动荡的历史先例比比皆是，但权力和地位的转移并不必然以战争的方式发生。进攻性现实主义者米尔斯海默说："你无法知道中国未来的意图，问题是你在制造一个可能怀有恶意的大国。"[①] 米氏的话不无警示的意味。如果美国坚持把中国当作敌人，那么中国可能真的会成为一个敌人。中国摆脱了几个世纪以来的孤立和停滞不前的状态，快速融入了世界经济体系。从根本上说，这种发展符合该体系的主要设计师——美国——的经济和安全利益。[②] 正如中国领导人反复强调的那样，中国的发展不会妨碍任何人，也不会威胁任何人，只会有利于世界的和平、稳定和繁荣。就美国而言，它的战略应该是抛弃寻找敌人的冷战思维，加强中美关系中的积极因素，利用其目前享有的全球主导地位，设计出一种顺应人类历史发展规律的世界秩序以容纳中国的和平崛起，从而确保中国的崛起符合两国乃至整个国际体系的根本利益。

---

① Mark Silva, "Bush Visit to China Slated for November," *Chicago Tribune*, September 14, 2005.

② Daniel T. Griswold, "China Policy in America's Interest," https: //www. cato. org/pub _ display. php? pub _ id=4777, September 13, 2005.

论美国的“转型外交”及其对中国的含义

王伟男*

内容提要：美国的“转型外交”基于布什政府上任以来美国对外政策实践方面的教训与经验，重点针对以中国和印度为代表的“新兴国家”。“转型外交”的主要手段是向对象国输出美国式的民主自由价值观和制度，其本质就是冷战期间美国对付社会主义阵营的“和平演变”战略。“转型外交”的提出，对中国构成了复杂而严峻的挑战。

2006 年 1 月 18 日，美国国务卿赖斯在华盛顿乔治敦大学发表题为《布局调整——美国的“转型外交”》的演讲，全面阐述了美国“转型外交”（transformational diplomacy）的理论、目标和具体做法。赖斯在演讲一开始就引用布什在其第二次就职演说上说的话：“支持每个国家、每种文化中民主运动和民主制度

* 王伟男，上海社会科学院亚太研究所，研究实习员。

的发展，最终实现结束我们这个世界的暴政这一目标，这就是美国的政策。”赖斯接着说，“为完成这一大胆的使命，美国需要同样大胆的外交，这种外交不仅要如实地展现世界，而且还要寻求改变世界”。赖斯将这种“大胆的”、致力于“改变世界”的外交称为“转型外交”。[①] 笔者拟从分析“转型外交”提出的背景出发，来解读美国的这个外交“新思维”。

一、“转型外交”的背景：教训与经验

布什政府在美国执政以来，对外采取了一种崇尚武力、动不动就“拿拳头说事”的强势对外政策，与克林顿政府时期以“接触”为基调、优先利用美国在“软实力”方面的优势的对外政策大相径庭。2001 年上台伊始的布什政府就在台湾问题上向中国挑衅，表示一旦中国武力“犯台”，美国将尽其所能“协防”台湾。[②] 布什政府继承并发展了克林顿政府的北约政策，不顾俄罗斯的强烈反对甚至一再警告，进一步把军事机器推进到俄罗斯的边界。在“9·11”事件发生不到一个月后的 2001 年 10 月 7 日，布什政府在没有充分证据的情况下，迁怒于阿富汗塔利班政权，仅用了两个月时间便摧毁了该政权。随后，它又借口伊拉克萨达姆政权秘密发展大规模杀伤性武器，先是对其进行威逼，威逼不成便绕开联合国直接对伊拉克发动战争。利比亚领导人卡扎菲眼见萨达姆因与美国作对而身陷囹圄，也赶紧“浪子回头”，做出

① “赖斯谈美国‘转型外交’的目标和做法”，《参考资料》2006 年 2 月 15 日。本文以下部分引用赖斯的讲话，若无特别说明，均出自这个文献。

② “小布什要‘尽其所能帮助台湾自卫’”，华夏经纬网：http://www.huaxia.com/2003617/00003190.html.

了放弃发展大规模杀伤性武器的重大抉择。在对待伊朗核问题上，布什政府也多次扬言要不惜动用武力解决之。[①] 在朝鲜核问题上，由于涉及到中俄两个大国的切身利益，美国没有明显的进攻性举动，但狠话也的确说了不少，态度一直很强硬。[②]

总之，在布什政府上任后的相当长一段时间里，它留给世人的印象就是美国只信奉武力，不需要外交，外交只不过是"军事单边主义的婢女"，犹如"戴在铁手套里的软拳头"，充其量是围绕着"反恐"战争转，只为武力服务。[③]

然而，美国并没有从自己的超强武力中得到安全，世界也没有完全按照它的规划来运转。最近几年来，中国国力持续上升，在世界上的影响日益扩大，台海局势也出现了有利于中国大陆的一线曙光。俄罗斯政局在普京的领导下日益稳定，经济增长率也一直保持在较高的水平上。与此同时，美国被战后的阿富汗和伊拉克局势整得灰头土脸，"大中东民主"计划举步维艰，其中发生的"虐囚"丑闻和滥杀无辜事件遭到了美国国内民众和世界舆论的强烈谴责，严重削弱了美国的"国际人权卫士"形象。伊朗和朝鲜对布什政府的高声恫吓更是不屑一顾，朝鲜甚至还以"超强硬对强硬"回应美国。[④] 这促使布什政府开始意识到：武力并非万能，对于有些问题"军事单边主义"也难以解决，反而可能会越弄越糟。

与此同时，美国开始在东欧和中亚某些传统上属于俄罗

---

① 关于伊朗核问题，可参见新浪网专题栏目：http：//news. sina. com. cn/z/Irannuclear/

② 关于朝鲜核问题，可参见 TOM 网专题栏目：http：//news. tom. com/hot/chaoxian/ch/

③ 王义桅："外交整容能否医治美国心病"，《新京报》2006 年 01 月 21 日。

④ 据新华社平壤 2003 年 1 月 12 日电："朝鲜阐述退约原因：我们以超强硬对强硬。"

斯势力范围的国家尝试另外一种“进攻”方式，这就是开始于2003年的“颜色革命”，其中包括格鲁吉亚的“玫瑰革命”、乌克兰的“橙色革命”、黎巴嫩的“雪松革命”、吉尔吉斯斯坦的“黄色革命”，等。[①] 美国在这些“颜色革命”中频频得手，且在这些国家上台掌权的人基本上都是美国和西方的“朋友”，东欧个别新政权甚至一上台就实行“亲美疏俄”的外交政策。对美国和整个西方来说，这里面确实有许多值得总结的“宝贵经验”。而且，与美国花费在阿富汗和伊拉克的近3000亿美元相比，它在上述国家策划“颜色革命”的费用不超过46亿美元。[②] 对美国来说，通过“颜色革命”式的柔性行动来达到战略目标，可谓少花钱、多办事，事半功倍，何乐而不为呢?

在2001年6月，也就是布什政府上台五个月之后，美国共和党的资深前辈、曾先后在尼克松和福特两任政府时期担任过国家安全事务助理和国务卿的亨利·基辛格博士，有感于美国新政府在上台伊始就在国际上横冲直撞的鲁莽做派，发出了“美国还需要外交政策吗?”的感慨；而在将近五年后的2006年1月，布什政府的国务卿赖斯在华盛顿乔治敦大学发表的以“转型外交”为主题的演讲，相当羞羞答答地承认：是的，外交对美国来说还是有用的，美国仍然需要它，至少它可以被用来“转型”那些不听话的国家，特别是那些可能对美国的全球战略地位构成挑战的“新兴国家”。

---

① 关于“颜色革命”，可参见搜狐网专题栏目：http：//news. sohu. com/s2005/yansegeming. shtml.

② “‘颜色革命’析论”，中国国际战略研究网：http：//www. chinaiiss. org/future/report/2006pol _ sec/04. htm.

二、“转型外交”的对象：新兴国家

赖斯在乔治敦大学演讲中界定“转型外交”的对象时，首先回忆了冷战期间和冷战结束以来美国外交重点的基本演变轨迹。她说：

“第二次世界大战结束后，冷战接踵而至。当时我们将外交重点转向了欧洲和亚洲部分地区。我们与曾经的对手德国和日本结成伙伴，帮助两国重建；”

“冷战结束后，美国再次奋起应对新的挑战。在我们的努力下，刚刚获得解放的人民改变了他们国家的性质（指苏联和东欧的政权更迭——笔者注），其中许多国家成为享有自由的伙伴，成为北约和欧盟的成员国。”

然后，赖斯的话锋直接转到“转型外交”的重点对象：

“为了进一步推进‘转型外交’，我们必须改变我们的外交布局。在21世纪，印度、中国、巴西、埃及、印尼和南非等新兴国家正在越来越大的程度上影响着历史进程。显然，美国现在必须调整其在全球的外交人员布局。”

很显然，以中国和印度为代表的“新兴国家”继冷战期间的“欧洲和亚洲部分地区”、“德国和日本”、冷战后的苏联和东欧地区之后，成为美国战略决策者的“新宠”。我们从赖斯的上述言论还可以看出：美国在确定每一历史阶段的外交重点时，都是立足于其全球战略目标与战略布局而进行综合考量的。就现实情况和未来趋势而言，能对美国全球战略利益产生重大影响，特别是对美国目前在世界上的单极霸权地位构成挑战的，恰恰就是以中国和印度为代表的所谓“新兴国家”。这些国家一般都有广袤的国土、悠久的历史、丰富的资源、众多的人口、巨大的市场、快速增长的经济实力、日益扩大的国际影响等，因而也就具备了成长为世界级大国的巨大潜力。例如：鉴于最近几年来巴西、俄罗斯、印度、中国这四个国家经济的快速增长态势，国际上久负盛名的美国高盛公司在综合运用最新人口统计预测、资本累积和生产力模型后，得出一个与目前截然不同的世界新面貌。它大胆预测：在2050年前的这段时间内，世界经济强权将会重新洗牌，新的六大经济体将依次是中国、美国、印度、日本、巴西、俄国。届时，现有的六大工业国将只剩下美国与日本，英、德、法、意四国将被淘汰出局。高盛公司的研究人员还把巴西、俄罗斯、印度、中国这四个国家英文名称的首字母串联起来，叫做BRICs，且由于其发音与英文单词brick（砖）相似，就谑称它们为“金砖四国”。[①]

美国现在的担心是，如果这几个“新兴国家”崛起后，美国在这个世界上发挥“领袖作用”将大为困难。美国更为担心的是，以世界有限的自然资源来支撑目前各国的生产和生活需求已属不易，倘若50年后这些人口比西方多得多的“新兴国家”与美国和西方国家一样发达，可以想象得到未来的经济强权们对自然资源近乎无限的需求将会导致怎么样的国际政治经济关系。美国最为担心的是，这些“新兴国家”中几乎没有一个是美国的铁杆盟友，届时如果有某个国家自恃实力强大，甚至强大到超过美国，而其意识形态和价值观念却与美国格格不入，在国际行为上被美国视为“桀骜不驯”，就很可能成为美国“世界领袖”地位的有力挑战者，这是美国最不能容忍的。出于未雨绸缪的考虑，

---

① 关于“金砖四国”，可参见星岛环球网专题栏目：http：//www.singtaonet.com/global/global_feature/t20060120_124834.html.

既然目前通过极端方式阻止它们继续发展下去不太可能，那么美国现在能做的，就是在它们获得可与美国匹敌的强大实力之前，尽可能地接触它们、影响它们、改造它们，使它们朝温和、顺从的方向发展。美国外交的新任务就是通过与这些国家的全方位、多层次、多渠道交往，使它们国内的政治、文化和社会结构发生“转型”，向与美国“像相”、友好的方向转变，从而确保美国在未来能够继续“领导”这个世界。

三、“转型外交”的手段：输出民主

赖斯所提出的“转型外交”其实有两层含义：一是布什政府的外交政策本身需要调整，从以前只重视通过武力手段达到对外政策目标、外交基本上就是为动武服务，调整到也要重视外交手段的价值、外交在武力难以发挥作用的领域要起到主导作用。二是今后美国外交的重点要转向“新兴国家”，要致力于改变它们的国内政治、经济、社会和文化结构。这就涉及到“转型外交”在被付诸实施时的具体手段了。概括地说，这些手段的要旨是输出美国式的民主自由价值观和制度，通过改变对象国民众的观念来改变这些国家的内部结构，进而改变它们对美国和西方的态度，最终改变它们的国际行为方式，以符合美国和西方的根本利益和长远利益。按照赖斯的设想，这些手段主要有：

1. 加强意识形态的渗透

要通过各种媒体“直播有关美国的新闻”，宣扬美国的民主自由价值观，展示美国的生活方式，同时资助当地独立媒体的发展，保证“公正”地传播信息。赖斯特别强调要重视因特网的作用，要求“要由一名或多名年轻外交官创建并管理人口中心的因特网网站”。

2. 调整美国在对象国内部的外交力量布局

“‘转型外交’要求我们的外交力量不能仅限于一国首都，而要更广泛地扩散到整个国家。除了登门到各国外交部的秘室做工作外，我们还必须深入到各国国内改革的前线做工作”，每个人口超过百万的城市“都是我们今天应该采取行动的领域”。“要与喧闹的新兴人口中心的居民建立联系”，即使不能设立领事馆，也要建立“美国驻外点”，“就是在正在发生变革的新兴社区，派驻使馆里一名最优秀的外交官，代表美国在那里工作和生活”。

3. 加强同当地居民的联系

外交官不仅要与该国首都的政府官员接触，而且要走出使馆，与广大居民交流，“跟当地人民多接触”，直接向居民灌输美国的意识形态，“急速增加美国与世界的接触和对话”，“积极地推行美式外交”；

4. 增加对外援助，重新构建对外援助机制

把以前相对独立的国际开发署纳入国务院旗下，由国务院直接领导，负责布什政府总计 180 亿美元的各个援助项目。这些援助项目都必须与“民主”挂钩。

5. 调整机构，加强应变能力

美国国务院设立了一个名为“重建和稳定办公室”，其任务就是：“一旦某个国家将来出了乱子，该机构能够迅速采取行动”，“有能力帮助出了乱子的国家行使重要主权，防止其领土成为全球不稳定的根源”。

6. 提高美国外交官的能力

要求美国外交官掌握所在国的语言，“培训人数创纪录的人员，让他们掌握阿拉伯语、汉语、波斯语、乌尔都语等难学的语言”。还要提高未来能更多参与非政府组织（NGO）建设的能力，以及提高在援外项目方面的建设能力。

有必要就非政府组织问题多说几句。虽然赖斯在其演讲中没有展开说明，但非政府组织事实上已成为近年来美国向海外输出民主的重要途径。这一点布什总统倒是坦率。2005 年 5 月 18 日，他在华盛顿参加由著名的非政府组织“国际共和研究所”组织的 2005 年度“自由奖”颁奖仪式时，对这家成立于 1984 年、以在美国境外推进“政治和经济自由”为己任的非政府组织极尽褒奖之词，认为它在 20 多年的时间里“在一百多个国家的民主变革斗争前沿努力工作。正是由于它的作用，今天的世界才变得安全了、自由了、平静了”。“在最近 18 个月内，我们亲眼目睹了“玫瑰革命”、“橙色革命”、“郁金香革命”、“紫色革命”（伊拉克）和“雪松革命”（黎巴嫩）”。布什举例说：为了在阿富汗和伊拉克推进民主，美国几乎耗费了 3000 亿美元；相反，在策划上述几个国家的“颜色革命”的过程中，美国仅花费了不足 46 亿美元。这其中，美国和西方的非政府组织功不可没。[①] 赖斯在乔治敦大学的演讲中要求美国外交官“深入到各国国内改革的前线做工作”，其中就包括通过非政府组织在对象国国内的各个层面“做工作”。可以预见，非政府组织将成为美国推进“转型

① 姜辛：“‘颜色革命’中的非政府组织身影”，《新民周刊》2005 年 6 月 24—30 日。

外交”的重要工具。

四、“转型外交”的本质：和平演变

把美国的民主自由价值观和制度作为其外交政策的重要元素，并非始自今日。东西方冷战时期，美国一方面通过加强军备，以军事力量对东方阵营推行“遏制战略”；另一方面利用广播、报纸等新闻媒体向东方阵营的民众灌输美国和西方的民主自由价值观，宣扬美国粗俗但流行的大众文化和生活方式，从思想、士气上瓦解社会主义国家的心理防线，即“和平演变”。“和平演变”的根本目标就是通过消灭共产主义思想，让西方的文化、价值观、社会制度、生活方式一统全球，以此保证西方利益和文化的安全。

不可否认，“和平演变”战略对苏联解体、东欧国家的政权剧变确实起到了相当大的作用。[①] 但“和平演变”在冷战结束后曾一度被美国历史学家福山的“历史终结论”所掩盖。“历史终结论”乐观地认为：资本主义和西方民主制已经在国际政治领域取得了绝对胜利，它被证明是最高的政体形态，哲学意义上的意识形态已经终结在西方的民主自由制度，还没有实行这种制度的国家迟早也要实行。[②] 但进入世纪之交时，人们发现这个世界仍

---

① 但究竟是“军事遏制”还是“和平演变”在苏联、东欧政权剧变中起到了更大的作用，学界至今尚无定论。笔者倾向于认为“和平演变”所起的作用大于“军事遏制”的作用。甚至还有人认为西方的“和平演变”战略在苏联的垮台中起到了“决定性”的作用。可参见汪亭友：《论西方和平演变战略在苏联演变中的作用》，《学术探索》2004 年第 5 期。

② 刘慧、任秋菲：《站在历史终结处的思考》，载《安徽理工大学学报（社会科学版）》2005 年第 1 期。

然丰富多彩：社会主义思想在国际学术界仍然保持着它顽强的生命力，对西方国家的某些社会群体仍然具有强大的吸引力；社会主义实践在中国、越南等国经过自我调整后也在继续蓬勃地向前发展着，其他类型的文明、文化和生活方式也都依然生生不息。也就是说，西方价值观和民主自由制度远没有一统天下。

与此同时，冷战结束和人为障碍的消除，导致以经济自由化为核心的全球化获得了空前的大发展，美国在这次全球化浪潮中的“领导地位”也为西方价值观向全球的传播提供了又一次良机，但也遭遇到强有力的抵抗和挑战，“9·11”恐怖袭击事件以最极端的方式把这种抵抗和挑战表现出来。在此后的“反恐”战争中，美国虽然取得了令人炫目的胜利，但旋即又陷入无法自拔的泥潭。正当其一筹莫展时，一个又一个“颜色革命”捷报却频频传来，“和平演变”的价值重新浮现。至此，美国终于意识到：仅仅依靠全球化的自发力量来传播西方价值观是不够的，而单纯依靠军事力量也收效甚微，而且代价极其高昂。美国必须像冷战时期针对东方阵营推行“和平演变”战略那样，在保持武力威慑的同时，更多地通过积极主动的外交活动，向对象国民众灌输美国的民主自由价值观，宣扬美国的生活方式，从根本上改造他们的思想和文化，改造他们的内部制度和结构，最终从根本上改变它们对美国和西方的态度，改变它们的国际行为方式，以符合美国和西方的根本利益和长远利益。因此，“转型外交”本质上就是“和平演变”。

另一方面，我们认为“转型外交”在手法上与冷战时期的“和平演变”也存在着不小的差异。美国和西方阵营在冷战时期推行“和平演变”时，主要利用广播、报纸、传单等相对“原始”的方法，在西方国家的领土上向壁垒森严的社会主义国家宣传西方的价值观和生活方式。在技术手段日新月异、各国之间货物和人员往来日益频繁的全球化时代，美国推行“转型外交”的具体手段将更加多样化，它向“新兴国家”输出价值观的行为也将更加具有渗透性、主动性和进攻性，与“转型外交”有关的活动将更多地直接在对象国的领土上进行。因此，“转型外交”可被视为“加强版”的“和平演变”。

五、“转型外交”对中国的含义

如前所述，“转型外交”的主要对象就是由美国战略精英界定的、以中国和印度为代表的若干“新兴国家”。作为当今世界最大的社会主义国家，中国在冷战期间也曾受到来自美国的军事威慑和“和平演变”两方面的巨大压力，但美国始终没能如愿以偿。中国改革开放以来，特别是进入新世纪以来，它在经济领域的辉煌成就引起了人们关于“中国崛起”的热烈讨论，所谓的“北京共识”能否取代“华盛顿共识”成为美国战略精英的焦虑所在。[①] 考虑到小布什政府上任以来美国国家安全战略的演变方向，布什政府通过外交手段实现其国家利益的做法将逐渐得到加强，外交在配合军事威慑方面可能会起到更大的作用。我们认为，“转型外交”的提出和实施将对中国构成比其他“新兴国家”更为严峻的挑战。

在乔治敦大学的演讲中，赖斯明确地把中国列为“转型外交”的主要目标，汉语也被她列为美国外交人员必须重点掌握的外语之一。事实上，就在 2005 年 9 月时任美国副国务卿佐利克

---

① 远山：《关于“北京共识”研究的几个问题》，载《当代世界与社会主义》2004 年第 5 期。

发表那篇题为“中国向何处去?”、后来被中国学界普遍解读为对华友好的著名讲话中，佐利克就毫不讳言地指出，如何对待崛起中的中国力量是美国外交政策的中心问题。他认为中国实行的是“封闭政治”，并说这是不可能长久的，提出要“鼓励中国在制度上成为负责的利害关系人”。① 美国助理国务卿希尔在 2006 年 3 月 8 日的证词中更是把“转型外交”与中国直接相联。他说：鉴于“转型外交”的宗旨是在国际体系中促进民主、良知和承担责任，因此没有任何努力比与中国接触能产生更大的潜在挑战或成效；我们能否顺利实现在东亚地区的长期战略构想，在很大程度上将取决于中国作为一个新兴的地区和世界大国在未来的发展方向；我们希望看到中国成为国际体系中一个负责任的利益相关的参与者，并且正在为此努力。②

我们从美国政要的上述言论中可以看出，在美国的外交战略调整中，中国将面临越来越大的压力。这个压力与美国施加给中国的军事战略压力相比，其不同之处有两点：一是美国在“转型外交”中对中国的考量比在其军事战略调整中对中国的考量更加明显，或者说更加“直言不讳”。例如：在美国最近几年来的亚太军事战略调整中，虽然它针对中国的意味十分明显，但美方对外一直宣称，这种调整只是出于亚太地区“新形势”的需要。③ 二是由于“转型外交”带来的压力从表面上看，来自于中美之间

① 《参考资料》2005 年 9 月 22 日。就在本文即将完成之际，以“对华友好”著称的佐利克辞职的消息见诸报端。这不禁让人回想起美国前国务卿鲍威尔在 2004 年 11 月 13 日抛出“处于 30 多年来最好的时期”之说后仅两天就宣布辞职的往事。或许这两件事只是巧合，但至少充分说明了中美关系的复杂性。

② “美国努力促进亚洲的民主、繁荣与和平”，美国政府国际信息局网站：http：//usinfo. state. gov/mgck/Archive/2006/Mar/09—183389. html.

③ 刘学成：《亚洲版北约：两种版本异曲同工，遏制中国是潜台词》，载《国际先驱导报》2004 年 5 月 25 日。

的意识形态差异，而非地缘政治与战略，因此对国际社会乃至中国国内都具有更大的迷惑性，可能掩盖美国通过亚太军事战略调整带给中国的地缘战略压力。① 显然，这是一种更为复杂的大国博弈形态，中国因此面临的考验也将更加严峻。

中国旅英学者郑永年从更深的层次解读“转型外交”对中国的含义。他认为，美国之所以要把“转型外交”使用于中国，主要是因为美国看到了中国社会的内部矛盾正在迅速上升。美国强调的有两点：一是中国社会的不稳定因素；二是中国政府要作出的选择。郑永年指出：不管美国的“转型外交”是否具有可持续性，但由此导致的中国政府在政治改革方面面对的压力在增加。② 因此，我们的基本结论就是：随着美国“转型外交”的提出，美国的国家安全战略调整进入了一个新阶段，美国的对华战略与政策也进入了一个新阶段。美国作为当今世界唯一的霸权国家，中国作为正在迅速崛起的社会主义大国，中美两个大国之间复杂的战略博弈进入了一个新时期。

---

① 关于美国军事战略调整对中国的含义，可参见周建明主编：《美国的国防转型及其对中国的影响》，山东人民出版社，2006 年 6 月版。

② 郑永年：《美国转型外交对中国的含义》，载新加坡《联合早报》2006 年 5 月 17 日。

中美财经外交：历程、发展和问题

王国兴*

内容提要：以中美联合经济委员会为主要平台，中美财经外交经历了几乎与中美建交一样长的发展历程，为推动中美两国关系的发展，为中国的改革开放和经济发展，发挥了不可替代的作用。新近启动的中美战略经济对话，使中美财经外交进入了一个新的历史阶段，必将有助于为利益攸关的双边关系提供积极、正面的支撑。但是，中国作为世界上最大的发展中国家，与世界上最大的发达国家开展战略经济对话，面临的挑战和压力是巨大的。

一、前言

鲍尔森于2006年9月对中国进行了其担任美国财政部长以

* 王国兴，上海浦东美国经济研究中心，研究员。

来的第一次访问，并与中方共同宣布启动两国战略经济对话，预示着中美财经外交发展到了一个新的更高的阶段。

所谓财经外交，是指国家、地区或组织在国际交往中借助财政经济手段开展工作，目的是为本国、本地区或本组织经济的快速、健康发展创造良好、稳定的外部环境，其内涵包括建立公平的国际经济秩序和有序的经济制度，[①] 同时争取其他国家、地区或组织对本国、本地区或本组织经济制度、经济政策和经济措施的理解和认同。当然，财经外交不是孤立的，它服务于国家、地区或组织整体外交战略，服务于国家、地区或组织最高利益。随着冷战的结束、经济全球化的发展，在双边和多边关系中，财经因素——包括财经指导思想、财经体制和财经发展状况——的影响迅速上升，财经外交正发挥着越来越重要的作用。

能否熟练运用和驾驭财经外交，关系到中国整体外交战略能否真正实施，国家的最高利益能否真正得到保证。正确看待现有的国际经济秩序与制度，争取其他国家对中国经济措施、经济理念和经济基本制度的理解和支持，创造一个有利于中国坚持改革开放、实现可持续发展的国际氛围和环境，同时汲取其他国家——尤其是财政、经济、金融发达国家——财经体制机制中的营养，是中国财经外交的着力点。

美国作为世界上最发达的国家，其国力不仅体现在一流的科技创新能力和高效的生产率上，而且还体现在其超强的金融能力及其财经政策对全球的深远影响上。中国作为最大的发展中国家，随着其经济的快速发展和经济规模的逐步增大，对地区和全球的影响也在上升。因此，发展中美财经外交，并将它推进到新

---

① 梁子谦、王向阳：《大国博弈下的中国财经外交》，http：//www.crifs.org.cn，2006年1月16日。

的高度，符合中美双方的利益。

二、历程

中美财经外交的历史悠久，几乎与中美建交史一样长。其中，中美联合经济委员会是中美财经外交的主要机制和平台。1979年1月邓小平访问美国时，与卡特总统商定成立中美联合经济委员会（Sino-U. S. Joint Economic Committee，以下简称联委会或JET）。同年2、3月间，中美两国财政部长在北京举行会谈，就成立联委会达成正式协议。[①] 联委会第一次会议于1980年9月16日至18日在华盛顿举行，时任国务院副总理薄一波和财政部部长王丙乾一行专程赴会，[②] 由此正式揭开了联委会作为两国财经外交主要机制和平台的序幕。但是，财经外交作为双边外交的组成部分，难免受到中美总体外交局势的影响，特别是1989年春夏之交发生政治风波后，包括联委会在内的两国高层往来被美国中止多年。经过双方努力，1994年美国财长本特森应中国财长刘仲藜的邀请，对中国进行了正式访问，并与刘仲藜财长共同主持了联委会第八次会议，标志着联委会机制的正式恢复。在这次会议上，两国财长同意联委会每年轮流在两国召开。此后，联委会机制的运行基本正常，到2005年已进行到第十七次，表1汇总了最近十次联委会会议的简况。

---

① 《2002中国财政年鉴》，第64页。

② 中国财经报信息中心：《中国财政大事记》，2005年11月9日。

表1　中美联合经济委员会最近十次会议简况表

届别	时间	地点	领衔	议题
8	1994.1.21.	北京	刘仲藜 本特森	为新形式联委会制定总体设想和共同目标： 1. 增强有利于双方的巨大潜力的贸易和投资联系 2. 中国进行市场取向的经济改革并与世界经济接轨 3. 完善旨在加强两国经济联系的法律和法规体系
9	1996.11.19.	华盛顿	刘仲藜 罗伯特·鲁宾	广泛讨论问题 了解彼此立场
10	1997.9.26.	北京	刘仲藜 罗伯特·鲁宾	宏观经济政策 贸易 金融 执法问题
11	1998.5.26.	华盛顿	项怀诚 罗伯特·鲁宾	亚洲金融危机 宏观经济形势和政策 金融改革与市场开放 中国加入世界贸易组织 国际财经合作 海关执法

续表

届别	时间	地点	领衔	议题
12	1999.10.25.	北京	项怀诚 劳伦斯·萨默斯	国内经济问题 国际财经和金融问题 亚洲金融危机与双方在全球金融体系中的作用 中国加入世界贸易组织 反洗钱 执法问题（包括劳改产品的进出口适用法律）
13	2000.10.26.	华盛顿	项怀诚 劳伦斯·萨默斯	宏观经济形势和政策 中国经济结构改革 区域合作 打击金融犯罪 执法问题 促进各自欠发达地区经济增长
14	2001.9.11.	北京	项怀诚 保罗·奥尼尔	宏观经济形势和政策 多边开发银行（MDB）改革 银行改革 双边贸易 金融市场准入
15	2002.9.9.	华盛顿	项怀诚 保罗·奥尼尔	世界与两国经济形势 加大打击恐怖主义融资和洗钱活动力度 改善国际合作 关注游离于主要金融系统以外的融资机制 提高多边开发银行运作效率 加强合作执行有关监狱产品贸易协议

续表

届别	时间	地点	领衔	议题
16	2004.9.30.	华盛顿	金人庆 约翰·斯诺	宏观经济形势和政策 金融领域问题（人民币汇率） 反恐融资和反洗钱合作 美在多边开发机构中关于中国项目投票政策问题 中方加入泛美开发银行问题
17	2005.10.17.	北京	金人庆 约翰·斯诺	宏观经济形势 应对全球经济不平衡（含人民币汇率问题） 金融部门改革 国际事务合作

资料来源：根据1992年至2005年《中国财政年鉴》、中美两国财政部网站资料和媒体报道汇总自制。

除了联委会以外，中美双方还为财经合作开辟了一系列渠道，主要有：

1. 财经官员互访

近年来，中美财经官员互动频繁，成为双边财经外交的亮点。例如：尽管2003年联委会没有举行会议，但当年9月2日至4日，应中国财长金人庆的邀请，美国财长约翰·斯诺（John W. Snow）一行访问了北京。温家宝总理、黄菊副总理分别予以会见，财政部金人庆部长和中国人民银行周小川行长与其会谈，双方就中美关系、人民币汇率以及中美经贸合作等问题友好、坦诚地交换了意见，增进了相互了解。2004年在联委会已经安排会议的情况下，中国人民银行周小川行长访问了华盛顿，中方还接待了美国副财长约翰·泰勒（John B. Taylor）和财长特使保罗·斯佩尔兹（Paul W. Speltz）的来访，双方就两国金融合作、人民币汇率等问题交换了意见。

2. 美国财政部派设中国专员

2004年以来，美国财政部先是任命保罗·斯佩尔兹（Paul W. Speltz）为中国经济和金融事务代表，后任命财政部长顾问魏欧林（Olin Wethington）为财政部长中国事务特使，2005年10月3日负责非洲、中东和亚洲事务的副助理财长洛文杰（David Loevinger）又被任命为美国财政部常驻中国金融专员。这些表明：两国财经外交关系进入一个“不同的阶段”。[①] 美国希望通过这些举措，加强财经外交的力度，通过建设性对话与中国建立长期沟通协商机制。

3. 在联委会框架下设立工作小组、副手会议和专业对话合作机制

在联委会第八次会议上，两国财长同意在货币和银行、汇率、投资和经济合作等三个重要领域建立准阁员级的工作小组。联委会第十二次会议则决定建立由双方财政和央行副手主持、证券和保险监管机构官员参加的金融对话机制，并于2000年10月27日召开了第一次会议。2005年，美国证券交易委员会（SEC）和中国证监会在联委会第十七次会议后宣布，双方同意建立一个正式的对话和合作机制。

① “美财政部长顾问韦辛顿：美国特使紧盯人民币”，《国际先驱导报》，www. xinhuanet. com，2005年5月26日。

4. 借助多边渠道

世界银行和国际货币基金组织在历史上一直是中美通过多边开展财经外交的主要场所。20 世纪 90 年代以来，即使在中美关系遭遇困难的情况下，中方也没有中断参加这两个组织的每年两次例会过。[①] 亚太经济合作组织财长会议是又一个多边渠道。另外，鉴于近年来中国经济的快速发展及其全球影响力的不断提高。2004 年 10 月，在美国华盛顿举行国际货币基金组织和世界银行年会期间，美国财长斯诺代表七国首次邀请中国参加西方七国与中国财长和央行行长的非正式对话会议。此后中方又先后应邀参加了于 2005 年 2 月在英国伦敦与西方七国财长和央行行长举行的非正式对话，于 2005 年 6 月在英国伦敦召开的八国集团成员国和中国、印度、巴西及南非四国财政部长对话会以及于 2005 年 9 月在美国华盛顿召开的与攻国财长和央行行长对话会。

5. 民间渠道

尤其是在两国关系遭遇困难，联委会不能正常举行会议的情况下，民间渠道的作用凸显出来。例如：1989 年春夏之交发生政治风波后，美国宣布对华进行“制裁”，中止了包括联委会在内的两国高层往来，但两国民间渠道的财经往来不断。以 1992 年为例，当年的财经大事记[②]充分反映了这一点。在该年度，中国财政部领导先后会见了来访的美国环球联盟集团公司董事长张雯、美洲银行高级副总裁拉格瓦拉、美国美林集团日本公司总裁哈里斯、美国纽约国民银行董事长韦纳、美国美洲银行集团执行

---

① 参见上海图书馆馆藏的 1992 年至 2005 年《中国财政年鉴》。

② 参见《1993 中国财政年鉴》。

主席克劳森、美国克勤会计事务所所长顾衍时、美国摩根银行常务董事瓦格纳、美国美林公司副总裁宾克斯和普华国际会计公司执行董事哈沃德等一批美国金融界人士。

三、作用

中美财经外交在为中美整体外交战略服务、为中国的改革开放和经济发展服务中，发挥了不可替代的作用，表现在：

1. 为推动中美双方在重大问题上取得进展提供平台

由中美财经外交二十六年的历程可以看出，中美联合经济委员会发挥了主渠道的作用。不仅如此，其机制性的安排还为中美在双边关系重大问题上达成共识提供了平台。例如：1999年10月，中美双方就是利用在北京召开的第十二次联委会会议，就重新启动中国加入世界贸易组织的双边谈判达成了谅解，为随后两国政府达成关于中国加入WTO协议和中国最终完成WTO谈判做出了贡献。又如：在2001年中美两国关系因撞机事件陷入低谷之时，双方利用联委会第十四次会议在北京召开之机，为中美两国首脑在当年APEC领导人非正式会议上会面创造了良好的气氛，[①] 为有效推动中美双边关系的发展发挥了独特的作用。

2. 为中国改革开放和经济发展争取理解和支持

过去的26年，是中国逐步从计划经济向市场经济转型的过

① 《2003中国财政年鉴》，第65页。

程。在这个过程中，中国特别需要包括美国在内的外国理解的：一是转型进程的渐进性，二是保持稳定的先决性，三是政府在改革进程中的重要性。因此，这也就成为中美财经外交的主要任务。从结果来看，中美财经外交成效显著：一是仅从最近十次联委会的联合声明看，美方对中国改革开放一直持支持和赞赏立场，并提供了部分技术支持；二是中方在人民币汇率问题上的目标、立场和做法逐渐得到美方的理解。前美财长约翰·斯诺曾在第十七次联委会会议结束后的记者招待会上说，人民币汇率继续朝灵活性的方向发展是一个目标。这需要一些时间准备金融工具，如交易平台方面以及对冲工具的改进。中国确实在做准备采用这些工具。只有采取这些步骤，才能允许人民币有更大的空间实现汇率弹性化。美国参议员查尔斯·舒默和林塞·格雷厄姆（他们提出如果中国政府在未来半年不让人民币升值，美国将对来自中国的所有商品课以27.5%的惩罚性关税议案）在结束访问中国之行时表示：为期一周的中国之行让他们了解到，中国汇率政策顾虑更多的是对中国农村的影响以及外汇市场大幅波动对金融企业的影响。愿意接受央行行长周小川的建议，给中国更多时间来完成外汇市场改革。这些都体现了中美财经外交成果。

3. 为中美适应经济全球化发展需要、协调宏观经济政策创造机遇

随着冷战结束后经济全球化的进一步发展，经济事务、国际经济领域的合作受到全球的广泛的重视，通过财经外交协调国际宏观经济政策是经济全球化发展的一个必然结果。为此，中美两国通过财经外交，就区域经济合作框架、区域范围内的融资安排、合作加强打击恐怖主义融资和洗钱活动、提高多边开发银行运作效率、贸易自由化等广泛议题交换意见、形成共识。在

2006年9月召开的国际货币基金组织年会上，决定增加中国等4个份额低估程度最严重的国家投票权，也是中美财经外交的成果之一。布雷顿森林机构改革也曾是中美财经外交的议题之一，中方要求增加发展中国家在世界银行和货币基金组织中的发言权和影响力，最终得到握有国际货币基金组织17%投票权的美国的支持。

4. 中美财经外交成为双赢的典范

经过双方二十多年的共同努力，中美财经外交借助于联委会及其它渠道，发挥了促进、协调和监督两国经济合作关系有秩序发展的积极作用，成为双赢的典范。人民币汇率问题就是一个例子。在中国2005年7月采取改革汇率体制重大举措后，美国斯坦福大学教授、前财政部主管国际事务的副部长约翰·泰勒（John B. Taylor）即在《华尔街日报》发表文章，[①] 称此举在一定程度上要归功于布什总统和财政部长斯诺（John Snow）在2003年夏季确定并在过去两年中坚持实行的有效的（财政）外交策略；中方则认为此举是为实现中国的国家利益而主动采取的行动，符合以"主动性、可控性、渐进性"为主要内容的人民币汇率改革三原则。事实上，在经济全球化的框架下，一个国家的汇率有它的外部性，而中国第一次认识到人民币汇率有外部性是在1998年亚洲金融危机以后。中美财经外交的双赢局面，是在过去十二年、尤其是20世纪90年代和本世纪初，中美关系共同战略目标缺失的背景下取得的。特别是在处理两国争议时，美国财政、金融管理部门尽管面对来自方方面面的压力，仍然能坚持致

---

① 约翰·泰勒：《美国金融外交的成功》，《华尔街日报》2005年8月15日。

力于外交手段，属于较坚定的对华接触派。

四、发展与问题

鲍尔森说，美中建立战略经济对话机制是两国关系中的历史性事件。鉴于这一对话机制的美方主席由身兼财政部长的鲍尔森担任，这一事件标志着中美财经外交增加了新的形式，迎来了新的时代，也是利益攸关者理论的具体实践。但是，中国作为世界上最大的发展中国家，与世界上最大的发达国家开展战略经济对话，面临的挑战和压力是巨大的。

1. 中美战略经济对话使中美财经外交地位进一步凸显，但有可能导致经贸问题或财经政策协调政治化

由于中国经济的迅速增长，中美经济相互依赖的程度越来越深，中美经济关系在双边关系中的地位越来越具有战略性质，同时中美经济关系所产生的全球影响也越来越大。因此，启动中美战略经济对话是及时的，与中国希望从战略高度和长远角度看待和处理两国经济关系的意愿也是相吻合的。这一对话机制的安排上有两个关键点：一是鲍尔森以战略的名义把对话机制中方主席的级别提高到副总理级；二是对话每年举行两次，分别在北京和华盛顿各举行一次，中美两国的最高元首将在本国举行对话时出席会议。后一点安排比三年前中美联合商务贸易委员会（JCCT）会议的升级更胜一筹，使中美战略经济对话成为中美建交以来规格最高的经贸交流机制，标志着中美经贸关系的重心将由解决贸易争端转向协调财经政策。由此，中美财经外交将进入一个新的时代，并在中美经贸关系中发挥更大作用，承担更艰巨任务。同时，我们必须清醒地认识到：中美战略经济对话的机制和安排本身，很可能使经贸问题或财经政策协调政治化，这在过去是中方不愿看到的。

2. 要求中国进一步开放服务市场，特别是开放资本市场的压力进一步增大

针对中国即将进入加入世界贸易组织后过渡期，近年来美国对华财经外交政策涉及三大重点：一是汇率机制改革；二是确保中国经济从出口导向战略向消费和内需拉动战略转移；三是促进中国金融服务部门的发展，以及美国金融服务公司在这一发展过程中所发挥的重要作用。[①] 也就是说，美方将对华财经外交的重点从人民币汇率问题转向了敦促中国采取措施鼓励国内消费、加速进行一系列市场改革、进而促使中国将美国占优势地位的领域对外开放。鲍尔森任财政部长后，继承了其前任的对华财经外交政策，称“中国已是全球经济中的重要国家，其首要任务是开放国内市场”，强调“中国必须使其金融部门现代化，开放其资本账户”，甚至说“对我们来说，最大的风险不是中国将取代美国，而是中国不进行必要的经济改革，不能够保持它的增长率”。[②] 然而，与其前任不同的是，鲍尔森明确地把近期要求中国开放的目标指向资本市场。他认为，从长期来说，人民币汇率的价值必须由市场来决定。但这个目标只有在中国建立了真正开放的资本市场后才能达到。因

① Statement of Under Secretary for International Affairs Timothy D. Adams Before the Senate Finance Committee U. S. -China Economic Relationship Revisited, March 29, 2006.

② Remarks by Treasury Secretary Henry M. Paulson on the International Economy Treasury Department Cash Room, Washington, D. C. , September 13, 2006.

此，他支持中国资本市场向外资开放。[①] 尽管如此，人民币汇率问题并不意味着退居次要地位，而是美方把它放在促使中国更加开放的长远战略中加以考虑。同时在策略上，美国谋求让IMF和七国等多边框架在人民币汇率问题上发挥作用。国际货币基金组织增加中国投票权后，吸纳中国正式参加七大工业国财长和央行行长会议可能成为美国的下一步棋。[②] 中国作为利益攸关者，面临改革与开放的压力将与日俱增。

3. 战略经济对话的内容必然兼顾原则与具体、长远与现实，甚至进一步深入到中国的国内和国际经济政策

中方对“战略”的理解相对比较原则、宽泛。例如，2006年9月温家宝总理在会见鲍尔森时表示，2003年我向布什总统提出处理双边经贸关系的五项原则〔(1) 加强合作，互利共赢；(2) 把发展放在首位，通过不断发展经贸合作解决贸易逆差问题，希望美方取消对华出口限制；(3) 建立和健全经贸协调机制；(4) 通过平等协商解决问题，不要动辄设限和制裁；(5) 不把经贸问题政治化〕，就是着眼战略的，也是兼顾双方长远利益的。只要双方按照这些原则去做，就一定能够克服在合作中出现的问题，推动中美经贸关系持续健康稳定地向前发展。[③] 也就是说，中方“战略”关注的是双边经贸关系的长远性、稳定性和持久性。美方对“战略”的理解也有原则的一面，但更有具体的一面。例如：在会见中鲍尔森向温总理表示，美国支持中国改革开放，相信这不仅符合中国的利益，也会给美国及世界提供更多的

① “美财长别样中国行”，《全球商会》，www.bosslink.com，2006年9月22日。

② 约翰·泰勒：“美国金融外交的成功”，《华尔街日报》2005年8月15日。

③ 国务院总理温家宝会见美国财政部长保尔森，新华网2006年9月22日。

机遇。[①] 这体现了原则的一面。同时，美国财政部就如何促使中国金融部门对外开放，确定了几项具体的工作，包括促使中国取消对使金融业外资股份比例的限制、继续推动国有企业的私有化进程、鼓励中国监管人员实行加强风险管理以及会计和财务报告的措施等。[②] 也就是说，美方“战略”关注的是长远利益与现实利益的结合。因此，中美战略经济对话的内容，很可能不仅有原则的，而且有具体的，甚至具体涉及到中国的国内和国际经济政策，中方必须对此有所准备。

五、结语

中美战略经济对话的启动，使历史悠久的中美财经外交进入了一个新的时代。可以预见的是，随着中美经济相互依存度的进一步提高和攸关的利益进一步扩大，中美财经外交将为双边关系的持续、稳定发展提供更加积极、正面的支撑。毋庸讳言，作为一个发展中国家，中方也将面临更多挑战。为此，中国对美财经外交应在保持稳定性、树立负责任形象、争取美方理解与支持的同时，战略上要实现从单一性到综合性的转变，兼顾宏观经济协调与微观经济需求，平衡财政金融与实体经济；策略上要做到政府官员主持对话与吸收专业人士参与对话并举，实务与研究并重，政府与民间相互呼应，使新时代的中美财经外交更好地为中国的和平发展事业服务，为中美实现双赢服务。

---

① 国务院总理温家宝会见美国财政部长保尔森，新华网2006年9月22日。

② Statement of Under Secretary for International Affairs Timothy D. Adams Before the Senate Finance Committee U.S.-China Economic Relationship Revisited, March 29, 2006.

中国和平崛起与俄罗斯复兴的互动

胡　键*

内容提要：“中国和平崛起”提出来以后，引起了包括俄罗斯在内的国际社会广泛的关注，那么，俄罗斯究竟如何认知和应对中国的和平崛起，这对两国处理中俄关系和深化两国战略协作伙伴关系具有重要意义。应该说，俄罗斯的看法是非常复杂的：一方面，俄罗斯认识到中俄战略协作伙伴关系是当前在战略上最紧密的双边关系，在西方的战略挤压下，俄罗斯越来越重视和积极推进两国的战略协作伙伴关系；另一方面，面对中国的崛起，加上俄罗斯历史上从来没有与强大的中国打交道的经验而对中国的和平崛起表示怀疑和担心，所以在俄罗斯也出现了各种形式的“中国威胁论”。但是，俄罗斯也不得不承认一个客观事实，俄罗斯的复兴与中国的崛起处于同一个历史时

* 胡键，上海社会科学院欧亚研究所副研究员，博士。

期，并且俄罗斯的复兴在相当大的程度上要借重中国的崛起。这之间形成了一种互动，这种互动将不断推进中俄战略协作关系继续发展。

自2003年12月10日中国国务院总理温家宝在美国哈佛大学发表题为“把目光投向中国”的演讲首次全面阐述了“中国和平崛起”的思想以后，这一课题已经引起了国际社会广泛的关注。[①] 俄罗斯作为中国的最大邻国，同时也是一个正在复苏的大国，因此“中国崛起”同样也引起了俄罗斯各界的高度关注。[②] 中国的崛起在俄罗斯看来究竟是一种什么样的崛起？是和平崛起还是扩张性崛起？中国的崛起对俄罗斯是一种威胁还是俄罗斯复兴的机遇？研究俄罗斯对中国崛起的认知及其应对的战略安排，对中国处理中俄关系和深化两国战略协作伙伴关系具有重要意义。

一、中俄战略协作伙伴关系的基本结构和基本内容

中俄战略协作伙伴关系是当前在战略上最紧密的双边关

① 国际社会特别是美国对“中国崛起”关注的最新成果可参见美国乔治·华盛顿大学中国政策项目中心主任戴维·香博（沈大伟）主编、十七位作者花三年时间写成的著作的《权力的转换：中国和亚洲的新动力》（Power Shift：China and Asia's New Dynamics，See http：//www.brookings.org/comm/events/20060112.htm），该书对“中国崛起”及其对亚太地区的影响进行多层次评估和探讨。

② 这方面的情况可见诸于俄罗斯科学院远东研究所所长、俄中友协主席季塔连科于2005年5月27日在莫斯科举行的俄罗斯第15届“中国、中国文明与世界”国际研讨会上的发言和会议围绕中国问题所讨论的内容。

系。远的不说，自 20 世纪 90 年代以来，受美国意识形态的影响，中美关系时有起伏，而中欧关系则常常受到中美关系的影响，即使在当前中欧关系最好的时期，也仍然处于“亚健康”状态。相比之下，中俄关系基本上没有受到外界的影响，而主要是受俄罗斯内部执政路线的影响。只要俄内部执政路线不变，那么这种紧密的战略协作伙伴关系将不会根本改变。当然，中俄战略协作伙伴关系更是基于以下的原因而确立起来的一种双边战略框架：

第一，中俄两国战略利益具有相当大的一致性。因此，两国在一系列国际事务上的主张一致：在联合国改革的主张基本一致，中俄两国都强调“联合国改革的目的，应是加强其在国际事务中的主导作用，提高效率，增强应对新挑战与威胁的潜力。推进改革应以协商一致原则为基础，充分体现广大成员国的共同利益”；在朝鲜半岛问题上都主张无核化；在伊朗核危机上相互配合；对美战略上，中俄共同反对美国单边霸权。

第二，西方的战略挤压，使俄罗斯战略视线东移，俄越来越靠近中国。北约东扩极大地危害着俄罗斯的战略安全环境。自苏联解体以来，北约作为冷战时期的重要工具不仅没有退出历史舞台，反而在俄罗斯国势衰弱的情况下一步步扩大到原苏联的版图内，俄罗斯的战略纵深被迫大大缩小。与此同时，欧盟东扩，彻底消除了俄罗斯在东欧乃至原苏联地区的影响。俄罗斯的地缘经济空间也大大缩小。近两年来，西方在“颜色革命”背景之下的“民主改造”进一步挤压俄罗斯的战略空间。由此可见，俄罗斯的西部地缘空间受到了自苏联解体以来最严重的挤压。不仅如此，西方还在反恐问题上与俄罗斯存在着重大分歧，对俄罗斯的民主也大加指责，认为俄罗斯是民主的倒退，[①] 在政治上存在着严重的“民主赤字”。[②]

第三，中俄在中亚合作顺利，共同构建了一个合作的平台。中亚地区一直遭受恐怖主义、分裂主义和极端主义三股势力的肆虐，而俄罗斯车臣非法武装分子与中亚地区的三股势力有千丝万缕的联系，车臣问题被认为是俄罗斯政府当前的四大危机之一。[③] 因而，治理车臣问题与治理中亚地区的三股势力是紧密联系在一起的。中国同样遭受恐怖主义的危害。此外，能源的高消耗问题已经成为国际社会怀疑中国和平崛起的重要依据。可见，维护中亚的稳定，既是为了中国实行能源进口多元化战略，也是为了确保中亚成为国际能源一个新的可靠的供应地。在双方的共同努力下，构筑了上海合作组织这一多边合作平台。

第四，中俄经贸关系进一步发展和深化，中俄战略协作由虚向实发展。中俄战略协作伙伴关系建立于 1996 年，但当时还主要是政治上的伙伴，两国缺乏必要的经济利益基础，因而显得有些空泛。但是，自 1999 年以来，双边贸易额连续 6 年以年均近 30%的增幅稳定增长，2004 年达到 212.3 亿美元，创历史新高，比上年增长 34.7%。2005 年贸易额继续增长，达到了 291 亿美元，比上年增长 37.1%。这一增幅也大大超过中俄经贸中长期

---

① Anders Aslund, Putin's Decline and America's Response, Policy Brief 41, 2005, Carnegie Endowment; Andrew C. Kuchins , Human Rights, Civil Society, and Democratic Governance in Russia: Current Situation and Prospects for the Future, http: //www. carnegieendowment. org/experts/index. cfm, February 8, 2006.

② Ariel Cohen, Putin's Crisis: Dealing with Russia's Political Upheaval , http: //www. heritage. org / Research / Russia and Eurasia / wm 671. cfm, February 20, 2005.

③ Anders Aslund, Putin's Decline and America's Response, Policy Brief 41, 2005, Carnegie Endowment.

规划所确定的20%—25%的年均增速。按照这样的发展速度，中俄贸易额在2010年600—800亿美元的目标完全有望实现。目前中国是俄罗斯第四大贸易伙伴，俄罗斯是中国第八大贸易伙伴。由此可见，中俄战略协作伙伴关系已经有了坚实的物质利益基础。

第五，俄对华军售不设禁区，有利于中国军事现代化和提高国防能力。1992年俄罗斯首次向中国出售了26架苏—27战斗机，从此拉开了自俄独立以来中俄军事技术合作的序幕，中国成为俄罗斯武器最大的购买商。10多年来，俄制武器装备已经成为中国高技术强军的一个重要组成部分。中俄军事技术合作渐入佳境，为建立新的国际安全秩序树起了典范。在西方国家对中国高技术转让设禁的情况下，俄罗斯的军事技术转让对中国国防现代化和提高中国军事防御能力都有重要的意义。

第六，在台湾问题上，俄罗斯是唯一公开支持中国统一的大国。在台湾问题上，目前各大国虽然都反对台湾独立，但是都没有直接支持台湾海峡统一。各大国尤其是美国反对台湾独立，主要是担心台湾一旦独立，大陆会因台海现状改变而单方面采取行动，甚至武力解决台湾问题。这样就必然危及到亚太地区的安全，这就完全有可能把美国拖入与中国直接对抗的状态之中，而这种状况是美国所极不愿看到的状态。但是，美国等西方国家也不愿看到台湾问题迅速解决，维持不统不独的现状最符合西方各大国的意愿。然而，俄罗斯不一样，它不仅明确反对台湾独立，也明确支持中国为和平统一所采取的政策。早在叶利钦时代，俄方就提出在台湾问题上坚持“四不”政策——不支持台湾“独立”；不支持“两个中国”或“一中一台”；不允许台湾参加只能由主权国家参加的国际组织；不向台湾提供武器。普京执政后，俄方更进一步向中方表明，在台湾问题上，俄不仅将一如既往地支持中方的原则立场，而且会将这种支持化为国际舞台上的实际行动。特别是在 2004 年 3 月，在“台独”势力企图借所谓的“公投”来实现分裂国家阴谋的关键时刻，俄方旗帜鲜明地反对台湾当局搞任何形式的“台独”和“公投”，俄方认为，台湾问题涉及中国国家主权、领土完整和民族尊严，“公投”是旨在加剧台海紧张局势的挑衅行为，警告“台独”分子不要玩火。俄罗斯的这种支持是其他大国所不能做到的。

二、中俄战略协作伙伴关系中的隐患和局限性

俄罗斯在总体上把中国视为战略伙伴，但同样存在着对中国的错误认识，诸如“中国威胁论”、“人口扩张论”、“资源掠夺论”和“中国崩溃论”等。它们虽然不是当前俄罗斯社会的主流认识，但如果不消除以上这些错误认识，长期下去将是中俄战略协作伙伴关系发展的羁绊。

1. “中国威胁论”

“中国威胁论”，即认为中国的迅速发展是俄罗斯的威胁。自俄罗斯独立以来，这种言论就不绝于耳。近年来，俄罗斯各界对中国的认知有所改善，但“中国威胁论”并没有销声匿迹。俄罗斯对待中俄战略协作是持实用主义的态度，对中国的迅速发展始终都怀着极强的戒备之心，更担心中国在中亚影响的不断上升会削弱俄罗斯的传统影响。例如：俄罗斯政治和军事研究所所长A·沙拉温在其撰写的《第三种威胁》一文中，公然把“中国威胁”视为继车臣战争和科索沃战争之后对俄形成的第三种威胁，

而且这将是一场“导弹核战争”的威胁。[①]

2.“人口扩张论”

“人口扩张论”认为中国人口多，非法移民现象普遍存在，尤其是在俄远东地区大有出现“黄色俄罗斯”的迹象。早在10年前，俄前代总理叶戈尔·盖达尔就曾说过：“在我们两国的接壤地区，中国领土上的人口密度大约是我国的100倍，中国人口总数是俄罗斯的8倍”，“我们的衰落以及我国远东地区广阔且尚未开发的领土正是危险的诱因”。[②] 俄罗斯远东地区的一项民意测验显示，当地差不多50%的居民认为10年以后远东地区的中国移民数量将占到当地人口的20%—40%，20%的当地居民甚至相信这一比例将高达40%—60%。[③] 无独有偶，2004年8月21日，俄罗斯著名星相家亚历山大·列宾在接受《共青团真理报》采访时声称：在他的远东星相图上，到2040年俄滨海边疆区将变成中国领土。[④]

3.“资源掠夺论”

“资源掠夺论”认为中俄合作只有利于中国对俄罗斯能源和其他资源进行掠夺，而对俄罗斯没有任何益处。俄罗斯科学院远东所副所长B·米亚斯尼科夫曾对中俄边境合作对俄罗斯会带来什么益处表示怀疑，毫不客气地指责中国商人在掠夺俄国的资源

---

① ［俄］阿·沙拉文：“第三类威胁”，载《独立军事观察》2001年9月28日。

② ［俄］叶·盖达尔：“21世纪的俄罗斯”，载《消息报》1995年5月18日。

③ Mikhail Alekseev, The Chinese Are Coming: Public Opinion and Threat Perception in the Russian Far East, Program on New Approaches to Russian Security: Policy Memo 184, Washington, D. C. : Council on Foreign Relations, January 2001.

④ ［俄］亚·列姆别尔：“滨海边疆区将变成中国领土”，载《共青团真理报》2004年8月21日。

和硬通货。[①]

4. "中国崩溃论"

与"中国威胁论"、"人口扩张论"、"资源掠夺论"等相伴的"中国崩溃论"在俄罗斯同样也存在。认为中国崩溃的依据在于：式正在逐渐步入死胡同，并终将难以为继，一旦20多年积累下的问题突然迸发，势必迅速导致中国经济的停滞不前，甚至是大崩溃，莫斯科卡内基和平基金会副主任德米特里·英特列宁还妄下断言，"中国共产党的朝代已经走到了尽头；[②]二是中国的政治改革严重滞后于经济，认为中国政治上仍然保留着权威主义体制，而"经济多元化与党对政权的垄断之间的矛盾已经孕育着严重的政治危机"；[③]三是中国武力解决台湾问题必将把自己推向与美国发生冲突的边缘，美国将乘机促使中国政权更替[④]；四是中国存在着非常棘手的地区民族问题，认为"倘若中国政局失控、国家出现分裂，必将引发大规模移民，这会严重殃及俄罗斯"；[⑤]而如果中国出现民族骚乱，特别是西藏与新疆地区出现民族骚乱，将波及到哈萨克斯坦与俄罗斯的国家安全。在这种情况下，"俄罗斯将被卷入维吾尔族与哈萨克族、维吾尔族与汉族间

---

① [俄] B·米亚斯尼科夫著：《以条款来证实》，莫斯科，1996年版，第411，413—419页。

② [俄] 德·特列宁："欧太大国"，载《全球政治中的俄罗斯》2003年第1期。

③ [俄] S·A·卡拉加诺夫，T·V·博尔达乔夫："当代中国：挑战还是机遇?"载《全球政治中的俄罗斯》2004年第2期。

④ [俄] 德·特列宁："欧太大国"，载《全球政治中的俄罗斯》2003年第1期。

⑤ [俄] S·A·卡拉加诺夫，T·V·博尔达乔夫："当代中国：挑战还是机遇?"载《全球政治中的俄罗斯》2004年第2期。

的跨境民族冲突”。[①]

国际政治心理学派专门研究了错误知觉的生成机制，认为错误的认知来自于三个方面，[②] 即认知相符性、诱发定势和历史包袱。俄罗斯对“中国崛起”的错误认知，在上述三个方面中或多或少地存在着，但更现实地表现为：由于俄罗斯在尚未恢复大国地位之前反映出来的民族自信心严重不足，特别是由于俄罗斯国力衰退在民众心理上形成的一种失落和悲观心态，缺乏对国家振兴的信心，从而在对外上表现出极端排外的民族主义情绪；同时也由于俄罗斯亲西方的思潮仍然有相当的市场。俄罗斯国学大师德·谢·利哈乔夫在他的绝笔之作中就指出，“俄罗斯从来不是东方”，[③] 而这一思想曾经深深地影响了普京的执政理念。此外，由于缺乏对中国的了解而对中国走和平发展之路严重不信任。更可笑的是俄罗斯民族主义激进派、欧亚党的发起人和理论家A·杜金竟然把中国看作是西方的同盟者，认为中国在地缘上对俄罗斯构成威胁是很现实的，因为中国是一个“作为大西洋主义的地缘政治的基地以及作为寻找‘无主空间’的人口密度很高的国家”。[④] 亲西方的思潮对中国的看法往往是夸大和歪曲事实，而俄罗斯民族主义者则是因缺乏对中国的了解而以偏概全，两者都表现为对中国的不信任。

此外，俄罗斯对中国的不信任也在于，一方面是因为俄独立

---

① ［俄］G·库纳泽：“俄罗斯与其东亚邻国关系中边境问题”，载《21世纪俄罗斯的安全》，莫斯科：人权出版社，2000年版，第446页。

② ［美］罗伯特·杰维斯著，秦亚青译：《国际政治中的知觉与错误知觉》，世界知识出版社，2003年版，第四、五、六章。

③ ［俄］德·谢·利哈乔夫著，吴晓都等译：《解读俄罗斯》，北京大学出版社，2003年版，第21页。

④ ［俄］亚历山大·杜金著：《地缘政治基础——俄罗斯地缘政治的未来》，莫斯科，1997年版，第362—363页。

初期，中国到俄罗斯进行经营活动的商人素质不高，而且倒卖的商品大多是假冒伪劣品，结果严重损坏了中国在俄罗斯人心中的形象，导致俄罗斯消费者很难改变对中国形象的认识。另一方面，俄罗斯有关法律不健全，这严重阻碍了中俄之间正常的贸易活动，所以中国商品才屡屡遭到俄罗斯海关部门的“灰色清关”。另外，俄罗斯转型期的政局不稳定、社会秩序混乱，给腐败和黑社会有了孳生蔓延的土壤，结果中国商人在俄罗斯要么受到腐败官员的敲诈，要么遭到黑社会的勒索。在这种情况下，10 多年来中俄双方民间交往不多，仅有的民间交往活动也受到制约。

国内民众对华存在着不信任的情况必然反映到俄罗斯的对华政策上，这在俄罗斯对华的近期政策和中长期政策战略上都有所表现。

从近期政策来看，俄罗斯对华政策是：看重、借重兼戒备。在经济上，俄罗斯对华是看重兼借重。中国的战略机遇期与俄罗斯的复兴期处于同一个历史时期，由于俄罗斯经济仍然处于复苏的过程中，同时普京总统也提出了经济翻番的目标，但是究竟怎样实现经济的快速发展以达到翻番的目标，俄罗斯至少在具体的政策上缺乏可行的措施，近年来的经济快速增长主要是能源出口拉动；[①] 而中国不仅用自己的政策塑造了独特的转型模式，而且在这种模式中创造了经济发展的世界奇迹。与高速发展的中国相比，早在 20 世纪 90 年代中期，俄罗斯一些有远见的人就感到俄

① 关于俄罗斯经济增长的动力问题学术界存在着一些争论，主流的观点认为俄罗斯经济增长主要是由能源出口拉动；另一种观点则认为主要是制度变迁的产出效应所致。笔者倾向于后者，但同时必须指出在这一问题上需要区分两个概念，即“增长”和“快速增长”。的确，俄罗斯经济的快速增长主要是能源出口所致，但在能源维持正常水平的基础上，俄罗斯的制度变迁已经走出了“投入期”，而进入到了“产出期”，其经济无疑是增长的。也就是说，俄罗斯经济增长的动力是制度变迁所致。

罗斯的发展压力。其独立后的首任驻联合国大使弗拉基米尔·卢金曾经指出："过去俄国虽然落后于欧洲，但却自认为比亚洲先进。但从那以来，亚洲发展的速度要快得多，……我们发现自己不再处于'现代化的欧洲'和'落后的亚洲'之间，而是处于'两个欧洲'之间的一个奇怪的中间地带。"[①] 这使俄罗斯深感面临着来自欧洲和来自亚太地区的双重经济压力。[②] 于是，俄罗斯越来越看重中国经济长期保持高速发展的态势，同时更想借重中国经济高速稳健的发展来振兴俄罗斯经济，尤其是对其远东地区发展，俄罗斯更是想借中国振兴东北的东风。自罗蒙诺索夫时代以来，俄罗斯就一直认为其东部土地可以"增加俄罗斯的威力"；直至今天它不仅是俄罗斯的"威力"，而且决定着俄罗斯国家本身的命运。[③] 而在中国经济的带动下，东亚地区经济突飞猛进，这种情况极大地刺激了俄罗斯，东亚的经济奇迹对俄罗斯更是产生了直接的诱惑。同时，借重中国的快速发展，俄罗斯还可以有机会参与东亚多边合作，并通过这一多边机制加强其在东北亚地区的影响力，维护其远东地区安全，此外还可以使之在整个亚太发挥大国作用。[④] 关于对华的借重，俄罗斯的一些精英丝毫不加以避讳，认为俄罗斯与中国合作的目的就是借重。米特里·特列宁就指出，俄罗斯的对华政治战略"旨在同中国建立对俄罗斯有

---

① 转引自［美］兹比格纽·布热津斯基著，中国国际问题研究所译：《大棋局：美国的首要地位及其地缘战略》，上海人民出版社，1998年版，第125—126页。

② A. P. Tsygankov, *Mastering Space in Eurasia: Russia's Geopolitical Thinking after the Soviet Break-up*, Communist and Post-Communist Studies, 36 (2003).

③ ［俄］俄罗斯外交与国防委员会著，冯玉军、蒋莉等译：《俄罗斯战略：总统的议事日程》，新华出版社，2003年版，第192页。

④ 胡键："俄罗斯与东亚多边合作"，载《世界经济研究》2003年第10期。

利、同时不会使俄罗斯成为中国附庸的友好平等关系”。[1]

在国际事务和地缘利益上，俄罗斯对华是借重兼戒备。一方面，在西方的挤压下，尤其是美国对中亚的渗透和用隐蔽之手操控独联体一些国家的“颜色革命”，更是直指俄罗斯。在这种情形下，俄罗斯需要中国的支持，所以一改过去对上海合作组织冷淡的态度转为积极支持，实际上是欲通过该组织继续掌控独联体的一部分，同时也可以在这一组织内拉住中国，以确保中国在处理与美国和西方的关系时不至于无所顾忌。但是，由于在上海合作组织内中国拥有较强的机制首创能力，因此俄罗斯担心中国在中亚影响力的增强而抵消了俄罗斯的力量。俄汉学家B·格尔布拉斯在一次采访中就毫不掩饰其对中国的戒备：“可惜我们有时是巴结中国……成立上海合作组织就是在政治上承认北京的势力范围向俄罗斯和独联体国家一部分地区扩展这一现实。”俄罗斯对中国的这种戒备之心甚至可以说是作为与中国相邻的大国所固有的。

从中长期战略来看，俄罗斯对华是怀疑兼防范。对中国走和平发展道路表示怀疑，因而在政策上防范中国的所谓“经济扩张”、“人口扩张”和军力的增强。俄罗斯历史上是一个通过军事扩张而发展起来的帝国，这样的历史蕴育了一种对他国强大起来而不安的民族心理。这种心理也必然反映到对中国崛起的认知上，认为中国的不断强大必然走上向外扩张之路，至于中国官方所提出的和平崛起，不过是一种对外政治宣传；中国的经济发展是在高投入、高能耗的基础上实现的；中国巨大的人口压力将对周边国家构成挑战；中国军费开支的不断增加，名义上是国防现

---

① ［俄］伊·伊万诺夫：“国家安全暂且还是朋友”，载《机关报》2005年2月14日。

代化和防御的需要，但中国与周边国家的主权争端以及台湾问题的存在，使国际社会很难相信中国能够真正走和平发展之路。这正如俄罗斯外交与国防政策委员会下属组织“新一代”国际俱乐部的报告所说：“中国未来的强大和急剧动荡都意味着对地区性与全球性稳定与安全的挑战。中国未来的强大将促使其领导人更积极地谋求地区主导地位，甚至是对美国全球领导地位的挑战……中国的急剧动荡将导致其人口的失控，中国居民将分化成自治的扩张性集团，并不可避免地如洪水一般漫过国界。此外，中国积累的大批武器也将失去控制。”①

在与中国的军事技术合作中附带着防范。众所周知，中国、印度是俄罗斯军火最大买主，但对比俄国出售给中印两国的武器系统，不难发现俄国出售给印度的武器系统一是数量多范围广，二是同级的武器系统印度一般都早于中国装备，三是即使是同级的武器系统，出口到印度的武器系统通常都要比出售给中国的武器系统先进。那么，为什么俄国在对中印的军售问题上厚此薄彼呢？原因就在于俄罗斯有一种心态，认为中国军队的现代化，将在中、长期对俄罗斯安全构成最大的威胁，虽然目前中俄之间有相互利用的必要，但俄罗斯必须与中国保持十年左右军事技术优势。受这种思想的影响，在战略伙伴关系的光环之下，俄罗斯内部对华军售的争论一直十分激烈，包括俄前国防部长格拉乔夫大将、罗季奥诺夫等军方高层将领在出访中国时也对华示好，表示要加强两军合作、共同反对美国霸权，但曾发出过“中国威胁远东安全”和“中国威胁论”等不和谐的声音。

在与中国的能源合作中也保持着防范之心。俄罗斯是全球最

① ［俄］“新一代”国际俱乐部著：《21世纪的俄罗斯：战略发展》，莫斯科，2004年版，第60页。

大的天然气生产国和第二大原油出口国，中国每年大量进口石油和天然气，但中俄两个有着4300多公里共同边界的国家在这方面的合作却十分有限。中俄能源合作问题已经提出了有十几年了，但进展缓慢。2002年中国石油天然气总公司尝试参与俄罗斯斯拉夫石油公司民营化投标，却无端遭到俄罗斯杜马议会的否决；中俄石油管道项目几经波折，俄方一直摇摆不定，至今无法签订最终合同，整整耗费了中方为“安大线”论证方案所投入的多年时间和相关的人力与财力；尽管俄罗斯加大了向中国提供石油的力度，2005年通过铁路向中国提供了800万吨石油，2006年可望达到1500万吨，但在中国庞大的石油进口中，所占比例甚小。从俄罗斯在中俄能源合作的摇摆不定的情况来看，这背后不纯粹是受经济利益因素影响，其中有许多复杂的因素，包括俄罗斯担心成为中国的原料附庸，防范中国扩张，防止受中国牵制等。这些因素都已经成为影响俄罗斯对华战略决策的重要因素。

上述情况表明：俄罗斯内部在对华战略和政策上存在着分歧，俄务实派倾向于积极发展对华关系，特别是增加对华能源供应。而亲西方派则强调俄罗斯的欧洲属性，应该加强对欧战略，反对与中国越来越紧密的经贸合作尤其是能源合作。这两者之间的矛盾必然导致俄罗斯对华战略有很大的不稳定性。

三、中俄战略协作伙伴关系的发展前景

中俄战略协作伙伴关系究竟向何处去？对这一问题的预测必须跳出中俄双边关系的框架，要从全球的视域和俄罗斯所拥有的各种资源及其对中国的作用来考量中俄关系。

首先，俄罗斯的全球战略资源与俄罗斯的国际地位。虽然俄罗斯不再是苏联，受苏联解体和转型陷阱的影响，国力严重衰落，但是，俄罗斯在全球范围内的战略资源仍然存在。一方面，俄罗斯是联合国安理会五大常任理事国之一，在联合国讲坛上具有不可替代的作用。迄今为止，包括美国在内的各国都不可轻易忽视俄罗斯这一席位。实际上，在一些重大国际问题上，恰恰是俄罗斯的态度使美国的外交行动受到掣肘，就像过去苏联在联合国的作用一样。在这种情形下，美国要么放弃原计划，要么冒天下之大不韪绕开联合国这一多边机制而一意孤行。若是前一种情况，则意味着美国在俄罗斯的压力之下退却，这表明美国的霸权正在走向衰落；若是后一种情况，那么国际社会的谴责将使美国国际威望等“软实力”受挫。另一方面，俄罗斯是唯一拥有能够与美匹敌的战略核武库的大国，因此其在国力已经衰退的情况下也可凭巨大的战略核力量对美国起到一定的钳制作用。此外，俄罗斯横跨欧亚大陆的地缘位置也是美国推行单边霸权的一个重要钳制力量。这些情况有利于中国在和平发展的道路上进行现代化建设。

其次，西方对俄罗斯的战略挤压。西方对俄罗斯的不信任以及对俄罗斯重新振兴的未来不确定性，使西方对俄罗斯的战略在短期内不会改变，也就是说，俄罗斯西部短期内无法解除来自西方的压力。因此，俄短期内不可能根本放弃普京的强国富民的治国方略。自 1999 年以来，普京路线虽然招致反对派特别是亲西方的自由派的批评和指责。但在普京的治理下，俄罗斯的经济一直保持着稳定增长的态势，经济总量已经恢复到苏联时期的70％以上，因此国家的整体实力得到大大提升。这使俄罗斯看到了复兴的希望。2005 年，普京又提出了经济翻番的目标，如果这一目标能实现，那么俄罗斯至少在经济上完全恢复到了苏联时期的水平，伴随而来的将是俄罗斯整体实力的全面恢复。然而，由于西方认为普京的政策使俄在民主道路上严重倒退，俄罗斯的重新崛起将给西方的安全带来了许多不确定因素。这种不确定性和不信任促使西方对俄采取遏制的政策。美国在前一阶段“颜色革命”改造独联体的过程中受挫以后，最近国务卿赖斯甚至公然鼓动俄罗斯人民起来推翻普京的集权体制。但是，在俄罗斯看来，集权下的稳定和发展远比自由下的混乱和衰退好，而为了稳定和发展，人们愿意暂时用自由、民主作为代价。从对中国的情况来看，作为相邻的大国，俄罗斯的稳定有利于中国。从这一角度来考虑，防止俄亲西方势力掌控普京之后的俄罗斯政权，既有利于普京路线的延续，也符合中国的利益。

第三，俄罗斯的民族复兴同中国发展的战略机遇期的关系。中国发展的战略机遇期大约是21世纪的前20年。这20年是中国市场经济逐步成熟、各项体制进一步完善的时期；同时也是国际体系调整、转型的时期。更重要的是：美国的霸权在这一时期将进一步走向衰落，大国力量对比处于重大调整时期。因此，中国在世纪中叶的目标能不能实现，关键要看中国在头20年能不能抓住这一发展的重大历史机遇。相比之下，俄罗斯则处于经济复苏、国家振兴的时期。在艰难地走出了转型的陷阱之后，俄罗斯正朝着强国富民的目标迈进。不过，俄罗斯的进一步发展还有许多制度性障碍，如何克服自身的制度性障碍还有待于探索。而中国过去20多年的发展模式在俄罗斯同样产生了一定的示范效应，所以俄罗斯越来越关注中国模式，甚至最近开始学习中国经济特区的发展经验，借此为经济翻番作贡献。俄罗斯对中国的需要将越来越多，不仅仅是资金，可能还有制度上的需求。而中国的和平崛起则在相当大程度上需要包括俄罗斯在内的周边国家的稳定与发展，也需要包括俄罗斯在内的一些大国（指BRIC）的崛起，这将根本改变美国主导下的旧的国际体系，从而有利于建立新的国际体系。这样，中国作为现存国际体系的改革者就不会是“独行侠”，也避免了中国可能被误认为是现存体系的挑战者的角色。

第四，俄罗斯拥有的市场资源与中国市场多元化的关系。由于俄罗斯正处于经济复苏之中，正是百业待兴之时，因而它拥有丰富的市场资源，但它缺乏必要的市场要素，特别是资本要素。而中国是一个外贸大国，也是一个对外依存度偏高的国家，尤其是中国经济的对外依存对象相对单一，主要是美国、日本等发达国家。对一个对外依存度较高的国家来说，国际市场的过分单一弊大于利。就中国而言，弊端主要表现在两个方面：一方面，国际社会和中国自己都承认中国是全球化的最大获益者，而同时美国对中国又存在着巨大贸易逆差。在这种情况下，中国往往被美国认为是全球化的搭便车者，是一个不愿主动承担国际责任的国家。另一方面，中国国际市场的单一性，还会导致自身经济规避外部经济风险的能力十分有限。因此，中国拓展俄罗斯市场，从俄罗斯方面来看，有利于俄罗斯的经济发展；从中国方面来看，不仅可以消除美国对中国的错误认知，还可以提高中国经济规避外部风险的能力。

第五，俄罗斯丰富的能源资源及其对中国经济发展的战略意义。俄罗斯拥有丰富的油气资源，是一个能源大国，但是其能源需要寻找最理想的合作伙伴。苏联解体以来，在独联体范围内，俄罗斯的能源长期以来不是按照市场标准进行供给的。而对欧洲的出口，能源已经越来越成为俄罗斯重要的地缘政治手段，但随着俄罗斯能源供应地的东移（主要是西伯利亚和远东地区），这种独特的地缘政治手段的代价越来越大；同时，俄罗斯的石油运输管线已经受到了巴—杰（巴库—杰伊汗）线的挑战。继 2005

年 5 月 25 日巴库—杰伊汗石油管道正式开通以后，最近，阿塞拜疆又计划在里海铺设巴库到埃尔祖姆的大型天然气管道。这一计划若付诸实际，那就意味着不仅阿的天然气将可以绕开俄罗斯，而且还直接把中亚的天然气田与西方相连接，从而使俄罗斯无法发挥连接中亚和西方天然气供应的中转站作用。这样俄罗斯不仅损失直接的经济利益，也将丧失巨大的地缘战略利益。因此，俄罗斯急需在亚太地区开拓市场，以便有效控制亚太地区的能源价格。当前，中国能源供应紧缺，俄罗斯需要中国市场。因此，两国的能源合作，中国为俄罗斯提供广阔的市场，俄罗斯为中国提供经济发展所必需的能源资源，使俄罗斯可以搭乘中国经济发展的快车开发远东地区，使其远东地区与其欧洲部分的差距不至于过大。

总之，尽管中俄关系仍然存在着不少问题，相互之间的了解也不多，由此还存在着信任不足的问题。但是，在美欧不断弥和相互间的分歧、中国经济持续高速发展和综合国力不断提升的情况下，俄罗斯需要中国；而中国开诚布公地向世界宣告走和平发展道路，处理好中俄关系，不仅可以赢得周边国家的信任，而且还可以在处理全球性的国际问题中游刃有余。因此，基于上述原因，中俄之间相互依赖、相互配合、相互支持的战略协作伙伴关系是能够持久发展下去的。

试析欧盟对中国和平发展的战略政策

崔宏伟*

内容提要：由于地缘关系，欧盟在东亚地区的政治及安全利益的相关性不高，中欧之间不存在战略竞争，经济互补性强。更重要的是：中国走和平发展道路是一个内部平衡发展的过程，这一过程符合欧盟对中国崛起的路径期待，也符合欧盟的政治经济利益，因为欧盟及其成员国往往更关注中国发展过程中的内部问题。此外，由于欧洲一体化进程的扩大和深化，一个多边的世界秩序符合欧盟的全球战略利益。因而，欧盟在推进多边秩序方面，需要借重力量不断上升的中国。

随着中国国际竞争力增强，中国与欧盟之间的市场摩擦增多，而市场竞争因素又加重了欧盟对华深层次的价值观偏见和战略猜疑，特别是一个跨大西洋的"价值联盟"有可能将中欧之间

* 崔宏伟，上海社会科学院欧亚所副研究员。

的价值观差异突出化，从而对和谐世界的建设带来挑战。

一、欧盟对中国和平发展的总体认识

自1995年以来，欧盟一直主动推进中欧关系的发展。欧盟对华战略的主导观点是：经济强大的中国符合欧盟的利益，一个参与国际体系的繁荣的中国可以成为世界和平与稳定的因素，只有贫弱的中国才会对世界产生威胁。随着中国经济力量不断增强、中欧贸易摩擦增多、欧盟对华贸易逆差扩大，欧盟对中国崛起的关切程度日益提高，关注面也在扩大。

1. 欧盟不断加强并提升对华战略关系

冷战后，中国与欧盟关系发展大致经历了三个阶段：20世纪90年代初期，由于苏联解体，中欧冷战时期建立的战略关系基础不复存在，欧洲对中国未来前景产生了不切实际的幻想，预言中国将会分裂。这段时间，中欧之间在有关社会制度和价值观方面产生较大分歧乃至冲突。1995年至2004年，这一时期，由于欧洲一体化进程的顺利发展，中国综合国力不断增强，欧盟对华战略思路发生转变，意识形态因素逐步下降，对话与合作关系占主导地位，双方建立了全面战略伙伴关系。2005年初起，欧美关系持续调整，中欧贸易摩擦增多，中欧关系开始在一个更高和更复杂的环境中调整。

1995年欧委会发表了《欧盟对华关系长期政策》的纲领性文件，欧盟开始正视“中国的崛起及其对地区和世界的影响”，提出在21世纪与中国发展长期、稳定、全面、独立的关系。中国在 1997 年亚洲金融危机中的负责任态度以及对中国加入 WTO 的预期，促使欧委会于 1998 年 3 月通过了《与中国建立全面伙伴关系》公报，公报指出：欧盟应与中国建立“更加符合中国不断增长的政治和经济力量的新的全面伙伴关系”，提升欧中双边政治对话。至 2003 年伊拉克战争前，在美国强势单边主义论调和行动导致欧美关系恶化的同时，中欧关系则从以经贸关系为主向更广泛的政治和战略关系方向发展。2003 年伊拉克战争直接促使中欧战略伙伴关系的建立。2003 年 6 月，欧盟共同外交与安全政策高级代表索拉纳在提交欧盟理事会的《欧洲安全战略》草案中，把中国称为欧盟的主要战略伙伴之一。2003 年 9 月欧盟委员会提出了新的对华政策文件—《成熟的伙伴关系：欧盟和中国的共同利益和挑战》，新政策文件增加了一些重大的对华合作政策，如伽里略卫星导航计划、国际热核合作项目等。2004 年 12 月中欧领导人第七次会议达成重要战略性协议和意向：中欧双方签署了《防扩散和军控联合声明》，欧盟还表达了在 2005 年 6 月前取消对华武器禁令的意愿。

中欧关系接近促使欧美之间的政策协调。2005 年初起，欧盟美国加紧了跨大西洋战略对话，欧美关系持续改善。由于美国的强烈反对，欧盟最终搁置了取消对华武器销售禁令计划。同时，中欧之间经济合作越来越深入广泛，贸易摩擦也逐步增加。2006 年 10 月 24 日，欧盟委员会向欧洲议会和理事会提交了新的对华政策文件——《欧盟—中国：更紧密的伙伴，扩大的责任》，这是自 1995 年以来欧委会第六份对华政策文件。与之同时还发布了欧盟首份题为《竞争与伙伴关系：欧盟—中国贸易与投资政策》的对华经济贸易政策。巴罗佐新一届欧盟委员会承袭了欧盟以往对华关系的主动姿态，主张继续发展中欧战略伙伴关系，并提出调整发展对华关系的一系列政策措施，把中国视为欧盟的“挑战、机会和预期的全球伙伴”。

2. 中国和平发展符合欧盟的经济和政治利益

“无论是中国还是欧盟，都从中国的经济发展中获益匪浅”。[①] 2005年年底，中欧贸易额突破2000亿美元大关，2004年起欧盟开始成为中国第一大贸易伙伴，中国则是欧盟第二大贸易伙伴。中国市场对欧洲企业具有极大的吸引力，2000—2005年，欧盟对华出口增长幅度远远高于欧盟对世界其他地区的出口。欧盟计划将继续发展和巩固高价值和高科技设计及产品领域的对华竞争优势。除此之外，在空间科学、交通、民用航空、和平利用核能，以及国际重大战略性能源项目如国际热核聚变实验堆计划等方面，中国欧盟之间的合作越来越密切。

中国与欧盟在有关世界多边秩序建设方面立场接近，并进行广泛的合作。中欧双方都支持建立“一个公平、公正、以规则为基础、联合国发挥中心作用的多边国际体系”。[②] 欧盟的国际秩序观强调以法制和有效的多边主义为基础，[③] 中国对多边秩序的理解则是对民主、合作的国际关系与共同安全的追求。中国欧盟共同话语中的多边主义，重视国际机制的合法性，遵守联合国宪章的宗旨和原则以及相关的国际法准则，强调通过多边协调与合作解决争端和冲突。中欧在国际秩序方面的共同立场促进双方在国际多边机制和多边协调方面展开广泛合作。中欧积极推动全球可持续发展，中国加入了由欧盟主导的关于气候变化的多边国际

① 《EU and China：Closer Partner，Growing Responsibility》，EU Commission，Brussels，24/10/2006.

② 参见第九次中欧领导人会晤联合声明。

③ A Secure Europe in A Better World：European Security Strategy，European Council 12 December 2003.

框架——《京都议定书》，双方共同推进多边防扩散进程的建设，并签署了《关于防扩散和军控问题的联合声明》。

3. 随着中国经济力量的增强，欧盟开始担心中国发展对其竞争力构成挑战

欧委会在 2006 年 10 月 4 日发布的“欧盟全球贸易战略”文件中指出：欧盟在尖端科技领域正失去市场份额，其出口在迅速发展的新兴市场明显落后于美日，要想维持销售顶尖产品的能力，唯有扬长避短，充分发挥服务业这一强项。而恰恰在服务业的市场准入方面，欧盟遇到了不少阻力，需要下大力气推动，且亚洲国家是首要目标，中国又是其中的关键。

欧盟在其首份对华贸易投资政策文件中提出：“中国是未来几年欧盟贸易政策的最大单一挑战”；“一个越来越大的风险是，欧盟同中国的贸易关系将不被视为真正的互利互惠。如果这些问题得不到解决，为抵制向中国进一步开放市场而施加的政治压力可能会加大”。[①] 这种担心不仅仅表现在贸易方面，而且还反映了科技方面。2006 年 4 月 24 日，德国电工和电子信息技术协会发表一项最新调查报告说：虽然德国高科技在今后数年仍处于世界领先水平，但面对亚洲已越来越失去优势，尤其是中国将于 2015 年迎头赶上。中国是德国最重要的外援受惠国之一，随着它的崛起，中国是一个需要援助的发展中国家，还是已经成了德国的竞争对手，成为德国国内讨论最多的问题之一，德国议会中甚至出现了“取消对中国的发展援助”的声音。

① Mandelson: Global Europe: Competing in the World, Press Room, European Commission, 04/10/2006.

二、欧盟对中国崛起的战略与政策

欧盟对华政策总体目标是在把中国作为崛起的大国打交道的过程中，充分实现欧盟自身的关键利益，将中国引入国际社会和世界经济体系，并影响中国的发展方向。在很大程度上，欧盟认识中国与国际体系关系的角度源于欧洲自身联合的经验。在欧盟看来，中国经济与世界经济相互依存程度越深，中国就越容易融入国际社会。欧盟影响中国发展的战略政策同时体现了建设性和制约性两个方面。

1. 支持中国成为国际体系中能够发挥作用的重要成员，要求中国承担更多的责任

欧盟对华战略政策的主要目标之一是将中国引入国际社会和世界经济体系，“让中国作为一个世界经济中具有建设性的负责任的角色行动，发挥与中国经济规模和重要性相应的作用”。[①]

加强监督中国对 WTO 的承诺，为欧盟企业创造更多的“机遇与利益”，这一点将成为欧盟未来几年对华政策的重中之重。欧盟通过两个政策框架即《国家战略文件（Country Strategy Paper)》和《国家指导项目（National Indicative Programs)》，协助并监督中国在法律、法规、管理结构及行政实践方面，与世贸组织工作程序要求相一致。在金融服务部门的改革与重建、统计、公共采购的透明度、知识产权保护体系的建立，充分利用欧盟和成员国的资源，协调相互之间的政策，提高对中国履行

① Com（2003）533 fin，Brussels.

WTO 规则的监管力度，并在中央、地区和地方各个层面上，加强与中国政府就 WTO 规则问题进行对话。在现有的中国欧盟双边对话磋商失败情况下，将问题提交 WTO 争端解决机制。

欧盟新近的对华政策的目标之一就是要让中国在新一轮多边贸易谈判中承担更大的责任，并给中国戴上的“贸易强国”头衔。欧委会主席巴罗佐于 2005 年 7 月 16 日在上海国际工商学院讲演（The Dragon Awakes：The EU and China's Economic Rise）中说：“很难想到任何其他国家在过去 5 年里从全球化中的获益要比中国多”，“如果中国确实能够开启具有巨大益处的多哈回合之锁的话，那么中国就将证明它作为富裕、繁荣和好运的成功者的声誉”。2006 年 10 月欧盟第六份对华政策文件强调中国与欧盟之间的“利益互惠”、“相互责任”和“平等关系”，实际上是强调中国应“承担 WTO 规则下更多的责任与义务”，以及更多的国际责任。

2. 要求中国更进一步开放市场

要求中国全面放开市场是欧盟对华政策的中心内容。欧盟提出通过世界多边贸易协议和双边谈判，要求中国更进一步开放市场，取消技术壁垒和其他非关税措施，提高工农业产品的市场进入程度，开放电信、物流、咨询、旅游和医疗等服务市场，开放银行、保险、抵押等金融部门的业务，取消外资在中国成立公司的限制条件。在投资方面，实行更强硬的知识产权保护基准，反对技术转让附加条件，捍卫欧盟企业利益。很显然，欧盟要求进一步开放的部门都是欧洲企业具有竞争优势的领域，欧洲无疑将从中国市场全面开放中获取巨大利益。

与市场开放要求相配合的政策是确保中国经济和社会改革的可持续性，因为“欧洲在支持中国成功转向为一个稳定的、繁荣的和开放的国家方面，拥有重大的政治和经济利益”。欧盟在此有两方面意图：一是欧盟将从中国的社会和经济改革中获取经济收益。部门对话与合作是一个互利的过程，欧盟在20个有关领域提出与中国进行部门对话，涉及消费品安全、海关合作、教育文化、贸易政策、宏观经济和金融领域对话、就业与社会义务、平衡的地区发展、农业、知识产权、环境、能源、空间、民航、科技等广泛议题；二是欧盟通过影响中国经济和社会改革过程，既干预了中国的劳动力保障问题，实现欧盟的人权目标，又可以削弱中国出口的低成本优势，消除所谓的“不公平贸易”。

3. 加强以欧盟价值标准的人权、法治、良好治理政策影响中国政治和社会经济的转型

尽管欧盟是文化多样性的倡导者，但欧洲文化的“普世理性”、“质的同一性”等特质使欧盟在与非欧洲国家打交道时，往往按照欧洲价值理念检验他人的制度、政策，或多或少地带有“欧洲中心主义”色彩。人权、法治和良好治理是欧盟对华战略的重要目标。

中欧有关人权对话已经进入了机制化的正常轨道，并建立了多层次和多元化渠道，涉及领域也颇为广泛。在1995年欧委会对华长期政策声明中，欧盟表示人权政策必须采取有效的途径，单纯的公开谴责的做法是危险的，应该通过多种形式的对话、公众压力和具体项目进行。1998年后，欧盟改变了对中国人权状况的强硬指责态度，采取对话与具体合作的方式。欧盟承认中国在人权方面取得了相当大的进步，并且与国际社会进行了积极的交流。由于不同历史经验、不同经济发展阶段和不同价值理念，中欧对人权的理解存在差异。中欧有关人权对话仍在进行，触及较多有争议或不同理解的与主权和司法独立有关的敏感领域，如死刑、拘留、酷刑、独立媒体、国际刑事法庭等。

在法治和良好治理方面，中国与欧盟开展了积极的对话与合作。欧盟对发展中国家实行良治政策的总体目标是法治和社会进步、环境保护和经济增长之间取得平衡，在一定程度上符合中国建设和谐社会的目标，双方采取务实方式，取得了良好效果。当然，欧盟对发展中国家的良治政策在很大程度上反映了欧洲价值观和治理模式的推广，往往忽视发展中国家的既有传统和其所处的发展阶段

4. 战略限制与战略猜疑

欧盟最终搁置取消对华武器禁令表明，欧盟内部仍然有人坚持把对华武器禁令作为欧盟对中国进行战略限制的工具之一，除了所谓人权原因外，主要的战略原因是因为取消对华武器禁令涉及跨大西洋关系，部分欧盟国家和欧洲人担心取消对华武器禁令会影响欧美关系的发展。

“市场经济地位”作为战略手段的总体目标是按照欧洲利益需要和西方制度模式转变中国体制，同时还有其他三方面的考虑：一是使具有竞争力欧洲企业更容易、更便宜地进入中国金融服务市场；二是增加贸易谈判筹码，保护欧洲利益集团的利益；三是可以最大限度地使用反倾销政策。

鉴于台湾问题的敏感性，欧盟官方政策文件或声明一般较少涉及有关台湾议题，也没有联贯的政策立场，但欧委会在2006年10月的欧盟对华政策文件中，提出了欧盟关于台湾问题的基本立场，把台湾问题置于欧盟东亚整体战略内，而东亚安全战略是欧盟对华政策的不可缺失的组成部分。文件指出：欧盟在东亚战略安全局势中拥有重要利益，欧盟不断增加在该地区外交与安全政策的有效性和战略利益。在台海问题上，欧盟要更积极参

与，并让海峡双方都知道欧盟的观点立场：即坚持一个中国政策，反对单方面改变现状的任何措施；坚决反对使用武力，支持对话；继续加强两岸贸易经济关系；任何达成的解决方案都应该考虑台湾人民的意愿。台湾是欧盟在亚洲的第三大贸易伙伴，欧盟对台湾的民主化进程表示赞赏，2005 年一些欧洲政治家利用台湾关系法，反对取消欧盟对华武器禁令。

市场竞争因素加重欧盟对华深层次的价值观偏见和战略猜疑。事实上，欧盟内部的一些党派和利益集团以中欧贸易争端为名，要求政府在有关人权问题上向中国施压。中国与非洲关系的日益友好发展也使欧盟产生战略猜疑，担心中国在非洲影响上升，指责中国在非洲谋求私利，并削弱了欧盟在非洲推行的善治和民主化计划。

三、中欧关系的未来发展

从市场、技术以及战略等各方面看，欧盟是中国和平发展所需的重要国际力量，中欧战略伙伴关系将逐步务实发展，且未来的发展空间仍然广阔，但随着国际形势的日趋复杂和国际竞争的日益激烈，以及中国国力增强和国际地位上升，欧盟及其成员国对华政策和战略的两面性逐步显露。欧盟对华政策的两面性在一定程度上牵制着中欧战略伙伴关系，使双方关系向更高阶段发展和解决深层次问题增加了难度。对此，我们应该予以充分的估计和重视。

1. 欧盟是中国和平发展可借重的重要力量

欧盟是一个由 25 个成员国组成的世界上最大的统一大市场、

最发达消费市场，是直接投资和先进技术的来源地，大多数欧盟国家支持自由贸易政策。欧元问世以来，运转基本稳定，对维护国际货币体系的稳定发挥关键作用，是唯一具有与美元抗衡能力的国际货币。

而且，欧盟拥有能够发挥全球性影响的巨大资源。欧盟是国际贸易体系、国际货币和金融体制的主导者和维护者。欧盟成员国法国和英国是联合国安理会常任理事国，且拥有核武器。另一方面是欧盟“软力量”的整体影响，如欧盟贸易政策、贸易与合作协议、发展合作政策、外交手段及人文思想等。在重大国际协议方面，欧盟作用越来越大，如联合国裁军和非扩散公约、京都议定书、国际刑事法庭。在人道主义援助、维和、危机管理方面，欧盟的作用不可或缺。

欧盟国际秩序立场与中国较为接近。在国际多边体制建设和全球治理方面，欧盟与中国的立场趋向一致。双方都主张多边主义国际秩序，重视国际多边机制的作用，强调通过合作、协调应对发展问题带来的挑战，和平解决争端。双方共同致力于以联合国为核心促进世界和平、安全和可持续发展，发挥联合国在减贫、维和、冲突预防与解决等方面的作用。

不过，由于欧盟政治一体化受阻，欧盟重新内向式发展。欧盟与美国正在修补关系，欧美矛盾可能不像伊拉克战争初期那么尖锐，欧盟在对抗美国单边主义方面对中国的需求也有所下降。鉴于此，中国应该在欧盟和成员国两个层次上开展合作，特别重视加强与欧盟大国的关系。在欧盟层次上，讨论议题将集中于人权、多边形式的全球治理等，在欧盟成员国层次上，将更多地进行经济和技术合作。总之，在对欧关系上，立足于双边共同实际利益，稳步推进全面战略伙伴关系，在成熟的、有条件的领域深化合作，在条件不具备的领域保持接触和耐心，在有分歧的领域则加强对话、求同存异。

2. 进一步加强中欧经济和科技合作，同时重视市场关系中竞争因素的逐步上升

互利互惠是中欧战略伙伴关系的基础，因而有利于促使双边关系相对独立发展。经贸基础的扩大必将会导致政治上的合作，这一点与中日关系和中美关系不同，因为中欧之间不存在地缘利益冲突，没有历史遗留问题，容易达成互利共识，并通过协商对话解决争端。

中欧双方内部都存在经济结构调整的问题，增长和发展是各自的战略重点，继续并扩大经贸合作符合双方共同利益。欧盟通过对就业政策和社会保障体系进行结构性调整，以及进一步开放欧洲内部的共同市场，提高欧洲的竞争力。这一改革方向有利于中欧经贸关系的结构上升到新的阶段：一方面，欧洲技术更新和转移将加快步伐，使中欧在高新技术领域的合作获得更有利的条件；另一方面，欧盟统一大市场的扩大为中欧经贸合作开辟了更广阔的空间。科技合作对中欧关系的发展具有重要意义，有助于推动中欧战略伙伴关系走向深入和务实。中欧科技合作与中欧政治对话、中欧经贸合作、技术转移以及人力资源交流，相辅相成、互相促进。中欧科技合作保证中欧双方的共同利益和全面协调。

但是，随着中国经济实力提高，中欧关系中的竞争因素逐步增加，双方贸易摩擦也将不可避免地增多。如本文前部分所述，欧盟已经开始关注中国在除了劳动力密集型产品外其他技术含量高的领域的产品的竞争力。欧盟将在最低劳工标准、竞争政策、欧洲标准和知识产权法规等方面规定，对中国产品实行高标准要求。

因此，有必要加强中国欧盟双边协调，并运用多边机制灵活解决中欧贸易摩擦问题。鉴于欧洲产业结构特点和欧盟对华超过1000亿美元的贸易逆差，中国应注意缩小逆差，增强中欧经贸机构的协调功能，同时充分利用欧盟国家不同的经济政策立场削弱欧洲保护主义的整体影响力，并且及时把握欧洲经济和社会动态发展可能对中欧经济合作的负面影响，运用经济外交功能提高政府对中国企业权利维护的力度。

3. 重视价值观和意识形态因素在欧盟对华政策中重新抬头

中欧意识形态和价值观方面的差异是欧盟关切中国崛起的深层因素。尽管这一点没有从根本上直接影响双方关系的发展，但经常导致中欧关系复杂化。尽管中欧之间的政治对话基本上已经进入积极正常的轨道，但政治理解与互信是一个较长期的任务。由于历史发展经验和经济发展阶段不同，中欧对有关人权、民主、主权等概念的理解和实现方式上仍存在差别。

欧盟强调具有普适性的民主、人权。在欧盟对外关系中，民主、人权目标始终占据重要地位，是欧盟发展政策的重要条件。“对普遍认同的人权和基本自由的承诺处于欧盟全球政策的核心地位，对这些原则的全面尊重是与任何国家的经济发展和繁荣以及与社会政治的长期稳定不可避免地联系在一起。”①

由于欧洲一体化进程改变了欧洲国际关系的性质，欧洲威斯特伐利亚国家体系结构逐步弱化，主权让渡与主权共享已经被欧洲国家接受和认同，中欧之间对主权的理解存在分歧。

战争灾难和欧洲一体化进程所带来的欧洲长期和平，深刻影响了欧洲人对战争、武力使用的立场，反对战争已经成为欧洲人

① EU Commission［COM（1995）0279］

的一种价值观，这一点在欧洲公众因美英发动伊拉克战争而举行的大规模游行抗议中得到体现。欧洲有关战争、武力的价值立场对中国政府台海政策的影响将是长期的。

尽管欧洲内部对直接民主形式有不同认识，但欧洲政治生活确实发生了深刻的变化，公众对代议制民主形式不满、推崇直接民主形式、主张自下而上的国家治理方式，因此直接民主在欧洲国家和欧盟层次上都得到较大的发展，主要表现为对重大事件进行公民投票表决和其他参与方式。欧洲国家直接民主理念对台湾问题的潜在影响是深刻的。

欧洲的环境意识也不再是纯粹的环境保护活动而已成为一种后现代意义上的意识形态。目前，多数欧洲政党都适应了欧洲社会这一发展特征，将环境问题加入自己的纲领政策中。而且，欧洲绿色和平组织采取强大舆论攻势，要求欧盟对中国环境政策施加更大压力。

因此，中欧之间加强政治对话与文化交流十分必要，这有助于提高相互理解、相互认知的程度。

4. 欧盟对美政策既谋求独立又难以摆脱美国的束缚，应关注美国对欧政策动向，尽量弱化美国对中欧关系的影响

中欧关系的独立发展符合双方利益。然而，美国仍然是中欧关系发展中不可回避的因素。欧盟最终搁置取消对华武器禁令一事表明：美欧之间虽然存在着相当深刻的分歧，但是在涉及全球战略的重大问题上欧盟还难以与美对抗，甚至不得不追随美国；中欧之间虽然已经发展起广泛的共同利益，但是这种利益的基础仍比较脆弱，还不足以抵消西方意识形态因素造成的对中国歧视；欧盟虽然是一个超国家行为体，但主权国家仍然是欧洲政治的主体，美国可能利用这种不一致性来操纵欧洲外交政策的走向。

在维护现有的国际体系，特别是规范世界经济秩序，共同约束发展中国家行为等方面，欧美之间仍存在较多合作空间。比如：欧美在贸易问题上联手对中国施压，在汽车零部件问题上，联合向 WTO 起诉中国。

另一方面，欧盟及有影响的欧盟大国对欧美关系的定位没有改变，即欧美关系应该是平等的伙伴关系，这就意味着当美国要求欧洲参与其行动计划时，欧洲的利益必须得到考虑。欧盟与美国在对华政策上既有一致性，又有差异性。由于中欧双方在战略上无根本冲突和威胁，欧盟对中国未来发展基本上持积极的预期，总体上把中国的发展看作是机遇，主张加强同中国的对话与合作。从长远经济目标来看，欧美之间也存在着市场竞争关系。从政治角度来看，欧美在东亚安全问题上的理念和目标有所不同。美国从地缘战略和实力思维出发，军事安全优先，通过建立双边同盟形式以继续保持其东亚安全主导地位；欧盟基本上持有人类安全和综合安全的安全观，不主张以军事方式解决争端，主张多边合作和“预防安全接触”，力争在东亚非传统安全领域发挥作用。因此，欧美各自在对华政策上也有相互牵制又相互协调的两面性。

中国发展的国际政治效应分析

刘 杰*

内容提要：中国发展对于世界的和平与发展具有两个层面的政治效应：一是中国作为世界上人口最大、地域面积最大的发展中国家，政治发展本身就是具有世界意义的，意味着世界上近四分之一的人口拥有了稳定的政治保障，享受了充分的民主制度保障；二是中国作为一个开放的、负责任的大国基于自身的发展，正在对国际政治做出越来越大的积极贡献，中国的国际地位和国际影响日益提高。

近年来，随着中国经济的持续增长和经济实力的不断增强，关于中国发展的世界意义的讨论日益成为全球关注的重要课题，2003 年"北京共识"的提出更引发了中国发展模式是否为广大发展中国家提供了一条新的经济成长道路的讨论。然而，讨论一

* 刘杰，上海社会科学院世界经济与政治研究院研究员，博士生导师。

个国家的发展模式时不能单一地局限于经济发展的理念和政策，仅仅从经济发展及其效应角度探讨中国发展的世界意义是不够的，难以对中国发展的内在动因和潜在效应给出合理的解释。事实上，中国发展的世界意义不仅限于对于世界市场格局和资源配置层面的影响，任何一个国家的发展都是整体的发展，蕴涵着深刻的政治动力，在特定政治生态和政治制度的保障下进行。从整体发展的视角出发，中国不仅在经济发展道路和模式上为世界提供了新的选择，而且在政治发展上同样是富有成效的，具有示范价值。经过半个多世纪的探索，中国已逐步走出了一条具有本国特色的社会主义建设道路，在“以人为本”的政治发展理念指导下，其民主制度不断完善，法制建设日趋完备，人民的政治、经济和文化权益得到切实尊重和保障，基层民主更加健全，社会秩序良好，人民安居乐业。这一切不仅对中国的持续稳定发展提供了可靠保障，对于世界的和平与发展同样是具有积极意义的。

一、中国政治发展对世界具有重要的积极意义

由于社会制度和基本国情的不同，中国的政治发展坚持从自身的国情出发，在不断总结自己的实践经验的基础上逐步完善社会主义民主政治的制度化、规范化和程序化，决不照搬某一类型的政治制度模式。中国一贯主张维护世界的多样性，提倡世界的发展是多元模式并存，即使先发国家拥有更多的经验，但也不能成为唯一的模式。当然，中国的内生型政治发展道路决不意味着中国的发展是封闭的。相反，中国将始终注重借鉴人类政治文明的有益成果，在比较和借鉴中努力推进社会主义政治制度的自我

完善和发展。“和而不同”是中国传统文化的精髓，中国坚持“和而不同”的立场有助于增进世界各种文明之间的彼此尊重，在竞争中取长补短、在求同存异中共同发展。

中国发展的世界意义首先体现为中国的发展不仅是经济的发展，而是蕴涵着深刻的政治发展内涵。经济发展与政治发展之间相互促进、互为依托和保障，经济发展对国家的民主政治和政治文明水平提出了更高的目标，要求我们积极稳妥地推进政治体制改革，扩大民主，健全法制，巩固和发展民主团结、生动活泼、安定和谐的政治局面；反过来，政治发展则为经济的持续稳定增长提供了良好的政治生态和制度环境，有助于不断提高中国经济的市场竞争力和资源配置能力。具体来说，中国的政治经济互动发展意义体现为：一是中国发展是整体发展的概念，既是经济发展也是政治发展和社会发展的有机整合；二是中国发展的内在动因根本取决于政治理念的不断创新和政策导向的驱动；三是经济发展反过来推动了政治体制的改革和调整，经济与政治呈现出多层次、多向度的互动模式。若分析中国发展的世界意义，缺乏对经济与政治发展的互动阐释是不完整的。

在政治发展本身方面，可以从三个角度分析中国发展的世界意义：第一，中国的政治发展在与国情相适应、具有中国特色的前提下，与世界政治发展的普遍潮流相适应；第二，中国的政治发展是人类进步的有机组成部分，为世界的和平与发展做出了积极贡献；第三，中国开放的政治发展观充分体现了包容的精神，有助于增进不同政治文明的对话和交流，协力构建兼容并蓄的和谐世界。在此前提下，对于中国政治发展的世界意义的基本判断是：中国是内生型发展的国家，中国的政治发展是内在的完善过程，不具有外部性的扩张特质，因而是维护世界和平的坚定力量；中国政治发展的重要宗旨在于为经济发展提供稳定的制度保障，在国际上不挑战现存国际体系，也不试图输出自己的制度模式和政治价值；中国是一个发展中国家，有待进一步提高的经济发展水平决定了现阶段的民主政治水平处于渐进的、不断提高的过程，不能用理想化的民主标准来加以衡量；中国在国际社会中不仅需要与发达国家保持战略合作关系，更要加强与发展中国家的协商机制，这也是由中国作为发展中国家的基本定位决定的。

由此引申，中国政治发展本身具有的世界性意义体现为：（1）在一个拥有13亿人口的国家中维护政治稳定和发展民主政治本身就是对世界的巨大贡献，中国是世界上人口最多的国家，如果没有一个稳定的政治局面，不但其自身经济发展难以持续，对于世界的和平与发展也将造成灾难性的后果；（2）国家与经济体制改革相适应的政治体制调整保障了经济发展始终在相对稳定有序的轨道上运行，防止了许多国家在发展进程中出现严重的政治动荡，进而导致经济发展进程中断的悲剧出现，这样的发展模式证明是有效的，为世界提供了一条与西方模式不同的、新的可供选择的发展道路；（3）中国的民主政治建设既注重自上而下的推动，又注重对自下而上经验的总结，既注重发展选举民主，又注重发展协商民主，这一基于国情的民主政治建设道路对于世界各国、尤其是发展中国家的民主政治建设具有借鉴意义；（4）中国的政治发展强调与经济、社会和文化的协调进步，始终高度强调“以人为本”的发展理念，为世界的和平和和谐提供了有益经验。

二、中国发展的外部性效应

从外部性看，中国发展的世界意义隐含着中国发展道路的特殊性和价值与效应的普遍性问题。这一假设命题目前已得到理论和经验的初步支持，在解释角度上超越了西方中心主义的思维模式和解释逻辑，从世界发展的多元模式和人类文明的共生性和互动性入手，分析中国与世界的关系，中国的发展不是游离于世界之外进行的，承认中国是世界体系中的有机组成部分，就必须承认中国发展具有世界意义。这一意义蕴涵着三个方面的基本指向：（1）整体性指向：中国的发展对于世界作为一个整体是具有积极意义的。包括不同社会制度和发展道路应彼此尊重，在竞争比较中取长补短，在求同存异中共同发展，中国的发展是对这一核心价值的有力支持；中国的发展理念超越了单一的“华盛顿共识”，推动了国际关系民主化和发展模式多样化的进程；中国在发展进程中的制度安排和组织形式为其他国家提供了有益的借鉴等等；（2）主体性指向：中国是在一个经济社会发展水平相对较低的国家中取得的发展经验，因而它的发展经验主要针对的是经济社会状况相对接近的发展中国家，不能过度扩大中国发展的主体性范式意义；（3）结构性指向：尽管中国发展的主体性意义主要在于发展中国家，但它对世界经济、政治、社会和文化意义等结构性要素具有的深刻意义同样是深刻的，中国的发展正在改变世界经济的结构态势，这样的影响同样会投射到世界发展的其他领域，带来相应的结构性效应。而且，这样的效应不是主观的正向和反向臆断，而是需要各方的客观对待。

就客观意义而言，中国政治发展的世界意义或许还在于，中国的发展模式和道路是世界多样化发展模式的有机组成部分，丰富了人类社会的发展经验，有助于推动多种力量的和谐并存，构建和谐世界。特别要强调的是：中国的政治发展是开放性的，始终高度重视从其他国家政治文明建设的经验和教训中汲取丰富的养分，既注重研究发达国家的政治发展经验，也及时总结苏联等前社会主义失败的教训。但同时，中国也绝不照搬或模仿某一特定的国家政治发展模式，而是从自己的国情出发，在总结自己的实践经验的基础上探索适合本国的政治发展道路。强调各国政治上应相互尊重、共同协商，不应把自己的意志强加于人。除政府间交往外，中国还日益重视与各国执政党、议会、地方及非政府组织之间的沟通和交流，以各种方式通过各种渠道借鉴各国的有益经验。这对于全球化时代不同国家之间的沟通和交流方式提供了有益的非强制性选择途径。

从外部性看，我们可以从如下几个方面认识中国发展的世界政治意义：

第一，中国是内生型发展的国家，其政治发展是内在的完善过程，不具有外部性的扩张特质，因而是维护世界和平的坚定力量。改革开放以来，中国虽然取得了巨大的发展成就，但人均GDP水平仍然在世界各国中处于比较落后的地位，国际市场竞争力有待进一步提高，自主创新能力不强，国内不同地区发展不平衡的状况还没有得到切实改变，仍然是世界上最大的发展中国家，推动经济社会发展，不断改善人民生活始终是中国的中心任务。同时，随着社会主义市场经济的逐步成熟，中国社会正在进入一个结构性转型的时期，社会结构和社会利益的多样化取向要求我们更加关注社会各方面利益关系的协调，加强社会建设和管理，推进社会管理体制创新，维护社会稳定，努力构建全体人们各尽其能、各得其所而又和谐相处的社会。经济和社会发展的现实需要，决定了中国必须把主要精力放在国家自身的发展上，走和平发展的道路。

进一步说，中国始终坚信解决中国的发展问题从根本上要靠中国自己。中国主要依靠自己的力量和改革创新实现发展。中国不把问题和矛盾转嫁给别国，更不通过掠夺别国来发展自己。目前，中国正在努力信守自己承担的国际承诺，正致力于深化国内改革、树立新开放观，努力在发展理念、体制机制、行为方式等方面于通行的国际规则相适应。在此基础上，中国发展已经逐步形成了为世界各国所理解和认同的基本立场，这概括起来主要是：在和平、开放、合作、和谐、共赢的核心价值指导下，以和平为基本原则、以开放为前提和基础、以合作为方式和途径、以共赢为归宿和目的，对内坚持和谐发展，对外坚持和平发展，致力于建设一个持久和平、共同繁荣的和谐世界。

有必要强调，内生型的发展不等于封闭式的发展，也不等于经济学意义上的内向型模式，实际上，中国目前已经成为国际化程度最高的国家之一。内生型发展强调的是和平的发展，内在的发展。在内生型政治发展模式下，政治发展的根本目标和本质要求是维护和增进人民在国家中的当家作主地位，在中国共产党领导、人民当家作主和依法治国之间建构有机统一的内在机制。

第二，由内生型模式决定，中国在国际社会中的基本立场是坚持独立自主的和平外交政策，在始终把国家主权和安全放在第一位的基础上，坚持走和平发展的道路。中国不会对现存国际体系构成挑战，也不会试图输出自己的制度模式和政治价值，把自己的模式和价值视为唯一正当的选择并强制性要求其他国家接受和认同。近代以来，中国是被动卷入国际体系中来的，在国际体系中长期处于被安排和受损害的边缘地位。新中国成立后，尽管西方国家的孤立和封锁一度导致我们脱离于国际体系之外，但改革开放以来，中国日益清醒地认识到：没有对外开放和与外部世界的相互促动，中国就不可能彻底摆脱经济上落后、政治上被动的状况，就不能充分利用有利的国际环境为现代化建设服务；反之，没有对国际体系的积极参与，中国的对外开放将无法在一个有利的国际环境中进行，就不能有效地利用外部世界提供的战略资源增强自己的经济实力和国际影响力，实现中国的和平发展目标。

对外开放国策的确立和国际战略的重大调整，为中国加快参与国际体系的步伐奠立了基本的立场和方向，不仅在思想上为中国加快国际化步伐、积极参与国际体系提供了指导思路，也在实践上奠立了中国融入经济全球化的经济与政治基础。从根本上说，中国的对外开放和参与国际体系是同一问题中互动相关的两个方面，对外开放需要对长期以来中国的国际战略和参与国际体系立场进行重大的战略调整，在相互依存的世界上不断扩大对国际体系的参与则是对外开放的重要组成部分。换言之，对外开放与参与国际体系是相互影响、相互作用的战略环节，对外开放是中国参与国际体系的基本立足点，是让世界走向中国，使中国的大门向世界打开；参与国际体系则是为了更好地实现开放，让中国走向世界，使世界的大门向中国打开，使中国有机会在开放的世界上更好地维护世界和平、促进人类发展，为中国在世界上的崛起和走向强国之路创造一个更加有利的外部环境和优越条件。

近年来，中国经济的持续稳定增长和综合国力的迅速提高在国际上引起了少数国家的不安，一些周边国家也对中国未来的国际战略有所猜疑，一些人甚至臆造出了"中国威胁论"，宣称中国的强大将给世界的稳定产生严重的威胁。同时，在今天一些国家的冷战思维仍然存在，当前还出现了扩大军事集团、加强军事同盟、贫富差距进一步扩大、利用人权等问题干涉他国内政等新的现象。多极化趋势在全球或地区范围及政治经济诸领域有了新的发展，国际结构和各种力量出现了新的分化和组合，特别是大国关系近年来经历着重大而又深刻的调整。所有这些都对中国在国际体系中的地位和作用提供了新的机遇和挑战，如何更好地抓住机遇、迎接挑战，也要求中国在参与国际体系的政策和策略上有新的思路和创新措施。

在机遇和挑战面前，中国已明确确立了自己作为一个“负责任大国”的战略定位，这对于致力于和平发展的中国而言有着特殊重要的意义：（1）树立国际形象。中国良好的国际形象不是仅仅依靠自己的政策宣传和对外行为就可以树立起来的，所谓形象是国际社会中其他国家对中国的态度和倾向，而这样的态度和倾向只有通过在相互之间的交往和合作过程中，中国采取的负责任行动才能得到体现；（2）消除误解或敌意，尤其是消除那些因对中国的实际情况缺乏了解而造成的误解。中国的社会制度决定了对于国际体系的参与必然会引起一些误解或敌意，只有我们通过“负责任”的姿态使那些抱有误解或敌意的国家和人士看到中国并不威胁他们的安全和利益，才有可能得到缓解或消除；（3）加快对国际规则的理解和利用，中国“负责任大国”形象得以树立的重要前提是对自己认同和接受的国际规则的遵守和履行。在这一过程中，我们不仅可以加深自己对规则的理解和认识，更可以有助于我们在合理和合法的情况利用这些规则来更大限度的增进自己的国家利益；（4）参与国际决策。中国坚持自己“负责任大国”的战略定位不是为了对现存国际体系一味的服从，而是在融入国际体系的基础上更好的参与国际决策，利用自己的影响力推动国际关系的民主化进程，这一点是中国“负责任大国”战略定位的重要目标。

在负责任大国的定位基础上，中国已逐步实现了从挑战现行国际体系到参与和维护的战略性转变，在重大全球问题和地区问题领域与世界各国开展和推动了广泛而深入的国际合作，对于世界的和平和发展主动提供了越来越多的国际公共产品。发展起来的中国正致力于为构建“和谐世界”做出应有的贡献，正努力推动一个民主的世界、和睦的世界、公正的世界、包容的世界。

第三，中国是一个发展中国家，有待进一步提高的经济发展水平决定了现阶段的民主政治水平处于渐进的、不断提高的过程，不能用理想化的民主标准来加以衡量。新中国成立以来，始终致力于把马克思主义基本原理与中国革命和建设实践相结合，努力探索一条与中国国情相适应的民主政治建设道路。在半个多世纪的执政实践中，我们在社会主义民主政治建设方面积累了成功的经验，也有过失误的教训。这其中最为宝贵的经验之一就是：在中国特色社会主义建设事业中，社会主义民主政治建设与经济社会发展是密不可分的。我们既高度强调努力推进社会主义民主政治的发展，也通过改革开放不断促进生产关系和生产力、上层建筑和经济基础相适应，促进经济社会各个领域、各个方面、各个环节相协调。我们还努力将弘扬中华文明和借鉴国外文明相结合，使社会主义民主政治的优越性得到了更加充分地体现和发挥。

随着中国人均 GDP 进入 1000－3000 美元这个关键阶段，社会经济结构变动迅速、各种利益关系愈益复杂。要妥善解决经济社会发展中面临的诸多问题，仅仅依靠经济和社会政策本身是远远不够的，大量的经济和社会问题必须放在政治发展的高度来认识，放在经济、政治和社会发展的全局视野中来加以考虑。中国特色的社会主义民主建设本质上是社会主义政治制度的自我完善和发展，根本目标是增强党和国家的活力，发挥社会主义制度的特点和优势，促进经济发展和社会全面进步。基于这一基本定位，我们当前特别需要注重从中国的国情出发，在总结自己的实践经验的基础上借鉴人类政治文明的有益成果，根据民主政治发展的自身逻辑和规律来推进社会主义民主政治的制度化、规范化和程序化，决不能盲目借鉴和照搬西方的民主模式。

民主问题在本质上是属于一国内部管辖的问题，尊重国家主权和不干涉内政是公认的国际法准则，适用于国际关系的一切领域，自然也适用于民主问题。中国坚决反对任何国家利用民主问题推行自己的价值观念、意识形态、政治标准和发展模式，使自己的主权和尊严受到损害。

中国辩证地看待经济发展和民主政治建设的关系，经济发展和民主政治建设是国家成长进程中一个相互依存和不可分割的整体。中国作为一个发展中的大国既需要加快经济发展的步伐，不断提高国家的经济实力和人民的生活水平，也需要建设包括个人的公民和政治权利，也包括集体的经济、社会和文化权利，忽视其中任何一项都是不利于人类社会的协调发展和共同进步的。中国特别强调：生存权和发展权应该首先受到重视，这不仅因为中国是一个人口众多、土地资源不充裕的发展中国家，保证人民起码的生存权利是首要的任务，也因为现在世界上贫富之间的差距越来越大，许多发展中国家社会经济发展缓慢，甚至连基本的生存权利也得不到保障。中国还进一步提出：在经济全球化的条件下，国际社会应该高度重视和关注发展中国家的发展权问题，采取积极有效的措施，努力消除世界经济秩序中不公正和不合理现象，切实改善国际经济环境，缓解和逐步消除制约发展中国家发展的不利因素，建立国际政治经济新秩序，消除种族主义、殖民主义、霸权主义、外国侵略、占领和干涉等影响发展权的因素，为生存权和发展权的实现创造有利的国际环境。

中国的民主政治建设是一个历史的渐进过程。中国政府始终致力于促进民主政治建设，尽力提高国家经济、政治和社会生活的民主化水平。但是，中国政府和人民也看到：民主政治的发展不是一蹴而就的，由于各国的历史背景、社会制度、文化传统、经济发展的状况有巨大差异，因而对民主的认识和理解往往并不一致，民主政治建设的理念和制度也各有不同。进一步来说，观察一个国家的民主政治建设状况，不能割断该国的历史，不能脱离该国的国情。衡量一个国家的民主政治水平，不能按一个模式或某个国家和区域的情况来套，更不能把某种特定的民主模式作为样板在全世界推广。这是从实际出发，实事求是的态度。

第四，中国在国际社会中不仅努力与发达国家建立和保持战略合作关系，更始终注重加强与发展中国家的协商机制；不仅致力于在机制化的轨道上推进多种力量和谐并存，保持国际社会的稳定，也积极倡导和参与区域合作机制的建构，加强区域合作，把同周边国家的交流和合作推向新水平。

联合国是当代世界最重要的全球性组织，也是国际机制体系中的主导性组织形式和维护世界和平与发展进程的重要力量。对于联合国机制的这一地位和作用，中国始终给予了高度的重视。从某种意义上说，联合国是中国和平发展的主要平台，积极参与和利用联合国主导下的国际政治、经济、安全机制既有助于更大限度地拓展中国和平发展的机制化空间，也可以在很大程度上帮助中国化解和消除因社会制度差异而可能导致的美国等西方国家对中国实施的战略限制，为中国创造更加良好的国际生存环境。为此，中国遵守《联合国宪章》的宗旨和原则，重视联合国作为国际多边机制的核心在国际事务中的重要作用，积极推动通过多边合作解决地区冲突和发展问题，并积极支持联合国在国际事务中发挥更大的作用。

在区域合作机制方面，中国以实际行动推动与周边地区建立睦邻互信的合作关系，促进地区安全合作。中国本着公认的国际法准则及平等协商、互谅互让的精神，妥善解决与邻国的边境问题，化解争端、促进稳定。经过与各国的共同努力，中国已与几乎所有陆地邻国妥善解决了历史遗留的边界问题，同时积极推进地区安全对话与合作，在“东盟与中国”、“东盟与中日韩”、“上海合作组织”、亚太经济合作组织、东盟地区论坛、亚洲合作对话等地区机制中，发挥积极和建设性作用。

在热点问题的机制化解决方面，中国发挥了建设性作用，努力促进世界共同安全。中国坚持不懈地积极斡旋朝鲜半岛的核问题，先后促成并主办了三方（中国、朝鲜、美国）会谈和六方（中国、朝鲜、美国、韩国、俄罗斯、日本）会谈，缓和了半岛紧张局势，为维护东北亚的和平与稳定发挥着建设性作用。中国鼓励有关各方在中东问题上根据联合国有关决议和“土地换和平”原则恢复和谈，重启和平进程。在伊朗核问题上，中国以多种方式劝和促谈，寻求在国际原子能机构框架内妥善和平解决伊朗核问题。中国还不断扩大参与联合国维和行动，共向 14 项联合国维和行动派出军事人员、警察和民事官员 3000 多人次。

中国尽最大努力援助其他发展中国家，促进各国共同发展。多年来中国力所能及地提供无私援助，帮助发展中国家不断增强自主发展的能力。截至 2005 年，中国共向 110 多个国家和区域组织提供了援助，援助项目达 2000 多个。中国已减免了 44 个发展中国家总计 198 笔价值约 166 亿元人民币对华债务。2005 年 9 月，在联合国成立 60 周年首脑会议发展筹资高级别会议上，中国国家主席胡锦涛宣布了中国加强对其他发展中国家援助的一系列新举措，包括给予所有同中国建交的 39 个最不发达国家部分商品零关税待遇；进一步扩大对重债穷国和最不发达国家的援助规模；帮助发展中国家加强基础设施建设，推动双方企业开展合资合作；帮助发展中国家建立和改善医疗设施、培训医疗人员；为发展中国家培训培养各类人才，帮助有关国家加快人才培养。

这一切充分体现出中国与发展中国家的共同利益达到了新的高度，形成了新的合作模式和观念。发展中国家是中国在联合国改革、实现国家和平统一、地域强权干涉内政等重大问题上最广大的同盟军，无论中国的整体国际地位如何发生变化，坚持与发展中国家加强友好合作都是不可动摇的战略选择。

中国与周边合作

东盟的战略：面对和平发展的中国

龚克瑜*

内容提要：作为一个具有庞大廉价劳动力、巨大市场潜力、丰富自然资源、重要战略位置的大国，中国正沿着和平发展的道路跨步向前，并迅速成长为一个区域性强国。“中国崛起”已经成为不容质疑的事实，与中国同行更是东盟各国无法回避的选择。面对生机勃勃的中国，东盟既欢迎中国发展所带来的机遇，又害怕由此产生的压力和挑战，更担心会演变为威胁，其复杂的心情可谓兴奋与担忧同在、敬畏与恐惧交织。

一、东盟的中国观

1. 政治和外交层面

中国“崛起”前，东盟普遍认为中国外交政策较为低调、保

* 龚克瑜，上海国际问题研究所副研究员。

守。中国在谋求与其地位和身份相适应的权利与特权的同时，却不愿承担相应的大部分义务和责任，甚至担心过多地参与国际或者地区性多边机制会被束缚住并损害国家利益。随着经济实力的提升，中国的国际政治地位迅速提高，在亚太地区的影响越来越大，在地区和全球事务中表现得越来越成熟、自信，愿意发挥建设性和负责任的地区大国的作用。中国不仅逐步扩大、深化与周边国家的双边关系，积极组织参加各类会议，深化与多边组织的关系，还努力尝试用自己的方式来主导和影响东亚地区的体系。

东盟认为：崛起的中国是一支地区稳定的力量，其作为和平的维护者，在推动朝核问题的妥善解决等一系列亚洲重大问题上已经并在继续发挥着重要作用。中国采取的各项对外政策符合亚洲国家的共同利益，因此不应将中国的崛起视为对亚洲其他国家的威胁。但是，由于南海等诸多问题的存在，东盟仍把中国视为本地区潜在的威胁，认为中国一旦取得更强大的经济和军事实力后，必将在南海乃至周边地区建立起霸权，因此必须时刻警惕中国持续增强的影响。

2. 经济层面

东盟认为：中国经济发展的成就举世公认，改革开放 20 多年来，其从自给自足、增长缓慢的计划经济转变为充满活力的市场经济体制，经济以年均 9%的速度增长，吸收近了 5000 亿美元的外国直接投资。据预测：到 2010 年，中国的经济总量将是德国的 2 倍；2020 年将超过世界第二大经济实体的日本。中国已经成为全球经济的火车头、东亚经济复苏的强大动力，而且在未来的一段时间内仍将继续充当“世界工厂”的角色，经济仍将高速增长。

现在，中国和东盟已经互为重要的贸易伙伴，贸易额不断增长，到2006年东盟与中国已互为第四大贸易伙伴，中国也已成为东盟的第六大贸易伙伴。东盟认为：中国经济的崛起是机遇，也是挑战。近年来东盟对外资的吸引力下降，一方面是由于当地低工资优势的丧失和基础设施条件的恶化，另一方面则是来自中国的竞争，中国经济一枝独秀，已经成为对外资最具吸引力的地区。东盟国家担心中国经济进一步自由化，外资将从东盟地区移向中国，而随着中国制造业走向成熟，中国制成品不仅将大举涌入东盟市场，威胁东盟当地的制造业，而且还会与东盟在欧美和日本等国家市场上展开激烈的竞争。

东盟认为：中国经济发展还存在许多问题，如国内包括发展不平衡、国企效率低下、城乡差距大等问题，国际上则受原材料、进出口、资本流入、世界经济一般状况等因素的影响，中国经济的发展仅有高速度是不够的，还必须是持续的、健康的，中国要想达到西方一流经济强国的水平，还需要经历一段很长的时间。对于东盟而言，一个寻求经济发展和地区稳定的中国，与东盟战略利益是一致的，东盟还可以从中国的经济发展中受益。

3. 军事层面

东盟认为：在中国看来，为保护自身的经济利益和经济发展，军事实力是必要的，但单纯地依靠军事力量还不能确保经济的绝对安全。中国的“新安全观”表明中国努力指引东亚发展的新方向，中国希望捍卫独立与主权、为经济改革和现代化创造良好的国际环境、维护世界和平、促进共同发展，因此大胆地倡导为确保中国的长期稳定而建立新的世界秩序。中国强调在国际安全方面的立场，包括不参与也不卷入军备竞赛，反对霸权主义、强权政治以及任何侵略和扩张行径的立场，倡导世界的多极化，强调通过谈判解决国际争端，要求联合国在国际事务中发挥主导作用。

随着时代的变迁，安全不再集中于军事防御，而是扩展到更宽泛的领域，如毒品交易、恐怖主义、有组织跨国犯罪、环境恶化、社会和民族冲突以及资源短缺等非传统安全领域。中国希望以此证明美国用高度军事化或现实主义的方式对待安全问题已经变得不合时宜，东亚国家在处理非传统威胁的时候应该倡导合作与协调，逐渐降低美国在该地区的影响。

在东盟看来，中国军事现代化的主要目标不是全面挑战美国在东亚的存在，破坏美国在东亚的军事同盟体系，而是为了应对台海危机。中国现代化的军事不仅是要提高其防止台湾宣布独立的能力，而且要增强制止美国在台海危机中采取军事行动的能力。因此，只要台湾不出乱子，中国仍将集中全部精力于经济发展，并且力求在东亚地区保持一个和平安定的环境。

4. 地区和全球层面

东盟认为：中国以温和的方式对待美国在全球范围内的优势，并甘心接受美国在东亚和世界事务中的主导地位。这是因为中国深知现阶段与美国全面抗衡，不仅会影响中国的国民经济发展，增加不必要的经济和社会成本，而且会妨碍中国和平发展道路目标的实现。因此，中国转而用渐进的方式，在树立负责任大国形象的同时逐步引导东亚走向和平、稳定的新时代，以此限制美国在东亚的战略主动权。

对东盟而言，中国不仅是个大国更是个邻国，东亚地区性问题的解决离不开中国。中国凭借其辽阔疆土、庞大人口和优越的文化体制，一直对南方弱小的邻国具有深刻而又长远的影响力，后冷战时期的中国在东南亚地区的和平与发展中所起的作用也将十分突出。中国还通过参与许多重要区域性和全球性组织的建设，如亚太经济合作论坛、亚欧对话会议和东盟+3进程等，确保自己的经济利益，还得以在全球范围内施加更大的政治影响力。

二、东盟对华战略选择的影响因素

1. 认知因素

东盟各国对中国的理解存在许多差异，对中国的态度大致可以分为四大类：(1) 适应（accommodation），典型代表是泰国，相近态度的还有缅甸、老挝、柬埔寨，对中国的态度最为和蔼；(2) 谨慎的交替变化（cautious interchange），如马来西亚对中国的态度时好时坏，复杂多变；(3) 回避（avoidance），新加坡对中国的态度非常的清楚明确、直截了当，但是政府对中国的行为也是最大限度保持沉默，从本质上来讲新加坡与中国更倾向于合作而不是对抗；(4) 深疑（deeply skeptical），包括印尼、菲律宾、越南，这三个国家对中国政府有很深的怀疑和芥蒂，试图尽可能的限制中国在东南亚地区的影响。

面对中国的崛起，东盟国家也有诸多完全不同的判断和认知：有的认为中国会积极参与地区与国际组织并以此作为走向现代化与繁荣的必由之路，这从中国20世纪90年代以来改善与周边国家关系，积极参与地区与国际组织可以充分证明。中国的行为表示中国确信在现存的国际体系中通过多边合作是可以获得自己的国家利益，因此中国会成为现存国际体系的维护者。有的认为中国自古就是亚洲大国，现今觉醒后自然不会甘于平庸，强大后必将对包括以美国为首的当今所有大国的地位和国际格局发起挑战。有的认为由于中国国内稳定，经济发展迅速，随着中国经济的发展和大陆、香港、台湾经济相互依存程度的加深，将会形成“大中华经济圈”，对东亚和世界经济产生负面影响。有的认为中国的价值观和意识形态与西方大相径庭，社会主义事业的成功将对西方文明构成严峻的挑战。有的认为中国经济的发展将使其有足够的实力发展军事力量，从而对周边乃至整个世界构成直接的威胁。有的认为人口众多的中国在继续发展过程中需要消耗各种各样的资源，将同其他国家发生抢占国际资源的冲突和对环境造成污染。

正是基于对中国崛起不同的认知，各种各样不同的“中国威胁论”在东南亚地区纷纷抬头，具体而言包括以下五种：

(1)“中国军事威胁论”。有三层含义：其一，中国军费高速增长。有人任意夸大中国军费的规模和水平，声称中国正在用一种危险的方式使用财富，这就是将其用于大规模的军事集结。如果中国的军费增长速度太快，意味着中国可能使用武力手段解决国际争端，而且还会带动整个东亚地区的军备竞赛。其二，中国军事力量“填补真空”，给亚太地区的均势带来威胁。“填补真空”论是指中国正在趁苏联解体和美国军事力量收缩的时机增强军事力量，以填补亚太地区的“真空”。如果中国强大后可能会提出收复失地的要求，从而引起新的边界冲突。其三，核能力和导弹技术发展。有人认为中国的导弹和核武器不仅威胁周边邻国，还直接威胁到美国在东亚地区的驻军，而且，中国还可能向巴基斯坦、伊朗和朝鲜等扩散大规模杀伤性武器的相关技术。

(2)“中国经济威胁论”。其有五层含义：其一，对中国经济现实的估算。20世纪90年代以来购买力平价法逐渐被一些国际组织采纳用以估算中国的经济实力。如世界银行按购买力平价计算中国1995年国内生产总值为3.8万亿美元，相当于美国当年的56%。根据国际货币基金组织的估算，1997年中国国内生产总值应为1.6万亿美元，相当于美国当年的23%。其二，对中国经济前景的预测。由于中国国内政治社会稳定、经济发展迅速，大多数经济学家都看好中国未来的经济发展前景。不少预测表示2020年中国国内生产总值将超过日本居世界第二位，甚至可能超过美国成为世界最大的经济强国。其三，“中华经济圈”的形成与扩张。一些学者认为，随着中国经济的发展以及中国内地、香港、台湾经济相互依存程度的加深，将会导致“华人经济圈”或“大中华经济圈”的形成，渗透整个亚洲，并向全球蔓延。其四，亚洲国家争夺国际市场和国际资金的加剧。由于中国出口商品结构与东盟国家比较雷同，中国在国际市场的扩大就是占领了东盟国家的出口市场。中国已经成为世界上对外国投资最有吸引力的发展中国家，中国的崛起将影响南亚和东南亚国家吸引外资。其五，贸易威胁。中国以其低廉的劳动成本优势向西方发达国家市场倾销产品，同时却阻止发达国家产品和资本大规模进入中国市场，从而造成中国与西方国家的贸易不平衡加剧。

(3)“中国意识形态威胁论”。有人认为：由于中国是冷战后最大的社会主义国家，虽然中国已经放弃了教条式的马列主义意识形态，但中国仍然反对西方的价值观念，所以中国崛起后仍有可能成为非西方意识形态国家的领袖，这必然对西方的民主、人权、平等、自由等价值观念构成挑战。也就是说，中国是“非民主”国家本身就已经成为“中国威胁论”的必然逻辑。

(4)“中国文明威胁论”。西方国家将西方文明看作“普世文明”，力图将自己的价值观作为普遍的原则推广到世界各个角落，因而把非西方文化包括“中华文明”看成是世界稳定的威胁和世界冲突的根源。美国哈佛大学教授亨廷顿就认为冷战后文明的冲突将左右世界政治，西方面对的主要敌对文明是儒教文明和伊斯兰教文明的扩张。

(5)“中国生态威胁论”。其包括空气污染、温室气体排放、粮食威胁论、能源短缺等等。

2. 历史因素

(1) 南中国海问题

南中国海扼守太平洋和印度洋的咽喉，拥有丰富的海洋资源和油气储量。历史记载和考古成果均证明，南沙群岛自古以来就是中国领土的一部分。越南到20世纪60年代之前一直承认西沙和南沙均属中国，但20世纪70年代以来，越、菲、马、文等国家先后宣称对南沙群岛及其周围海域拥有全部或部分主权，从而引发了南海问题。从地理位置上看，南海是世界上最重要、最繁忙的国际海上交通线之一，其对美、日、俄来说都十分重要。加之一些国家有防范、牵制和遏制中国的战略考虑，使得南海问题更趋复杂化。虽然东盟和中国双方承诺通过和平方式，解决彼此之间的分歧和争端，不诉诸武力或以武力相威胁，但南海问题作为一个长期影响中国与东盟关系发展的复杂问题，其彻底解决难以在短期内实现。中国崛起后将会如何处理上述领土和海洋权益争端，不仅为东盟国家所关心，而且也为国际社会所关注。

(2) 华人问题

在东盟与中国的关系中，华人与华侨问题一直是一个重大的历史性问题。东南亚地区的华侨、华人占世界华侨、华人总数的80%以上，他们之中绝大多数已加入当地国籍，成为居住国公民。东南亚的华侨、华人不但与当地人民一道披荆斩棘、艰苦创业、遵守法律、和睦共处，为居住国的经济发展与社会进步作出了卓越贡献；而且他们在融入当地社会的同时，与祖籍国交往密切，对促进我国的经济建设和推动居住国与我国的友好关系发挥了重要作用。过去由于经济与政治原因，定居在东南亚各国的华人、华侨长期遭受歧视与排斥。新中国成立后，我国政府积极推行睦邻友好的和平外交政策，经过40年的努力，最终解决了“双重国籍问题”，促使东南亚国家的华人、华侨遵守所在国的法律，履行公民的权利与义务，与当地各族居民友好相处、安居乐业。从原则上来讲，华人与华侨问题并不是一个现实的政治问题；但从实际情况考察，由于华侨、华人在当地长久以来具有的政治、经济和文化的影响以及目前在经济中仍居支配或重要地位，华人问题仍然是影响东盟各国与中国关系发展的潜在问题。在东盟国家经济发生困难的时候，当局往往会转移视线，将矛头指向当地的华人、华侨，印度尼西亚针对华人的骚乱就是典型的一例。随着中国的改革开放，东南亚国家的一些资金雄厚的华人企业集团也开始积极向中国大陆投资、发展经济合作，由此引发的所谓效忠问题以及与当地居民的对立，可能发展成双方由经济领域转向政治领域的敏感问题。

(3) 台湾问题

台湾问题是影响东盟与中国关系的另一重大因素。东盟国家都奉行“一个中国”的原则，原本不存在台湾问题。但从20世纪90年代以来，台湾当局加大对东盟国家的“务实外交”，以金钱为手段，推进“南进政策”，大力拓展其在东南亚的经济合作空间。东盟一些国家也因受经济利益驱动，提升与台湾的交往层次，发展与台湾“有限度”的实质关系，并积极支持台湾加入该地区的各种区域性组织，甚至在台湾政策上出现摆动，这些东盟成员国的举动都构成了与中国关系的严峻挑战。

三、东盟对华战略的趋势

对未来中国与东盟国家关系的发展趋势，大致有三种预测：

第一，对抗趋势。持这种观点的人认为：随着“台独”势力的膨胀，台海发生冲突的可能性加大，加上美国对中国遏制的进一步升级，中美之间会走向对抗。在这种情况下，东盟国家不可能保持中立，一些国家会站在美国一边，与中国对抗。另外，南海问题局势复杂，中国与东盟国家不可能通过和平的方式解决，中国最终会动用武力，从而引发双方走向对抗。这种观点比较悲观。其实应该看到今天的世界形势已发生深刻的变化，美国要遏制中国并不那么容易。所以，东盟国家既不愿意与美国结盟对付中国，也不愿与中国结盟对付美国。况且，美国在遏制中国的同时，也保持与中国的接触，中美之间的经贸关系大大加强，美国在一系列国际与地区问题上都需要中国的合作，如反恐问题。因此，美国需要中国的合作，中国本身也不愿意与美国对抗。南海问题确实很复杂，但这是中国与东盟一些国家的问题，双方虽有分歧，但都希望用和平的方式，通过谈判来解决，若真动武，对双方都不利，只会出现让亲者痛、仇者快的局面。这是双方都不愿意看到的结果。

第二，结盟趋势。这是非常乐观的观点。持这种观点的人认为：中国与东盟国家的共同利益日益增强，双方发展关系的愿望非常强烈，关系发展很快。特别是随着中国—东盟自由贸易区的建成，双方的经济联系会越来越紧密，经济上的相互依存会带动政治关系的靠近，最终结成战略联盟。东盟一些国家与中国关系非常密切，中国以与之关系密切的东盟国家为桥梁，积极推动与东盟其他国家的关系。东盟国家作为中小国家，与日益强大的中国结盟，会更有安全感。

第三，伙伴关系。中国与东盟国家都需要和平与稳定的环境，集中精力发展经济，这是双方最大的利益。对抗对双方都不利，只会是两败俱伤，也有悖于当今世界和平与发展的潮流。这是一种符合现实的、比较客观的观点。中国奉行独立自主、不结盟的和平外交政策，东盟也积极推行“大国平衡战略”，不可能与中国走得太近。而且，东盟国家与中国在一些问题上还存在着矛盾和分歧，有的在短期内不可能解决，所以东盟国家对中国的担心会随着中国的强大而日益增强，双方的互信度也相当脆弱，因此结盟不太现实。目前，这种伙伴关系正在形成之中，虽然说由于不同负面因素的影响，东盟与中国确定的睦邻伙伴关系还可能会有波折，但发生逆转的可能性极小，目标不会改变，但实现过程将是渐进而又长期的。

对中国而言，不仅要消除“中国威胁论”的相关谬论，逐步淡化和解决历史遗留问题，化不利因素为有利因素；而且还应该主动出击，加快实施“走出去”战略，实现产业优势互补，从加强次区域合作着手，推动中国西南省份的经济发展。

四、东盟对中国的战略

一个新的大国崛起必将改变体系内的权力配置，对小国而言，这既有发生危险和国际冲突的可能性，也给小国提供借机发展的大好时机。东盟认为中国的崛起不可避免、无法遏制，关键问题是如何真正理解崛起的中国、全面了解中国的意图、准确把握中国崛起的方向。

东南亚地区都是小国、弱国，希望中国崛起后能够参与到国际社会中，遵守国际规则，成为一个负责任的国家；而担心中国崛起后会依靠其强大的经济和军事实力，成为一个力图改变现状的国家，甚至一个借助武力来收复其曾经拥有领土的霸权国，构成对亚太地区和平与稳定的威胁。对于东盟来说，中国的崛起不可避免，那么采取遏制战略并非明智之举，首要任务是如何引导中国向自己期望的方向发展。中国的强大不可避免，更不可忽视，承认中国的强国地位，使之成为亚洲乃至世界制定规则的大国之一，从而达到中国人自我约束的目的，即所谓“国际社会负责任的一员”。

基于对中国和平发展道路的判断和其自身矛盾复杂的心态，东盟对中国的战略具有鲜明的“双重”风格：一方面与中国积极接触，建立友好关系，并以经济合作作为双方关系发展的主渠道，合作中争取实质性的成效；另一方面，东盟多方活动，试图从外交和军事两个方面对中国严加防范，由此而形成对中国“全方位接触、大国平衡牵制、地区机制约束、维持主导地位”的总体战略，主要做法包括：

1. 全方位接触

东盟强调必须对中国进行综合的、全面的接触，不仅是军事上的，而且是外交、政治、经济、社会、文化各个层面的交流；不仅通过美国来接触中国，更重要的是通过东南亚国家自己来接触中国。

政治接触就是在承认中国是亚太地区一支重要力量的基础上，在东盟与中国之间形成制度性的对话机制。东盟希望借此使中国看到进行地区合作以及与周边国家保持良好关系的好处，并使中国承担起地区一员应尽的责任。中国与东盟通过多层次、全方位的对话渠道形成了非常广泛的接触，已经成为东盟的全面对话伙伴国，政治对话机制也从外长级上升到首脑会晤。随着东盟各成员国与中国的高层往来频繁、互访增加，彼此间的互信也逐步得以增强。

经济接触可以增强中国与东盟间相互依赖的程度。在东盟看来，中国巨大的市场和持续稳健的经济增长可以为其经济发展提供强大的推动力，同时刺激中国经济的发展，使中国从现有国际经济秩序中获益，从而使中国经济和世界经济融为一体。这样中国的国家利益就会与整个世界以及地区利益紧密连接，为保证自己的经济收益，中国也就会顺理成章地成为现有“游戏规则”的维护者。

由于自身实力较弱和美国在东亚角色的不确定性，东盟难以依靠军事力量保障自身的安全。因此，加强同中国安全接触，进行同中国的安全对话就显得十分必要。东盟希望通过接触来与中国进行安全上的对话，通过加强同中国的信息交流，增加中国的国防透明度，增强中国和东盟的互信，解惑释疑，为消除可能的冲突创造条件。

对东盟来说，与中国的全方位接触不仅可以借此获得经济和安全上的利益，而且可以借此潜移默化地影响中国对外部世界的认识和对外政策的走向，逐步使中国按照东盟设想的方式融入国际社会，成为其中负责任的一员。

2. 大国平衡牵制

东盟作为一个由小国组成的地区政治力量，面对外部大国的介入，很难主宰自己的命运。因此，它长期坚持“大国平衡”的外交战略，全面发展与各大国的关系，巧妙利用大国相互制衡，不让任何一个大国实力过分强大，以达到“平衡大国、引导大国”的目的。

东盟把美国、日本和中国之间的权力平衡作为目前确保本地区和平与稳定的重要保障，与此同时还利用这三个国家之间的矛盾，使其相互牵制，从而坐收渔利。随着中国的崛起，东盟国家对其传统的“大国平衡”战略进行了适当的调整，重新定位与大国间的关系。具体而言就是力图借助美国和日本等国的力量形成对中国的压力，以防止中国力量的过分强大，避免中国侵犯到其自身的利益。

在具体操作上，东盟依靠美国的力量特别是军事力量平衡中国的影响。尽管东盟与美国在人权、民主等问题上存在矛盾，但是东盟还是将超级大国——美国看成是能够制约中国和日本在亚太地区潜在霸权的最可信的力量。“9·11”事件后，东盟与美国在反恐问题上互有需求，使美国在东南亚地区的军事有进一步扩大的趋势。

在东盟看来，日本在亚太地区的和平与稳定中也扮演着十分关键的角色。鉴于中国和日本之间的历史纠葛和争夺东亚主导权的潜在矛盾，东盟希望借助日本的力量来平衡中国。东盟通过扩大日本在东南亚地区的政治影响和提升同日本的经济联系，不仅在一定程度上提升了东盟在经济上同中国讨价还价的能力，而且还扩大了东盟在本地区的政治经济影响。

3. 地区机制约束

东盟国家在利用大国平衡牵制中国的同时，还致力于地区合作机制的建设，将实现地区一体化作为应对中国崛起的又一重要策略。东盟国家通过建立区域性对话机制，试图将与中国之间存在的一些矛盾纷争纳入到多边协商机制中加以解决，弱化东盟与中国的直接对抗，借助区域整体力量来抗衡中国，从而使自己在与中国打交道时所处的地位由弱势转为强势，争取主动权。

东盟地区论坛就是其中一个重要的地区机制，该论坛的目的是使东盟与周边大国就重要的政治与安全问题展开对话，相互建立信任措施和开展预防性外交，并主要就南中国海问题、朝鲜半岛问题、反恐问题在成员国之间展开讨论。东盟认为：东盟地区论坛可以限制中国在该地区的行为，使大国相互制约，最终实现东盟主导本地区安全事务的目的。

2002 年 11 月 4 日，中国与东盟签订《南海各方行为宣言》，宣言中“各方承诺保持自我克制，不采取使争议复杂化、扩大化和影响和平与稳定的行动，包括不在现无人居住的岛、礁、滩、沙或其他自然构造上采取居住的行动，并以建设性的方式处理它们的分歧”。2003 年 10 月，中国加入《东南亚友好合作条约》，强调缔约国首先要“有决心和诚意防止出现争端，当争端出现时应当不使用武力或以武力相威胁；任何时候都要通过友好磋商来解决它们之间的这种争端”。东盟通过积极鼓励和推动中国参与地区机制的建设，有效地将“身份认同的构成—行动的制约—规范的贯彻—身份认同的加强”概念灌输给中国，期待将中国塑造成为一个符合东盟利益的、负责任、能自我约束的大国。

4. 维持主导地位

20 世纪 90 年代上半期，东盟通过建立东盟地区论坛、大东盟建设等种种努力提升东盟的国际地位，但是 1997 年金融危机后，东盟经济普遍不景气、内部矛盾增多、内聚力减弱、国际地位也随之降低。为此，东盟打出了与经济快速增长的中国加强亲密关系的“中国牌”，试图借中国之力增加东盟对外谈判的筹码和分量，刺激其他大国与其合作。随着中国在东南亚地区的影响日益增强，其他大国也不甘落后，当中国与东盟达成 10 年内建立自由贸易区的协议后，其他的对话伙伴国如日本、美国、韩国、印度、澳大利亚、新西兰等纷纷着手与东盟建立更紧密的经贸关系，从而在亚太地区形成了以东盟为核心的新一波经贸合作浪潮。

东盟借助中国的影响，加强了与区域外大国的政治经济关系，从而形成了一个以东盟为中心的经济、政治、安全合作的网络。目前，东亚经济合作的主渠道——“10＋3”和3个“10＋1”，都是各国围绕东盟这个中心转。东盟认为这显示了其“显著的经济和战略优势”。在中日关系恶化、东北亚经济合作停滞不前的局面下，东盟乐得在东亚经济“驾驶员”的位置上多坐一会儿。

中国地区战略指导下的自由贸易区的建设与发展

——中国一东盟自由贸易区的示范效应

欧阳欢子*

内容提要：本文从中国地区战略的视角，评判中国一东盟自由贸易区和中国一巴基斯坦自由贸易区的建设、发展及影响，认为中国一东盟自由贸易区是我国目前奉行的地区战略的成功范例，而紧随其后的中国一巴基斯坦自由贸易区在借鉴前者的基础上进展顺利，充分说明了和平发展战略的正确。

* 欧阳欢子，上海社科院世界经济研究所区域合作研究室副研究员。

一、建立中国——东盟自由贸易区的战略意义及现实意义

过去几年里，中外分析人士达成了以下共识：中国在最近几年里发展出了一套相当连贯与完整的大战略。唐世平、张蕴岭两位学者在《中国的地区战略》[①] 一文中详细分析了中国目前大战略的核心理念构成及其指导下形成的中国地区战略。本文试图从中国地区战略的视角，并且更多地是从经济层面去考量创建中国—东盟自由贸易区和紧随其后我国在亚洲筹建中的中国巴基斯坦自由贸易区的实践、作用及其影响。

1. 中国地区战略的核心目标定位

中国大战略的中心目标是为中国集中精力搞发展（经济、社会与政治）塑造和维护一个有利的环境（安全、经济与政治）。[②] 对外强调和平发展、对内提倡和谐社会，两者之间均突出了一个“和”字，折射出中国领导人求发展心切，求安定心切。确实，任何进攻性的战略只会招致周边国家的不安、怀疑，只会使各种版本的“中国威胁论”得以盛行。不称霸、求发展、负责任就是中国目前努力在国际社会中自我塑造的形象。由于亚洲是中国所有的国家利益，包括安全、经济和政治目标都同时存在的唯一地区，因此这一大战略框架下的中国地区战略其核心理念与行动也无不反映出我国大战略的需要。因此中国的地区战略目标就是同

① 唐世平、张蕴岭：“中国的地区战略”《世界经济与政治》2004 年第 6 期。
② 唐世平、张蕴岭：“中国的地区战略”《世界经济与政治》2004 年第 6 期。

时追求安全、经济与政治利益的综合方式，睦邻友好，为中国集中精力搞发展、提升综合国力、实现四个现代化而努力塑造和维护一个有利的周边环境。

2. 创建中国—东盟自由贸易区是实现我国地区战略目标的成功范例

建立“中国—东盟自由贸易区”的构想始于2000年在新加坡召开的第四次中国与东盟领导人会议（10＋1）。会上东盟一些国家对中国即将加入WTO感到担忧，认为入世后中国经济的快速增长将促使国际投资从东南亚转向中国，从而对东南亚经济产生不利影响。为了进一步解除东盟的担忧，朱镕基总理主动提出双方成立自由贸易区的设想，此举在东盟国家引起极大的反响。2001年3月，在中国的建议下双方成立了联合专家小组，对自由贸易区的可行性、经济效益以及中国加入WTO后的影响等问题进行了研究。专家小组的报告认为：中国与东盟在贸易结构上具有很大的互补性，目前双方贸易额占各自对外贸易总额的比重都较小，表明双方之间的贸易潜力很大。如果成立自由贸易区，则会产生较大的贸易创造效应，使双方都能受益。

谋求和平、稳定、发展的目标和共同愿望，是中国与东盟友好合作的前提。东盟与中国近年来经济一直保持高速度发展，很大程度上就是得益于本地区有一个和平安定的环境。正是这种经济的高速发展与政治上的和平安定形成的良性循环，有力促进了这一地区的繁荣。目前东盟各国都进入发展经济的新阶段，纷纷制定符合自己国情的跨世纪发展战略，以使经济结构更加完善。共同的需要、愿望和目标使中国与东盟各国之间的合作与信任日益增强，在保持地区稳定和一些共同关心的问题上逐步达成共识，并为实现这些目标扩大和加深双边合作。

创建中国—东盟自由贸易区正是我国地区战略目标的尝试和集中体现，事实证明中国与东盟建立自由贸易区，进行区域内的分工合作，不仅在经济上对中国和东盟是互惠双赢的，而且在政治和安全上对双方也是互利的。随着双边贸易的增加，经济技术合作力量的加强，双边的政治与安全关系也会随之发展，促进睦邻友好，本地区的局势就会更加稳定。这样中国和东盟各国都将有一个稳定的地区环境来发展经济。因此，对于中国和东盟双方来说，建立自由贸易区，在经济上和政治外交安全上都同等重要。

就东盟国家而言，建立中国—东盟自由贸易区，促进东盟与中国之间的贸易和投资，意味着东盟国家将获得中国相当的市场份额。特别是随着2001年的中国正式成为世贸组织的成员，东盟此举在抢滩中国大市场的进程中更是捷足先登、抢占先机。

中国作为一个贸易大国，建国以来还从来没有参加任何一个双边或多边的自由贸易协定，一直置身于经济区域化、集团化的浪潮之外。由于没有一个区域性的贸易组织为依托，即使加入世贸组织这个多边的贸易体系，中国在处理与他国的贸易纠纷中也往往处于不利的地位。如今，中国首选了周边地区的东盟建立自由贸易区，同时中国还首次签署了一个由东盟主导的地区安全性质的条约——《东南亚友好合作条约》，[①] 将中国与东盟的关系提升到战略伙伴关系。无论是从进一步扩大开放，积极参与国际竞争的角度看，还是从融入亚洲经济一体化进程来讲，都是有着

① 早在20世纪70年代首届东盟首脑会议上，当时的东盟五国就签署了《东南亚友好合作条约》，该条约不仅成为东盟处理成员间相互关系的准则和法律依据，还是东盟成员间开展政治合作的纲领。条约中包括了尊重各国的独立、主权、平等、领土完整及民族特性；不干涉他国内政；和平解决争端；不诉诸武力、开展有效合作等内容。

划时代的意义。通过中国—东盟自由贸易区的创建，中国向全世界展示了期望融入世界的决心，表明了积极加入和推进地区一体化的愿望，也充分展示了我国目前奉行的地区战略的有效。

二、中国—东盟自由贸易区启动以来的成果显著

毋庸置疑，在推动中国与东盟经济合作的进程中，中国始终奉行睦邻友好的地区战略，所做出的努力举足轻重、有目共睹。中国政府在与东盟国家进行谈判磋商过程中，在政策上所表现出的灵活性、务实性，以及中国所做出的承诺，充分显示了中国对推动双边经济合作的诚意、前瞻性以及一个负责任大国所具有的气度。

近年来中国东盟双边经贸关系的发展已呈现出几个鲜明的特点：一是贸易增长迅速，其增长速度快于中国和东盟各自的总体对外贸易的增长速度；二是双边贸易在各自对外贸易总额中的比重不断增加；三是双边进出口商品结构不断优化，即交换的主要商品实现了由初级产品向工业制成品的转变，机电产品和高新技术产品在进出口贸易中所占的比重不断增长。

1. 降税计划全面启动

中国与东盟双方根据《货物贸易协定》已于2005年7月20日起全面启动自贸区降税进程。未来几年中，自贸区降税进程将不断加快。中国对东盟国家的平均税率，已从2004年的9.9%降到2005年的8.1%，2007年将降到6.6%，2009年进一步降到2.4%。到2010年，中国从东盟进口产品中，将有93%实行

零关税。2010年中国与东盟绝大多数产品将实行零关税。中国与文莱、印度尼西亚、马来西亚、菲律宾、新加坡和泰国6国将于2010年建成自贸区；越南、老挝、柬埔寨和缅甸这4个东盟新成员则将多享受5年的过渡期，至2015年与中国实现自由贸易。

同时，东盟国家也有类似安排。比如泰国对中国产品的平均税率，已从2004年的12.9%，降到2005年的10.7%，2007年将降到6.4%的水平，2009年进一步降到2.8%，到2010年，将对中国90%以上的产品实行零关税。

2. 双边贸易发展迅速

据商务部公布，近15年来，中国与东盟的双边贸易额，以年均20%以上的速度增长，这一增长率超过了同期中国和东盟各自的对外贸易增长率。自贸区全面降税实施一年来，双边贸易增长迅速。从2005年7月至今年6月一年间，双边贸易额达到1430多亿美元，同比增长了22%。中国从东盟进口额达816.1亿美元，同比增长20.4%。同期，出口额达到617.8亿美元，增长23.4%。

1978年，中国与东盟贸易额仅为8.59亿美元。至1991年增长为79.6亿美元，13年间增长了8倍。而从1991年至2005年，中国与东盟贸易额从79.6亿美元增长到1303.7亿美元，增长了15倍。

1991年时的东盟有新加坡、印尼、马来西亚、泰国、菲律宾、文莱6个国家。从1991年到2005年近15年中国与这6国贸易增长情况是：中国与新加坡贸易额从30.8亿美元增长到331.5亿美元，增长9.8倍；中国与印尼贸易额从18.8亿美元增长到167.9亿美元，增长8倍；中国与马来西亚贸易额从

13.3亿美元增长到307亿美元，增长22倍；中国与泰国贸易额从12.7亿美元增长到218亿美元，增长16倍；中国与菲律宾贸易额从3.8亿美元增长到175.6亿美元，增长45倍；中国与文莱贸易额从0.13亿美元增长到2.6亿美元，增长19倍。

1991年，当时的越南、缅甸、柬埔寨、老挝尚未加入东盟。中国与这4个后来成为东盟成员的国家从1991年到2005年近15年贸易增长情况是：中国与越南贸易额从0.32亿美元增长到82亿美元，增长255倍；中国与缅甸贸易额从3.9亿美元增长到12.1亿美元，增长2倍；中国与柬埔寨贸易额从0.13亿美元（1992年数据）增长到5.6亿美元，增长42倍；中国与老挝贸易额从0.2亿美元增长到1.3亿美元，增长5.5倍。

2005年，在东盟的对外贸易中，中国排第四位；在中国的对外贸易中，东盟排第五位。按国别来看，中国是越南的第一大贸易伙伴，是缅甸的第二大贸易伙伴，是新加坡、泰国、菲律宾的第三大贸易伙伴，是马来西亚、印尼、柬埔寨的第四大贸易伙伴。在中国对外贸易中的前十大贸易伙伴中，新加坡是中国第七大贸易伙伴，马来西亚是中国第八大贸易伙伴。

3. 双边经济技术合作领域不断拓展

中国与东盟双边的经济技术合作也获得了拓展。目前，东盟国家已成为我国海外重要的承包工程市场和劳务市场。承包工程涉及电站、桥梁、公路、机场、码头、工厂、办公楼、住宅楼等，中国在东盟国家承包工程技术含量不断提高，工程质量和效益普遍受到当地好评。

截至2005年底，中国企业在东盟国家签订承包劳务合同总金额达350.2亿美元。完成营业额232亿美元。其中，2005年，在新加坡，中国企业完成营业额11.66亿美元；在泰国，完成营业额3.09亿美元；在越南，完成营业额2.75亿美元；在菲律宾，完成营业额1.83亿美元；在柬埔寨，完成营业额1.23亿美元。

4. 双边投资领域合作业绩显著

中国与东盟在投资方面的合作同样取得显著实绩，开始出现双向投资的特点。中国对东盟投资方面，虽然投资绝对金额还不大，但潜力巨大、增速较快。经商务部批准和备案的，中国在东盟国家投资至1991年底累计为1.5亿美元，其中1991年为1250万美元。近些年随着中国企业开始“走出去”，截至2005年底中国在东盟国家投资累计达10.8亿美元，实际投资数应比这一统计数字大，因为这一数据尚不包括许多民营企业和中小企业在东盟国家投资而未经中国商务部批准或未在商务部备案的。

截至2005年底，中国企业在东盟10国投资设立的非金融类企业近千家。投资领域从加工、装配和生产性的小型项目扩大到建筑、饭店、电气、矿业和运输等行业，投资形式从直接投资发展到技术投资、BOT等多种形式。中国在东盟国家投资居前三位的国家分别是新加坡、泰国和越南。在新加坡挂牌上市的中资或含中资的企业已达100多家。中国在泰国累计投资设立非金融类中资企业278家。在柬埔寨，近三年来中国连续成为柬埔寨第一大投资国。

1991年，中国批准东盟国家商人在华投资3.32亿美元。而2005年，东盟国家在华投资31亿美元，其中新加坡来华实际投资达22亿美元，占东盟当年来华投资的71%。至2005年底，东盟国家在华投资总额已达385亿美元。东盟国家在华投资居前三位的国家是新加坡、马来西亚、泰国。其中新加坡在华投资

277.4亿美元，投资行业多、地域广。

5. 双边经贸合作结构不断调整互补性增强

中国和东盟的经贸合作结构在不断调整，互补性不断增强。中国和东盟进出口商品的结构在不断改善，逐步由初级产品向工业制成品特别是机电产品和高新技术产品的方向发展。目前中国对东盟的优势产品主要集中在机械设备、电子电器、建材家具、农产品以及食品等四大类，而东盟力推的是汽车及配件、木材、木材制品、橡胶制品、棕榈油及其制品等。2005年，机电产品和高新技术产品的贸易额已分别占中国—东盟进出口总额的60％和45％。

商务部公布的统计数据显示：2005年东盟国家对中国出口的商品最主要为机电产品、零件以及原材料。马来西亚2005年对中国出口的十大主要商品中，集成电路及微电子组件为第一名，其次包括机器零件、棕榈油等；泰国2005年对华出口主要商品包括自动数据处理设备及其部件、橡胶及橡胶制品、机器零件以及石油等；印尼2005年对中国出口以矿产品为主。

6. 多次成功举办中国—东盟博览会

中国东盟已成功举办了两届博览会，博览会是中国和东盟10国政府为促进双方企业界的合作，加快中国—东盟自由贸易区建设进程而采取的一项重要措施。

2006年8月25日有关方面负责人已在北京正式签署合作备忘录。根据备忘录，中国—东盟博览会秘书处将为国内7家商会会员企业[1]打开东盟市场，寻找东盟投资合作伙伴创造机遇：对支持商协会会员企业参展予以价格优惠；定期向支持商协会提供博览会相关资料和信息快讯，通报博览会最新动态，解答有关问题；与支持商协会建立网站链接，开展交互宣传，并在博览会官方网站设立常年网上展台；博览会期间，将在展会现场设立中外商协会咨询服务区，由中外支持商协会联合为企业提供咨询服务，促进中外商协会交流、促进贸易配对。

2006 年正值中国与东盟建立对话关系 15 周年和中国—东盟友好合作年。为期 4 天的第三届中国—东盟博览会于 2006 年 11 月 3 日在广西南宁落下帷幕。博览会组委会在当天举行的新闻发布会上介绍，截至当日 16 时，本次博览会贸易成交总额创 12.7 亿美元的新高，已经成为中国与东盟经贸合用的重要平台。

中国—东盟博览会组委会副主任兼秘书长李金早说：本届博览会境内外报外参展企业 2500 家，申请展位 4269 个。实际安排参展企业 2000 家，使用展位 3663 个，总展位比上届增加 363 个。截至 3 日 16 时，累计贸易成交总额 12.7 亿美元，同比增长 10.2%，再创新高。签约国际经济全作项目 132 个，总投资 58.5 亿美元，比上届增长 10.5%，共签订中国对东盟投资合作项目 40 个，总投资 25.6 亿美元。签约国内经济合作项目 301 个，总投资 553 亿元人民币，比上届增长 10.4%。其中，投资额超亿元的项目有 75 个，占签约项目总额的 51.2%。

中国与东盟 10 国领导人积极推动举办的中国—东盟博览会，是加强中国—东盟经贸全作的一项重要举措，是中国和东盟经贸

---

① 7 家商会会员企业为中国纺织品进出口商会、中国食品土畜进出口商会、中国医药保健品进出口商会、中国轻工工艺品进出口商会、中国五矿化工进出口商会、中国机电产品进出口商会、中国对外承包工程商会等。

关系实现互利共赢的重要平台之一。

三、中国如何进一步推进与东盟的全面合作

中国与东盟的经济合作，在中国对外经济关系的总体格局中占有重要的地位：双方既是亚太地区重要的战略合作伙伴，又是未来相互间最具潜力的市场。双方在对外经济的运行模式上也具有相似之处：既有共同的国际技术来源，又存在重叠的市场方向。

由于中国的现状是多层次经济同时并存，东盟10国的经济发展水平也是处于不同的发展水平。因此，坚持在不同的层次上与东盟开展全方位的经济合作，是由中国经济多元化和东盟经济多元化的特征所决定的，其必然面临着不少问题与难点，主要表现在以下几个方面：

1. 贸易投资自由化与经济技术合作的关系

在中国—东盟经贸合作专家组提交的建议中，内容多属经贸合作与经济援助问题，贸易投资自由化的内容相当有限。目前，“中国—东盟自由贸易区”成员经济发展水平和所处的经济发展阶段大不相同，对贸易投资自由化和经济技术合作的目标与承受能力也不尽一致。同时，中国和东盟一些国家的关税仍然偏高，在这种情况下建立自由贸易区，双方之间的贸易增长很有可能来自于区域外部国家的贸易转移；由于双方产业结构趋同可能会使竞争加剧，而加剧的竞争也可能会导致一些企业被迫做出调整。另外，从规模经济角度来讲，“中国—东盟自由贸易区”的规模

略显单薄，因而贸易自由化取得的效果将比较有限。在此情况下，偏重经济技术合作问题虽无可厚非，但 APEC 的实践证明：贸易投资自由化和经济技术合作这两个轮子缺一不可，两者关系处理得好坏，涉及自由贸易区的发展前景。

2. 经济差异与利益平衡问题

中国—东盟自由贸易区各个成员经济发展水平差距巨大，人均国内生产总值的差距在 100 倍以上，远远高于欧盟内部 16 倍和北美自由贸易区内部 30 倍的差距水平，经济发展水平和所处的经济发展阶段各不相同，合作的目标和承受能力也不尽一致。经济发展水平高的国家如果他们促进自由贸易区的步伐跑得太快，其他经济比较落后的成员国跟不上，自由贸易区合作将难以深入开展。

中国与东盟国家的经济发展水平不一，相对而言，在自由贸易区建设的过程中，中国较东盟的地位更为有利。我总体经济发展水平要高于东盟，东盟 10 国的 GDP 总和才只有我国的一半。不仅如此，我国经济门类齐全，比东盟国家抗风险的能力要高得多。所以，就各国的经济现状而言，除新加坡之外，其他东盟国家的总体国际竞争力均落后于中国，从而在彼此的竞争中难占上风。另一方面由于东盟内部经济差距较大，东盟各国在推动自由贸易区建设方面的主张和所起的作用也各不相同，必然会对谈判进程产生影响。有的国家经济自由化程度较高，对推动自由贸易区十分积极，期望尽早从中获取更大的利益。有的国家在经济互补方面占据优势，并欲通过推动自由贸易区的建立在东盟发挥主导作用。有的国家则保护意识较强，不希望自由贸易区影响本国产业的发展，主张循序渐进。相对落后的国家则千方百计寻求得到更多照顾。

在这种情况下，设计和实施其关税减免的进程和标准，始终要注意各方的利益平衡。在处理这些问题上，中国既要考虑自身的实际承受能力，又要适当照顾各方的态度和要求。同时，要注意照顾东盟中经济相对落后的国家，在减税商品的幅度、速度和过渡期方面，给予适当的宽限。已经实施的“早期收获”政策就是针对这种不同国家的经济发展差异性的情况，不过实施过程中还是要兼顾我方的承受力。

3. 双边贸易结构的互补性与竞争性有待不断整合

在双边贸易中，双边贸易逆差不断扩大。中国出口的增长速度低于进口的增长速度，中国与东盟的贸易逆差逐步扩大。从20世纪90年代初起，中国对东盟的贸易开始出现逆差。自此以后，中国进口的速度增长幅度始终高于中国产品出口到东盟的增长速度。到2000年，中国对东盟的贸易逆差达到48亿美元；2003年，中国对东盟的贸易逆差达164亿美元；到2005年，中国与东盟国家贸易的逆差高达196亿美元，东盟已经成为中国对外贸易逆差的主要地区之一。

如何解决双边贸易中我国的贸易逆差也是有待考虑的问题，主要原因：

一是中国与东盟之间尚未建立一种密切的产业分工，目前双边贸易的基础还只是一般性的资源互补，它仍将是今后中国与东盟发展贸易关系的基本因素。二是随着中国—东盟自由贸易区的建立和双方高层次产业分工协作框架的确定，双边的贸易、投资会大幅度增长，从而有效拉动各自国内的经济增长。如形成双方在某些战略产业方面的联合发展优势，最有希望的是信息产业、以天然植物药为基础的现代生物制药产业、金融服务业和旅游业等，这都将极大地提高中国和东盟的区域竞争力。

由于经济结构某些方面的近似性，双方在合作的过程中必然会伴随着激烈的竞争，中国与东盟需要在经济一体化进程中，不断进行有效整合，最终实现有利于双方经济的共同发展。

4. 努力提升中国东盟的产业结构，不断加强互补性

首先，可在维持和提高资源禀赋基础上的加强专业化分工。东盟国家丰富的自然资源是中国重要的物质来源之一。中国与东盟在维持和提高资源禀赋基础上的专业化分工方面有着巨大的潜力，应鼓励中国的大型企业到东盟国家去投资，进行自然资源的深度开发和国际化经营，提高双方在这一领域的互补与合作程度。

其次，可借鉴东盟自由贸易区业已成型的架构，加快自由贸易区技术设施、标准化和政策等方面的便利化建设步伐，加快货物、服务、资本的自由流动速度。

第三，区别对待东盟各国，多层次地发展互补性产业。根据东盟各国经济发展的差异性和不同特点，有区别地实行不同的国别政策，即对不同的国家采取不同的产业合作政策来发展不同层次的互补分工，应是中国与东盟经济合作的基本原则。如在中国与新加坡的合作中，可以利用新加坡在金融、航运以及高新技术产业的优势，开展在服务行业和先进产业中的合作，形成水平型分工与垂直型分工相结合的形态；与马来西亚和泰国应深入地开展制造业的合作，利用这些国家经济转型的机会，发展电子电器行业和机电制造业等相关产业的贸易；与印尼和越南则更多地在基础设施、能源工业方面发挥中国的优势，强化专业化的分工。在产业政策上要根据双方的条件，选择合适的产业作为重点扶持对象，加强与东盟国家的产业政策沟通与协调，在规模经济上建立与东盟国家的互补关系。

第四，随着中国经济的发展以及中国与东盟经济合作进程的加快，在认真落实《货物贸易协议》的基础上，积极推进服务贸易和投资的谈判将是中国—东盟自由贸易区建设的重要任务。服务贸易是自贸区的重要组成部分。推动服务业进一步开放与发展对双方是互利共赢的。实际上，双边旅游贸易正迅速发展。2005 年，中国公民首站前往东盟国家的人数达到 300 万，占中国公民出境旅游总人数的 34%。东盟来华旅游人数也达 300 万，占入境游客总人数 20%。随着中国人收入和休闲时间的增加，出国旅游的人也会越来越多，而东南亚亦是其首选地之一。

四、筹建中的中国—巴基斯坦自由贸易区

巴基斯坦是最早承认我国的国家之一。1951 年 5 月 21 日，中巴两国正式建立外交关系。建交以来，两国在和平共处五项原则的基础上发展睦邻友好和互利合作关系，进展顺利。进入 21 世纪以来，中巴全面合作伙伴关系进一步深入发展。双方高层接触频繁，政治互信不断增强。

1. 中国—巴基斯坦自由贸易区的建设

中巴两国自 20 世纪 50 年代初起就建立了贸易关系，开展了贸易业务。巴基斯坦一直是中国在南亚地区的重要贸易伙伴。两国本着互利互惠的原则，一直积极拓展着双边贸易关系，早在 1963 年 1 月，中巴两国就签订了第一个贸易协定。1989 年 2 月 12 日，中国与巴基斯坦签署双边投资保护协定。2003 年 11 月，

中巴签署《优惠贸易安排》。但是，真正进入自贸区议程的谈判则是近年的事。

2005年4月初，温家宝总理对巴基斯坦进行正式访问。4月6日我国正式与巴基斯坦签署《中华人民共和国和巴基斯坦伊斯兰共和国睦邻友好合作条约》，宣布发展更加紧密的战略合作伙伴关系。同时还签署了《中华人民共和国与巴基斯坦伊斯兰共和国关于自由贸易协定早期收获计划的协议》，决定结束中巴自由贸易协定联合可行性研究，启动自由贸易协定谈判。

2006年10月，中国巴基斯坦在北京启动了自由贸易区的第四轮谈判，在前三轮谈判的基础上，本轮谈判双方就市场准入、卫生和植物卫生措施、贸易救济、投资等问题进行了深入磋商，取得了积极进展。

2. 中国—巴基斯坦自由贸易区“早期收获”安排

2006年1月1日，《中华人民共和国政府与巴基斯坦伊斯兰共和国政府关于自由贸易协定早期收获计划的协议》（简称《早期收获协议》）正式启动。这是继《中国—东盟全面经济合作框架协议货物贸易协议》之后中国与亚洲国家签署的第二个自由贸易协定，这一协定的签订将为我国进一步开拓南亚市场创造积极条件。

根据《早期收获协议》，2006年1月1日起，中国和巴基斯坦将逐步把包括纺织品、餐具、芒果在内的52种产品关税削减为零。首批逐步取消关税的产品包括床单、餐布和其他家用纺织品、绒毛毛巾、混纺面料、合成纱线、合成面料、芒果、橙子、枣、椰子、医疗用品、运动用品、餐具、部分染料和药品等。中国对从巴基斯坦进口的大米、芒果、海产品及部分纺织品等货物实施零关税，巴基斯坦政府对从中国进口的机械设备、化工原料等实施零关税。

巴基斯坦对1000多项中国产品实施关税优惠待遇。关税优惠主要分为两大类：一类是零关税待遇，即中国出口至巴基斯坦的509项产品，主要涉及蔬菜、水果、石料、机械和有机化工品等。上述产品的零关税待遇将在两年内分三次降税实现，到2008年1月1日全部降为零。另一类是关税减让优惠，即从2006年1月1日起，巴方将对原产于中国的575项产品实施优惠关税，主要包括部分水产品、矿产品、化工品、橡胶制品、皮革、木制品、纸制品、棉机织物、钢铁制品、机电产品、家具及玩具等，其中水产品的关税优惠幅度最大，由原来的10％降为零，减让幅度达到100％，油酸、石膏板、航空器用轮胎、糖蜜等产品的关税减让幅度为50％，其他产品关税减让幅度从4％—20％不等。[①]

正是中国、东盟在自贸区的建设过程中，于2004年1月率先实施“早期收获”方案取得了成功，积累了经验，中巴自贸区的建设也很快地进入签订《早期收获协议》阶段，中国东盟自由贸区建设的示范效应充分得以体现。

3. 中巴双方合作领域不断拓展双边经贸关系互惠互利

中巴两国政府目前致力于加强两国在能源领域的合作，能源合作已成为中巴经贸关系中的新亮点。2006年2月，巴基斯坦总统穆沙拉夫访华，并签署了内容广泛的《中巴能源领域合作框架协议》，这些都将对中巴经贸未来发展产生良好而深远的影响。巴方表示欢迎中国公司前往巴基斯坦，帮助其修建炼油厂、天然气管道、油气储备和转运设施等。中国政府欢迎巴基斯坦的上述

① 全羊网：2006年2月28日“中巴早期收获协议已启动1000多种商品降税”。

提议，同意协助巴发展油气产业。双方对恰希玛核电站一期工程的运行以及二期的开工和建设表示满意，同意继续加强在和平利用核能方面的合作。

穆沙拉夫还表示，巴基斯坦愿意充当中国进入中亚市场和能源领域的运输通道。他大胆提出了建设中巴之间的“贸易走廊”和“能源走廊”的构想。[①] 穆沙拉夫已向中国提出了一条贯穿巴基斯坦的贸易走廊的构想，通过提高喀喇昆仑公路等级的工程，中国西部地区及中亚地区将不仅能进入巴基斯坦市场，还能通过瓜达尔港延伸到中东、非洲、南亚、欧洲等地。即通过巴基斯坦，为中国未来能源需求提供了一条捷径，供应来自波斯湾和中东地区的全球最大石油资源。目前正在讨论以何种方式把瓜达尔港定位成一个能源港，它不仅能满足巴基斯坦将来的要求，也会为中国从中东和海湾地区进口石油产品提供便捷、便宜和安全的通道。特别是针对中国的西部地区。新疆距离东部的沿海 4000 公里，使用巴基斯坦的港口，让中国的企业家们进入中东及更远的市场将会更方便，获益多多。

巴基斯坦是现阶段中国在南亚地区开展承包工程业务量最大的市场。目前，共有 30 多家中国企业在巴基斯坦承包工程和开展大型机电出口项目，主要涉及水利、电力、交通、通讯、港口、石油天然气、机械制造、矿产资源开发等领域。2005 年，中国在巴承包工程和大型机电产品出口业务进展顺利。中国公司新签承包工程和大型机电出口项目合同 43 份，合计金额 7.94 亿美元。截至 2005 年底，中国公司历年来累计签约 444 份，合同

① 穆沙拉夫指的是巴基斯坦阿拉伯海港口瓜达尔港的项目。来自伊朗和非洲的原油可以通过瓜达尔港被输送到中国西北部的新疆维吾尔自治区。这条原油输送线与那条途径马六甲海峡的运输线相比是个捷径。他指出，由于瓜达尔港紧邻霍尔木兹海峡，因此战略地位十分显赫。全球石油运输量中的40%要通过霍尔木兹海峡。

总额77.56亿美元；2005年完成营业额5.83亿美元，比上年增长58.33%。历年累计完成营业额61.55亿美元。

巴基斯坦还打算与中国进一步密切合作，拟在巴基斯坦建立工业园，并特别提供了瓜达尔港区作为中国公司的经济与能源园区。有关专家们正就此项目提出意见。而针对瓜达尔港运输线的可行性研究也正在进行当中。中国已经投入大约2亿美元建设瓜达尔港一期工程。瓜达尔港一期已经在温家宝总理2005年4月访问巴基斯坦时竣工。中国还将投资瓜达尔港的二期工程。二期工程将增建9个泊位以及油罐区等设施。值得指出的是：中巴两国产业结构和贸易结构互补性较强，这为两国建立自贸区提供了良好条件。

4. 中巴自贸区建设中有待解决的现实问题

中巴贸易中存在着严重的贸易不平衡的问题。当前，巴基斯坦在与中国的贸易中存在较为严重的逆差问题。以2005年为例，中国向巴出口34.3亿美元，进口8.3亿美元，同比分别增长39%、40%；巴方贸易逆差为26亿美元。最近，中国政府十分关注贸易顺差问题，并采取多种措施，扩大从巴基斯坦更多地进口商品，中国将对巴基斯坦的近千种商品实行优惠税率，整体优惠幅度达18.5%。

正是因为这种严重的贸易不平衡，中国应对巴基斯坦给予一定的经济政策扶植。中国应同巴基斯坦共同推行和贯彻经济优惠政策，完善巴基斯坦的金融市场，创造良好的投资环境。如进一步发挥巴基斯坦卡拉奇金融中心的作用，使其成为名副其实的资金集散市场，满足经济发展对资金的需求。中国和巴基斯坦还应建立协调机构，相互协作，及时解决和化解贸易纠纷，避免不良竞争，并简化出入境手续。

正如温家宝总理在谈及进一步扩大相互贸易和投资规模，丰富和充实两国战略合作伙伴关系内涵时提出三点建议所说的，我们要坚持平等互利，实现优势互补；加强沟通交流，拓展合作商机；开拓合作领域，寻求多样合作。中巴都是发展中国家，我们合作的目标是谋求共同发展。两国经济有很强的互补性。中国将通过优化中巴贸易结构，努力改善贸易不平衡，积极推动有实力的企业赴巴投资，实现互利双赢，同时为当地创造更多的就业机会。

五、结语

中国的地区战略目标的核心理念是，中国要和平发展，中国就必须尽可能多地融入地区的经济发展中，尽可能多地与所有地区国家建立全方位的合作或伙伴关系，在地区合作和国际事务中处处显示中国是一个负责任的大国，在敏感地区的合作中注意处理好与发达国家特别是与美国的关系。

参与区域经济合作是中国经济发展的客观要求，也是中国的地区发展战略目标。中国是亚洲最大的发展中国家，也是世界上经济发展最快的国家之一。中国正是通过参与区域经济合作来搞好周边国家的关系，为自己赢得一个稳定的周边环境。中国在地区合作中首先与东盟国家建立中国—东盟自由贸易区，并且签署《东南亚地区合作友好条约》，全方位地发展中国与东盟国家的关系。在有争端的南中国海问题上采取“搁置争议，共同开发”。

针对东盟各不同经济发展水平的国家采取“早期收获”计划。[①] 中国—东盟自由贸易区的创建，不仅在经济上对中国和东盟是互惠双赢的，而且在政治上和安全上也是有利的。双边贸易增加了，经济技术合作加强了，双边的政治与安全关系也随之发展了。中国—东盟自由贸易区运行至今的实践充分证明了它是中国地区战略的成功典范，意义深远。

某种程度上可以说，目前在建中的中国—巴基斯坦自由贸易区是在中国—东盟自由贸易在成功运行基础上，中国在亚洲地区合作上的推进。毫无疑问，南亚地区近年经济发展也比较快，战略地位不断上升。我国与这一地区的巴基斯坦一直保持很好的关系，签订双边贸易协定，建立自由贸易区首选巴基斯坦是十分正确的。特别是结合我国的能源战略目标，目前提出的“贸易走廊”、“能源走廊”都将是非常有利于中巴双方的建树。

① “早期收获”(Early Harvest)计划，即在达成自由贸易区协定之前，先期给予东盟国家一些现实的贸易利益，不对等的开放农产品贸易，用现实的利益使东盟国家感到，中国在建立紧密经济关系以及开放市场方面的诚意，以减少东盟各国的疑虑。该计划从2003年实施，为期四年。该计划选择了对东盟400种农产品实行零关税，而不要求互惠让步，这在发展中国家是没有先例的。

冷战后日本对华外交的思想轨迹

——双重影像："战略对手论"与"中国经济机遇论"

高　兰*

内容提要：冷战后，日本对华外交思想延续了近代以来的双重轨迹：亚洲主义与脱亚论。其中，前者强调与亚洲、特别是中国的协调主义，后者则强调与欧美的协调战略。冷战后，日本对华外交思想呈现新保守主义特征，其主流源于脱亚论，在政策实践上则显示出"对手论"与"中国机遇论"的双重影像。

冷战后日本外交思想具有历史延续性。在战略上，运用亚洲主义的原则，继续维持在东亚的主导地位、保持在东亚的高度优

* 高兰，上海社会科学院亚洲太平洋研究所副研究员。

越感。在策略上，运用脱亚主义的精神，在与美国治下的西方国家进行最大限度的协调中，建设“普通国家”，寻求进一步发挥国际贡献。

冷战后新保守主义抬头。与冷战时期保守主义实行的片面强调美日同盟、淡化外交政策主体性的被动性政策特征相比，冷战后新保守主义的突出表现是，在加强对美全面协调战略的同时，逐步要求恢复日本国家的主体性，成为普通国家。此外，利用美日同盟扩大政治影响力，借船出海，实现海外派兵等等，逐步分解美国治下的日本外交的非主体性压力。首先，应对中国崛起，日本试图在地缘政治上建构有利于日本的对华关系框架。其次，致力于“普通国家”的发展道路。第三，强化了大国同盟战略，努力维护美国的单极国际关系体系，并借此逐步恢复日本的国家主体性。

冷战时期，在美国为主导的战略指导下，中日出现了战略性的谅解机遇，但是遗留下未清算历史、局部妥协后的副遗产。冷战后，中日双强局面呈现，两国民族主义高涨，缺乏新的战略谅解的支撑，特别是由于美国对美日同盟的高度重视，日本形成以“小泉主义”为代表的、向美一边倒、长期牵制中国发展的战略。20 世纪 90 年代以来由于中国经济不断发展，传统的东亚均势格局被打破，大国力量对比逐步发生了变化。日本针对中国的崛起提出了一系列应对措施。例如，日本加强了从经济强国到政治强国的发展步骤，在对华关系上，出现了积极层面的“中国机遇论”、消极层面的“中国威胁论”、中间层面的“折衷论”等等。

一、日本对华的认识观

冷战后，针对中国和平崛起，日本政府战略机构以及民间战略机构都展开了积极的研究。

其观点大致分为三种：机遇论、威胁论、折衷论。具体来看，由于中日关系“政冷经热”的结构性矛盾，日本在对华经济上强调“机遇论”，在政治安全上更多地强调“威胁论”。

1. 中国威胁论

关于“中国威胁论”，无论在日本政府或是在民间都存在。特别是以小泉首相、麻生外相等为首的日本新生代政治家，以及东京基金会等民间咨询机构为代表，不断渲染对中国和平崛起的质疑，并在国际社会大肆宣传中国发展方向的不确定性与危险性。

2002 年，小泉的外交智库提交了《21 世纪日本外交基本战略》，针对中国崛起，认为日本遇到了“鸦片战争以来 150 年间未曾出现的‘强大的中国’的新问题，在安全方面，中国军事力量的增强，从中长期看可能对日本构成严重威胁”。[①]

2004 年 12 月，日本政府出台了“新防卫大纲”，第一次把“中国威胁”的字样列入官方文件，明确提出“中国现代化的军事发展在加强，特别是要扩大海洋活动的范围”。

2005 年初，日本防卫厅内部一份“西南诸岛有事对策”曝

---

① 金熙德：“面对崛起的中国——解读‘21 世纪日本外交基本战略’”，http://www.china.org.cn/chinese/ch-yuwai/263490.htm.

光。该文件以阻击第三国对"西南诸岛"的入侵为假定，把中国领土钓鱼岛纳入其防御作战计划。随后在日美防长和外长会议上，双方竟把台海问题列入日美"共同战略目标"。

日本的"中国威胁论"正式出笼，首先是由最大的在野党民主党党首的前原诚司于2005年12月13日以"现实的威胁"发起头炮，试探北京的反应。此外，前原诚司在政策设想中指出，中国的扩军路线是"现实的威胁"，不仅在军事领域、而且能源确保和环境污染等问题也会成为中国同其他国家产生摩擦的原因。[①] 日本的中国军事研究专家平松茂雄也指出："中国近几年在东亚周边海域的海洋活动，特别是对南海海上交通线的极度关心已经对美国构成了'现实威胁'。""中国举国增强军力，在战略上是针对美国，在战术上是针对台湾。中国为了让日本政府不插手台湾问题，还将东京纳入了攻击范围。"[②] 2005年12月，麻生太郎成为小泉历届内阁中第一个在公开场合宣扬"中国威胁论"的内阁大臣。麻生说："邻国有10亿人口，拥有核弹，军费开支连续17年保持两位数增长，而具体内容的透明度却极低，正在成为相当程度的威胁。"

2006年3月，日本媒体公布日本外务省2006年度裁军白皮书，即《日本的裁军与核不扩散外交》的白皮书说："亚洲一些国家正在扩充军力且在军事领域缺乏透明度，这正在成为周边地区关注的一个原因"。日本共同社认为，这显然是在暗指中国。日本的《产经新闻》推测说，中国正在谋求成为"潜艇大国"，中国增强军力的规模和速度均已超出正常范围，其目的是"攻击

① [日]"前原政策设想：有条件地行使集体自卫权 提出现实的政策"，《产经新闻》2005年12月30日。

② [日]平松茂雄："台湾是日本海上交通防卫要塞"，《产经新闻》2005年12月23日。

台湾时阻止美军的介入"，"争夺亚洲地区军事主导权"，以及"保护中国的领海、经济和能源权益"等，并提出"中国导弹威胁"的因素。[①]

2006年3月，日本外务省出版的2006年日本外交蓝皮书写道，中国在国防费用和军事实力的现代化等方面，仍然有不透明的部分。这是日本政府首次在外交蓝皮书中公开要求中国增加军力透明度。

此外，从战略思想层面，日本著名战略家佐伯喜一认为："中国即使没有膨胀主义、扩张主义的意图，但通过国家的统一，通过追求昔日版图的行动，也有可能形成针对周边各国的扩张主义、强权主义的威胁。"[②] 日本学者中西辉正则认为：在2010年前后形成亚洲新格局的时候，中国将超级大国化，并在军事和政治上采取同过去的超级大国同样的态度，从而成为亚洲的威胁。[③] 日本森本敏教授则认为："亚洲最大的课题是中国。中国的经济将保持8%到9%的增长率，不过其背后存在的不稳定因素日益明显。中国存在诸多严重问题，比如各地存在经济差别、农业生产率低下、环境污染、水资源短缺、流通机构和金融机构工作效率低下、干部腐败等等。"他认为："从中国主张世界多极化来看，似乎中国也希望在亚洲成为新的一极。"[④]

由此可见，在日本，无论是执政党要员还是在野党代表，无论是政府机构还是民间媒体或者民间战略思想研究机构等，都出

① 古森义久："中国谋求成为潜艇大国"，《产经新闻》2005年12月25日。

② ［日］佐伯喜一："冷战以后亚洲的安全保障"，《日本问题资料》1993年第8期，第5页。

③ ［日］中西辉正："2010年亚洲新秩序"，日本《诸君》1995年1月号。

④ ［日］森本敏："2006年国际形势展望"，《世界周报》周刊2006年新年合并号。

现了“中国威胁论”的观点，这些观点在小泉内阁任期内尤为突出，其原因与日本国家战略的调整密切相关。当然，针对麻生等人的“中国威胁论”，日本自民党内部分人士也提出了批评，指出：“考虑中日关系时不应提‘威胁’这样的字眼。”公明党负责人则指出：“作为外相做出这样的表态是欠考虑的、草率的。”[①]

2. 中国机遇论

从中日经济关系来看，“互补”是中日经济关系的基础，两国之间的互补性体现在发展时期与结构两方面。中日经济关系的实质仍属于正在发展中国家与成熟型发达国家模式。此外，中日两国的产业结构依然呈现梯形分工形态。在市场原理和政府政策推动的作用下，两国的经济关系获得了长足的发展。

随着相互依存的经济关系的进一步发展，日本对中国的认识也在发生变化。过去，日本曾将中国看成是导致日本国内产业空心化的“威胁”，但是近年来，“中国将是日本摆脱通货紧缩的救世主”的论调成为日本舆论界关注的焦点之一。

产生“中国机遇论”的根本原因在于中国崛起对日本经济复苏的强大牵引力。近年来，中日经济关系发生了一定程度的逆转。在中国飞速发展之下，日本经济正在向中国转移，中国经济对日本的依赖度有所下降。自20世纪90年代后期以来，对日贸易占中国对外贸易的比重一直呈下降趋势。日本过去一直以来是中国最大的贸易伙伴。然而，2004年却次于欧盟和美国，降为第三位。此外，中日贸易在中国对外贸易中的比重也有所降低，

---

① ［日］“麻生外相称中国扩军正成为‘相当的威胁’”，《产经新闻》2005年12月23日。

从2000年的17.5%，下滑到2003年的15.7%，2004年再降至14.5%。[①] 另一方面，日本对中国的贸易依存关系在迅速提升，从2000年所占的9.9%，升至2004年的16.5%。而日本与其第一大贸易伙伴美国的贸易比重则从2000年的25%降至2004年的18.6%。

鉴于中日之间紧密的经济联系，经济界十分关注当前中日关系中的“政冷”现象。日本经济团体联合会会长奥田硕在2006年的新年团拜会上发表讲话，希望现任首相小泉纯一郎9月退任后，新首相能改变日本的亚洲外交政策。2006年5月9日，日本最有影响的经济团体之一——日本经济同友会发表一篇文章，认为小泉参拜靖国神社导致中日关系冷却，要求首相停止参拜。[②] 这是日本国内主要经济团体首次公开建议首相停止参拜靖国神社。报告提倡，在以中日两国为中心努力实现“东亚经济共同体”的同时，在贸易投资、研究开发、环保节能、旅游观光等层面加强合作，以促使两国经济关系更加紧密。

当然，中日政治关系的恶化对日本对华出口没有造成人们所担心的影响。这主要是因为日本对中国出口的90%都是资本品和生产品，消费品仅占微不足道的一小部分。根据中国的统计，2006年上半年的中日贸易总额比去年同期增长了10.2%，达到865亿美元。虽然增长势头比日本前期对华直接投资高潮的2005年有所放缓，但仍然保持在一个很高的水平上。根据国家统计局公布的统计数字，2006年上半年中国经济增长率为10.9%，成为10年来的最高数字。中国已经成为世界第四大经济体，逐渐

---

① 徐长文：“2005年中日贸易将继续增长”，《经济日报》2005年5月12日，商务部国际贸易经济合作研究院。

② ［日］《为今后日中关系进言——给日中两国政府的信息》，日本经济同友会网站，2006年5月9日。

成为世界的工厂，并逐步成为庞大的消费市场。高速的经济发展正在促使中国进一步开放市场，要求进入中国市场的日本企业也越来越多。现在，不仅是一些制造业，许多服务业，例如婚庆、美容、育儿、教育和食品等相关的日本企业的对华投资也十分活跃。目前，中国的环境破坏等问题也期待着日本的尖端环境技术。

日本经济产业省公布的《2005 年度通商白皮书》指出，中国经济的持续快速发展给日本企业带来了巨大机遇。日本三井物产战略研究所研究报告的统计数字表明："日本经济复苏的动力来自中国。"美国专家也指出："日本经济复苏的真正功臣是日本的私营部门和中国"。[①] 事实上，中国经济对日本经济的牵引作用已经超过美国，为日本经济的复苏带来了积极影响，被日本称为"中国特需"。

2006 年，日本经济已进入新一轮周期回升，长期停滞已经结束，摆脱紧缩局面也指日可待。这轮复苏为中日经贸关系升温提供了新的基础，中日双边经贸关系的发展从多方面迎来了新的机遇。

伴随着日本经济开始复苏并走向持续回升，中日之间的经济增长反差相对缩小，从而有效地消除了"中国经济威胁论"对中日经贸合作的消极影响。此外，日本国内市场需求进一步扩大，有利于进一步扩大中国对日出口贸易。中国对日出口贸易已经显现较快增长势头，2003—2005 年分别达到 594.2 亿美元、735.1 亿美元和 839.9 亿美元，连创历史新高，分别比上年增长 22.7%、23.7%和 14.3%。2006 年，中国依然是日本最大的贸

① [美] 登威廉·佩塞克："齐聚一堂分道扬镳"，《国际先驱论坛报》2006 年 8 月 17 日。

易伙伴和直接投资国，日本是中国最大的海外投资者之一，中国的外汇储备已经超过了日本，以1万亿美元位居世界第一位。据统计，3.2万家日本企业在华雇用人数已达到1000万人。

进入21世纪，日本的国际影响力日益下降，日本在亚洲逐渐被孤立的倾向日益明显，造成这一状况的原因在于日本的亚洲外交过分倚重美国，缺乏正确认识亚洲未来的长远战略，同时又被对抗中国和反华情绪所支配。因此，日本一部分有识之士认为，[①] 日本必须进行战略转换，不要继续对中国采取牵制和抑制其发展的战略，应欢迎中国进入东亚共同体，并将中国作为真正的合作伙伴，谋求共同发展，日本还必须尽快摆脱根深蒂固的"脱亚入欧"观念。

2006年，中日经济的发展并没有遇到大的障碍，中日经济界都希望继续保持这个势头。无论是在贸易领域还是在投资、能源合作等领域，中日经贸关系的发展归根结底取决于市场原理的作用，取决于企业和经营者根据自身需要对商品和服务的自由选择。今后，加强污染治理、节能节耗等深层次的交流合作，是中日经济合作的关键。作为WTO的成员国，中日两国都已纳入到世界经济体系中，经济依存度日益加强，两国政治关系如果能进一步改善，无疑将成为新一轮经济关系发展的强大助推力。

3. 折衷论

日本一些人提出了中国军事威胁论。中国每年都大幅增加军费，军事预算也不透明，这些成为他们得出中国威胁论的理由。但是，日本另一部分人士则认为，日本应该恰当地对待中国的崛

① ［日］谷口诚："如何重建陷入危机的亚洲外交"，《中央公论》2006年4月号。

起。日本不能与中国为敌，美国虽然对中国保持着长期的警惕，但对华政策的基调始终都是参与政策。一旦中国的威胁成为现实威胁，那日美同盟肯定牵制中国，但现在还为时尚早。[①] 他们认为：日本应认清对华参与政策的本质，让不断成长的中国和平地融入国际社会，让国际社会共享中国的经济果实，这是美国和日本的国家利益所在。

关于中国经济威胁论的逻辑也是行不通的，事实上中国经济增长是日本经济繁荣的原因之一。中国经济不仅不是威胁，反而值得欢迎，就像小泉纯一郎首相所说的："中国经济增长不是威胁，而是实现日本产业升级的机会。"[②]

产生"中国折衷论"的根本原因在于日本对中国崛起的判断的不安定性。中日两国的对立最近越发尖锐化。围绕小泉首相参拜靖国神社及东海油气田开发等悬案，两国政府高官等方面的唇枪舌战的场面在增加。在日本政府和执政党中，对华外交步调紊乱的情况日益明显。例如：麻生外相在 2006 年 3 月 15 日的众议院外务委员会上明确表示，如果中国决心开采春晓油田，日本"将不得不采取对抗措施"。他是指将在日中中间线的日本一侧进行钻探。对此，以亲华著称的二阶俊博经济产业大臣在 2006 年 3 月 19 日指出："外相做事情必须慎重。如果喜欢采取强硬姿态，那可以到中国去摆个姿态。"[③] 他毫不留情地挖苦了上任后甚至无法实现访华的麻生外相。

就连一贯支持自民党的日本民间保守派代表、《读卖新闻》的发行人渡边恒雄也开始了转变。2005 年 6 月，他就在一篇社

---

① ［日］左桥亮："面对美国的优势和中国的崛起——日本应实施更加外向的外交"，《论座》月刊 2006 年 4 月。

② ［日］"中国是威胁吗？——写在新年伊始"，《东京新闻》2006 年 1 月 10 日。

③ ［日］"日本对华外交步调紊乱"，《读卖新闻》2006 年 3 月 25 日。

论中对小泉的参拜提出批评。2006 年 4 月初，渡边又开始刊登系列组稿，借此希望推动对日本现代史的研究。渡边要求接替小泉的安倍晋三明确拒绝参拜靖国神社。渡边立场的转变，很大程度上是担心日本经济有可能因为中日政治关系冷淡而受到影响，因为现在中国超过美国成为日本最大的贸易伙伴。

由此可见，由于自民党内部对于中国崛起也出现了不同的政策论争，导致社会舆论也出现一定的摇摆。近年来，由于日本的国家战略仍处于调整时期，对华政策方面出现了两种不同的声音，这种倾向在近期内还会继续下去。2006 年，在中日双方友好人士的共同推动下，安倍新政权执政后，中日关系开始初见“曙光”。中日双方均已认识到，两国正在经历历史上首次“两强并列”的过程，彼此都需要一个心理调适过程。2006 年 2 月，中日已再度开启第四轮副部长级的战略对话。2006 年 10 月 8 日，由于日本国内外社会舆论的推动，特别是中日双方就克服影响两国关系的政治障碍达成了一致，[①] 上任仅十三天的首相安倍迈出了“自主外交”的第一步，将首次出访国定为中国和韩国，踏上了“破冰之旅”，使得日本短期内与中、韩达成了一定的谅解。安倍首相与胡锦涛主席的会见在推动双方关系向正确方向发展方面迈出了务实的、重要的一步，显示出日本重新重视区域关系的重要表现，使得长期停滞的中日关系已有所缓和。尽管中日之间依然存在历史认识的差异、海洋权益等方面的隔阂，但是中日关系的改善已经初见曙光。

---

① 改善和发展中日关系的原则之一就是克服政治障碍，全部含义就是一句话：“首相停止参拜靖国神社”。转引自《中日元首出招破政治僵局》，《亚洲周刊》2006 年 10 月 15 日。

二、日本新现实主义对华外交思想的“主体性”特征

战后，在麦克阿瑟主导的日本民主国家的重建过程中，和平主义思潮在日本民众的思想意识中上升，对政坛也有所影响，日本的外交思想出现了相当程度的理性转变。日本重新反思了近代以来交替演进的的亚洲主义与脱亚主义的外交思想，特别是20世纪30年代以来直至二战结束期间，日本极端的亚洲主义与其对外政策结合所造成的对日本本国及其中国等亚洲邻国的战争灾难，开始重新定位本国的对外方针。朝鲜战争后，在美国的冷战战略主导下，日本政治出现了一定程度的自主性，和平主义、经济立国的自由派理念凸显，但政坛上的主导思想依然是保守主义。

在总结历史教训的基础上，日本对华外交思想经历三个发展阶段：战后初期，以“吉田茂思想”为主导，日本将保守主义理念贯穿到现代国家重建的过程中，国家重建与追赶战略成为日本的核心国家战略。对新中国外交以民间外交为主体。第二阶段是日本的高速发展时期。在美日同盟主导的前提下，对于亚洲近邻国家，以“福田主义”为象征，日本将东盟作为亚洲外交的后院加以重点扶植，在政治上追随美国采取对华孤立政策，在经济上保持有限往来。第三阶段，以基辛格的对华“破冰之旅”为契机，以田中角荣为代表的日本政治家们与中国进行战略协调，共同构建了冷战期间重要的中、美、日战略性大三角关系。

冷战后，亚太格局发生了重大变化，日本出现了强调“民主国家”论的自由派与主张“普通国家”论的新保守派的论争，最

终新保守主义占据上风，加强了对中国的防范政策。日本对华外交思想其间大致经历了三个发展阶段：第一阶段，冷战结束至1997年。面对冷战后国际秩序重组的格局，日本进入外交战略漂流时期，重点是忙于应付国内“平成不景气”的困境。第二阶段，以1997年日美新防卫合作指针为转折，日美再次强化了同盟关系。但日本大致采取了在美欧亚之间的战略平衡。第三阶段，自小泉执政以来，在美国“单边主义”、“先发制人”战略的影响下，日本出现了有鲜明特征的“小泉主义”，即实行对美全面协调、淡化对亚洲外交、重点加强了应对中国崛起的战略。

与冷战时期保守主义实行的片面强调美日同盟、淡化外交政策主体性的被动性政策特征相比，冷战后新保守主义的突出表现是，在加强对美全面协调战略的同时，逐步要求恢复日本国家的主体性，成为“普通国家”。其具体政策表现是：逐步修改和平宪法，以图摆脱“战败国”的历史形象，成为“普通国家”；另一方面，申请成为联合国安理会常任理事国，以图提高国际影响力。此外，利用美日同盟扩大政治影响力，借船出海，实现海外派兵等等，逐步分解美国治下的日本外交的非主体性压力。特别是面对中国的崛起，日本加强了应对措施，试图继续维持其在东亚的传统主导地位，以根本牵制来自中国的发展压力，安抚日本国内不断强烈的极端民族主义情绪。近年来中日关系持续恶化的根本原因即在于日本对华外交思想的这一发展因素。冷战后日本在国家意识日益主体化的发展框架下，新保守主义思想呈现出三大变革特征：首先，日本加强了应对中国崛起的准备，试图在地缘政治上建构有利于日本的对华关系框架。其次，冷战后，日本努力摆脱战败国的形象，致力于“普通国家”的发展道路。第三，日本强化了以美日同盟为核心的大国同盟战略，努力维护美国在冷战后确立的单极国际关系体系，并借此逐步恢复日本的国家主体性；此外，在策略上，强调联合国作用，尝试多重外交模式的拓展。在外交途径上，强调多样化，即强调政治外交与经济外交的互动，政府外交与民间外交的互动，并逐步强化软力量的攻势，重新尝试日本文化的亚洲认同与国际认同等等。

值得重视的是，日本对华外交思想的主体性意识不断增强，由于日本已经从地区大国战略逐步向世界大国战略的调整，中国将不可避免地面对一个政治、经济影响力不断扩大的新日本。对于日本来说，难以给中国战略定位，“承认中国的崛起”还是“遏制中国的崛起”成为日本对华战略论证的焦点。为此，在对华政策上，出现了“机遇＋对手”的模式。日本学者小岛朋之认为：“日本必须着手修复与中国和韩国的关系，重新明确重视日中和日韩关系的姿态，树立危机管理意识，并构筑可促进双方交流的人际脉络。”[①] 具体对策是，从短期看来，尽快解决参拜靖国神社等历史认识的摩擦，着眼于中日之间的战略利益。从长远角度看，日本应继续对中国实施政府开发援助，特别是环保、人才教育以及对贫困地区的支援等公益事业应继续实施，并与中国一起推进历史研究。另一方面，在防范中国崛起的心理因素刺激下，日本改变了以往消极的安全战略，采取了日益明确的外交和军事强硬政策。日本首先对中国核政策说“不”，并成为世界上唯一对中国进行“制裁”的国家。[②] 20 世纪 90 年代中期新的情报本部成立后，更是把中国作为情报搜集的主要对象。日本在处理钓鱼岛、东海专属经济区和大陆架划界问题上的立场日趋强硬，日方打破 1978 年中日双方关于搁置钓鱼岛领土争端的默契，

① 小岛朋之：《日本急需修改东亚战略，树立危机管理意识》，《日本经济新闻》2005 年 12 月 13 日。

② 殷燕军：《东北亚安全与中日安全关系的思考》，《国际关系与东亚安全》，米庆余主编，天津人民出版社，2001 年版，第 310 页。

强化了对钓鱼岛及其周围海域的实际控制权。

由此可见，日本的对外经济政策重点转移到东亚，对东亚共同体、“10＋3”的区域合作给予很大期待，日益希望在日本经济复苏的过程中，获取最大的中国市场的经济利益。另一方面，日本的安全保障政策却进一步加强对美国的从属，从而出现了日本对华政策中两难的矛盾局面。长期而言，日本今后同中国进一步加强全面合作的可能性应该是很大的。

四、前景预测与对策研究

冷战后，中日之间存在战略性矛盾。中国正在“和平崛起”，日本实行“普通国家”发展战略，与之相关的两国根本利益存在差异。其次，在国际体系建构思想方面，日本倾向于建立美国主导的单极世界，而中国致力于多极合作。因此，两国的努力方向各异。

小泉坚持参拜显示出了“小泉主义”的特征，即强烈的“脱亚入欧”、甚至无视亚洲的倾向，引发了东亚国家的强烈抗议。在一定程度上，日本在东亚的影响力与道义感召力相对削弱，美国对于日本在东亚的作用不得不重新思考。美国认为，因日本的历史认识而导致日中关系、日韩关系的恶化，正在妨碍美国的亚洲外交。美国前任助理国防部长傅立民对《华盛顿观察》周刊说：“日本人还没有表现出对战争罪行真诚的忏悔。对日本和其邻国，这都是一个让人容易激动的情感问题。日本有严重的问题，并不是只有中国应当对此感到关注，美国也应该。”傅立民还指出：“美国从 1945 年开始还没有在国防工业方面遇到真正的竞争对手，现在应该重新来评估这一问题。日本军事装备的生产力不容小觑。”[①]

2006 年 9 月 26 日，美国白宫副发言人达娜·佩里诺表示，“希望日本新首相安倍晋三能致力于改善日本与中韩两国的关系。”[②] 美国的专家们也在积极帮助中日化解分歧。美国前负责东亚和太平洋事务的助理国务卿詹姆斯·凯利指出，中日关系紧张不符合美国的利益，美国政府应采取措施，帮助中日解决分歧。美国《纽约时报》认为：“对日本的繁荣和安全而言，没有什么比同中国这个庞大的邻国保持正常关系更加重要的了。安倍需要将日本从这一具有破坏性的怪圈中解救出来，首先必须正视历史并处理好与邻国的关系。”[③] 10 月 8 日，安倍访华后，美国白宫立即发表声明，赞扬安倍此举是“勇敢的决定”，认为加强主要国家的相互关系“将有助于亚洲地区的安全”，[④] 表明了美国对中日关系改善的强烈期待。

正如日本前首相中曾根康弘曾指出，日本的外交必须是“大国外交”，但小泉外交则是“小国外交”，[⑤] 它使得日本在亚洲几乎陷入了孤立的境地。

随着第一届东亚首脑峰会的召开，东亚共同体的建设已经纳入轨道。早在 2000 年，日本民主党前代表鸠山由纪夫就指出：“历史上，法德两国的关系曾充满了对立与抗争，现在它们根本不关心对方还会侵略自己。为了在东亚建立‘不战共同体’，日

---

① ［美］《中国大趋势：日本政治脱缰 中国破解美国的“亚洲秩序”》，《华盛顿观察》周刊（网络版）2006 年 1 月 4 日。

② 共同社华盛顿 2006 年 9 月 26 日电，转引自《参考消息》2006 年 9 月 29 日，第一版。

③ ［美］《纽约时报》2006 年 9 月 27 日社论，《安倍在亚洲面临的挑战》。

④ ［日］《改善中日关系是安倍外交的基础》，《东京新闻》，2006 年 10 月 9 日。

⑤ ［日］铃木美胜：《缺乏世界战略的小泉外交》，《世界周报》对中曾根的访谈录，2006 年 8 月 29 日。

中两国要走一段漫长的路。现在是该起步的时候了。”[①] 目前，日本已决定于2009年与中国开始FTA的谈判，东亚地区合作已不可避免。日本富有远见的政治家们已经认识到中日关系和则双赢的最终场景。

目前，中国和日本的比较优势刚刚从过去的不平衡转向渐趋平衡，但中国目前的国力仍然处于相对弱势。“两强之争必有一伤”，中国不应操之过急，应平稳过渡，专心发展，只有发展强大了，中日两国才能真正地平等地坐在一起共商友好。

今后，具体对策是：第一，进一步发展本国经济，提高综合国力。第二，积极推动东亚地区合作，营造在地区层面、世界体系层面改善中日关系的宏观氛围。首先，在对外关系中，焦点问题是处理好对美关系。由于中国、日本、美国的能源消费占世界能源消费的40%，很有必要以能源政策为中心，把强化中美日三国协调作为优先课题。日本打算在2008年停止对中国的政府开发援助，但能源、环境领域的援助被作为特别措施保持了下来，应该把这项工作当成中美日能源合作的开端。[②] 其次，进一步加强与韩国、东盟等国的友好合作关系，形成东亚良好的整体合作环境，以抵制日本少数政治家的政治短视与对华强硬政策。第三，以民促官，进一步发展对日民间外交，争取绝大多数日本人民的理解与支持。

综上所述，今后中日关系尽管在一定程度上能够得到改善，但无法像德法一样顺利实现和解。东亚区域内的贸易比例虽未达到欧盟内部的65%以上，但2000年以后，该比例就已经从1980

---

① 鸠山由纪夫在中国人民大学的演讲，2000年12月13日，引自日本民主党网页，http://www.dpj.or.jp.

② 肯特·考尔德（美国约翰斯·霍普金斯大学赖肖尔中心主任）：“日中关系将向何处去”，［日］《论座》月刊2006年4月一期。

年的33%急速上升到了50%以上。东亚地区经济上的联合和合作已经成为一股不可逆转的潮流。目前正在进行中的“东亚共同体”建设，为中日关系的改善提供了平台，但两国想要实现战略和解还将面临漫长的道路。这其中，日本对华外交思想的转变将成为日益重要的因素，以协调优先还是以竞争优先的选择，将直接决定着今后中日关系发展的质量。

东北亚研究

朝鲜试射导弹后的东北亚局势分析

崔志鹰*

内容提要：朝鲜试射导弹引起全球的关注。本文分析了这一事件对韩国、日本、中国、美国及朝鲜本身的影响，并分析了朝鲜试射导弹的目的及朝鲜半岛与东北亚未来局势的发展。

前不久，朝鲜试射导弹的问题引起了全球的关注，它不仅使朝鲜半岛的局势重显紧张，而且对整个东北亚局势的发展产生了较大影响。本文拟对这一问题作一分析。

一、

1. 对韩国的影响

朝鲜试射导弹给韩国人近年来不断上升的“对朝友好”的感

* 崔志鹰，同济大学亚太研究中心朝鲜半岛研究室主任、副研究员。

情泼了一盆冷水，韩国人开始重新思考与朝鲜和平接触的“阳光政策”。1998年金大中上台后韩国推行的对朝“阳光政策”以及韩国现任总统卢武铉推行的对朝“和平繁荣政策”，大大推进了朝鲜半岛南北和解、交流、合作的进程。韩国普通民众对朝鲜的态度和观念发生了变化，以往的敌意明显减少。在政府层面，卢武铉政权也想通过南北交流的成果来摆脱其在执政方面所面临的经济不景气等困境。本来金大中打算第二次访问朝鲜，而卢武铉政府也打算继金大中访朝后争取举行第二次韩朝首脑会晤。然而，朝鲜试射导弹以及取消金大中访朝计划，使韩国政府处于尴尬的境地。韩国国内反朝以及反对卢武铉对朝缓和政策的声音出现上升，卢武铉政府的对朝政策受到了挫折。

当然，面对朝鲜试射导弹，也有些韩国人表现得“泰然自若”。有的韩国人认为朝鲜试射导弹是“故伎重演”。有些韩国学生甚至对朝鲜试射导弹表示支持，一个要求美军撤出韩国的学生组织在其网站上说：“北韩试射导弹是制止美国入侵的最后一个安全举措。我们应该为此而欢庆”。[①] 但是，大多数韩国人还是对朝鲜试射导弹所带来的负面影响感到担忧。他们担忧朝鲜试射导弹后将提升朝鲜半岛紧张局势，从而对韩国的经济发展环境带来冲击。同时在对朝制裁问题上，虽然韩国不愿参加对朝制裁，但在美、日的强大压力和韩国国内反朝的保守势力的牵制下，韩国政府又不得不减少对朝的援助。

在韩美同盟问题上，朝鲜试射导弹后，刺激了原已出现松散状态的韩美同盟的关系，使其开始紧密化。近年来，随着韩国人对朝鲜态度的软化，韩国国内民众、尤其是年轻人的反美情绪上升，冷战时期为遏制来自苏联的扩张和所谓“朝鲜威胁”而形成

① 据美国《洛杉矶时报》网站2006年7月9日报道。

的韩美同盟，在进入21世纪后面临着挑战。截至2003年底，有一半的韩国人对美国持反对意见，而这一比例在18至29岁的韩国人中竟高达71%。[①] 美国人也相当担心韩美同盟出现的变化。在美国国防部政策制定方面有一定影响力的美国国际政策委员理查德·艾伦（音译，前白宫国家安全顾问）在一次会议上指出："韩美关系正在向随时崩溃的方向继续恶化。"[②] 然而，朝鲜试射导弹后，在一定程度上遏制了韩美同盟关系继续恶化的势头。在美国的压力下，韩国卢武铉政府被迫表态要与美国在对朝政策上保持一致（当然，不可能完全一致）。在韩国国内，民众中间亲朝反美的声音在下降，而反朝亲美的声音在上升。据韩国最近的一项调查显示，认为韩国应支持美国对朝强硬政策的韩国人的比例大幅上升，从2002年的20%上升至如今的37%。[③]

在南北关系方面，朝鲜试射导弹后，韩朝关系明显疏远。韩朝双方部长级会谈出现破裂，原定双方举行的各种活动（包括离散家属会面活动）也被取消或推迟，朝方还撤走了在开城工业园区与韩方共同办公的政府官员，韩朝双方甚至在军事分界线地区发生了零星交火事件。这种状况使韩国许多民众开始反思"阳光政策"的正确性和效应，他们质疑韩国政府是否将"阳光"（指"阳光政策"）都洒向了北方，而将"阴影"留在了南方。韩国首尔大学国际关系研究生院白镇教授也指出："应将朝鲜导弹发射事件作为反省（韩国）单相思式对朝政策的契机"。[④]

总之，朝鲜导弹事件在韩国引发了一场关于韩美同盟和韩朝关系等外交政策的大争论，这场大争论又掺杂着执政党和在野

---

① 据美国《洛杉矶时报》网站2006年7月23日报道。

② 见韩国《朝鲜日报》2004年2月14日。

③ 据美国《洛杉矶时报》网站2006年7月23日报道。

④ 据《环球时报》2006年8月9日报道。

党、进步势力和保守势力之间相互角逐的复杂因素，使韩国政局显得更为扑朔迷离。

2. 对日本的影响

朝鲜试射导弹给日本大规模增加军备、进一步加强日美军事同盟关系找到了借口。日本军事化倾向上升，日本与美国加紧部署导弹防御系统的步伐明显加快。日本国内要求制裁朝鲜的声音强烈，日本通过政府长官们，陆续提出对朝实施军事性先发制人攻击论。如时任日本政府发言人、官房长官安倍晋三说："攻击朝鲜导弹基地在（日本）宪法的自卫权授权范围之内，因此有必要进行深入讨论。"日本防卫厅长官额贺福志郎也说："应该在（日本）宪法范围内考虑尽可能扩充'先发制人攻击'的装备的方案。"日本外相麻生太郎也暗示攻击朝鲜导弹基地在（日本）自卫权行使范围内。[①] 日本在朝鲜发射导弹后，单独采取了对朝制裁措施，禁止朝鲜货船"万景峰号"停靠日本港口六个月，限制双方人员交流，禁止朝日间专机往来。日本还在联合国安理会发起可能包含军事手段的对朝决议案。日本还准备进一步对朝实行金融制裁的措施。

在日本，由于民众长期过惯了和平安宁的生活，因而他们对朝鲜导弹落入距日本较近的海域、并且能拥有飞越日本本土的能力感到惊恐。他们中的许多人支持日本政府对朝鲜实行强硬政策，而日本政府也恰好利用这一点，借朝鲜导弹威胁之由，大肆扩充军备。而日本保守的右翼势力也找到了了要求扩大军事自卫权、增强军力和修改和平宪法的理由。同时，日本通过对朝鲜试射导弹后的"卖力"反应，向国际社会展示了其在东亚地区的安

① 据韩联社首尔2006年7月11日电。

保“警察”形象，为再次申请“加入联合国安理会常任理事国”创造了机会。日本高度评价安理会通过谴责朝鲜的决议，大肆吹嘘其所谓“外交的胜利”，其目的是日本目前需要进行这种政治宣传，因为日本一向被人指责没有清晰的外交政策，近期又在邻国关系上寸步难行。日本一直希望扭转一筹莫展的外交困境，要证明自己有能力在国际舞台上大展拳脚，此时刚好出现朝鲜导弹危机的机会，因此日本便借题发挥，夸大外交成果，煽动民族主义情绪。实际上日本的反应确实有点过分、甚至夸张，其目的是借此为实现日本的政治大国化和军事大国化服务。

3. 对中国的影响

朝鲜试射导弹给中国的外交带来了压力。这种压力既来自中国和其他大国的关系，也来自中国和朝鲜之间的关系。一方面，中国作为负责任的大国在维护地区和平与安全方面要顾及国际社会舆论的反应；另一方面，中国也要维护中朝关系的稳定，维护朝鲜的稳定，如果朝鲜发生动乱，这对中国是灾难性的。因此，如何表态使中国处于了两难的境地。在解决朝鲜核问题和导弹问题方面，中国所处的立场是比较困难的。国际社会关于中国对朝鲜的影响力，既比较看重，又往往误解。欧美西方国家以及韩国、日本都认为，中国是唯一能对朝鲜施加影响的国家。但是，事实并非如此。应该说中国可以对朝鲜施加一定的影响，但那也是有限度的。因为朝鲜作为一个主权国家，随时可以改变或修正自己的对外政策，中国是难以左右其政策的。另一方面，中国作为联合国安理会常任理事国，朝鲜方面认为中国是唯一保护其利益的国家，中国在审议安理会对朝鲜实行制裁方案时，可以行使否决权。这就是中国的难处。好在中国这次比较妥善地处理了这一问题，中国支持联合国通过了关于朝鲜导弹问题的 1695 号决议，同时在中国的努力下，该决议删去了原先强烈谴责朝鲜的词句，避免了朝鲜导弹危机的进一步升级。

在对朝经济制裁问题上，中国不会给予支持。但是，如果在美、日加大对朝经济制裁、而韩国也被迫减少对朝经济援助的情况下，朝鲜势必将增加对中国的经济依赖程度，而中国对朝援助的经济负担也将加重。

4. 对美国的影响

美国虽然不是东北亚国家，但是其作为全球唯一的超级大国在东北亚地区有重要的政治、经济和军事利益。朝鲜试射导弹在一定程度上将美国近期对中东的密切关注点拉回了东北亚。美国对付它所称的几个“邪恶轴心”国家的战略顺序是：先解决伊拉克、伊朗问题，然后再解决朝鲜问题。因为在美国看来，朝鲜这块“骨头难啃”。几轮六方会谈进展不大，而如用军事手段解决也将使美国蒙受重大损失，甚至使美国最后无法收场。面对桀傲不驯的朝鲜，美国对朝“胡萝卜加大棒”的软、硬两手策略都遭到了挫败。在美国国内，在对朝问题上始终存在着两派意见：一派是强硬派，也可称意识形态派，他们主张要采取“高压”政策压垮朝鲜或更替朝鲜政权；另一派是务实派，他们主张从理性的现实主义的立场出发，采取接触政策来使朝鲜发生变化。2005 年 9 月，第四轮六方会谈各方签署“共同声明”以后，一度美国对朝强硬派占了上风，他们以参与洗钱、制造假币、走私大规模杀伤性武器为名，对八家朝鲜金融公司实施制裁，冻结其在美国等地的财产，使朝鲜经济遭受严重打击。之后，美国见朝鲜没有屈服，对朝务实派又发出了声音，表示美国可以与朝鲜就签订和平协议举行会谈，但前提是朝鲜必须回到六方会谈上来等等。美国对朝政策之所以左右摇摆，时而强硬，时而缓和，主要是美国国内对朝强硬派和对朝务实派相互作用的结果。

这次朝鲜试射导弹后，又一次刺激了美国对朝强硬派声音的上升，美国加强了在东北亚地区的军事部署，尤其是向在日、韩的美军基地增派海、空军事力量。美国总统布什甚至表示，除外交解决方法外还有其他选择。[①] 美国正着手具体策划切断对怀疑装载导弹或核相关物质的朝鲜船只在海上航行的封锁措施，并决定恢复 1999 年美国克林顿政府时期解除的对朝制裁措施。美国对朝施压正在以新的形态出现，美国共和党参议员山姆·布朗巴克（Sam Brownback）、哈德逊研究所首席研究员迈克尔·霍尔维兹（Michael Horowitz）等人权领域的保守派人士及团体正集中强调朝鲜的人权问题和金融问题，进行强有力的“攻击”。另外，美国政府还掌握了朝鲜在澳门汇业银行（BDA）的 40 多个账户的交易明细，美国目前正在积极考虑公开这些明细的方案，[②] 美国似乎正在全面加大对朝施压的力度。有分析家认为，如果朝鲜拒绝重返六方会谈，继续做出试射导弹等挑衅行为，朝美关系可能会陷入无法挽回的“重大局面”。

当然，在如何对付朝鲜的问题上，美国国内的对朝强硬派和对朝务实派之间还会进行辩论。例如，美国战略与国际问题研究中心（CSIS）安全项目主任坎贝尔认为，比起孤立朝鲜，若能将其视为对话对象，这对改变朝鲜会有更好的效果。因为美国无法任意控制韩国和中国各自的对朝政策，美国对朝制裁必然会有局限性。坎贝尔还明确反对采取先发制人攻击的主张。他说，美国在对朝政策的选择中，不能考虑军事方式，美

① 据韩联社首尔 2006 年 7 月 8 日电。

② 据韩联社华盛顿 2006 年 7 月 21 日电。

国不可能从韩国得到对朝采取军事攻击的同意。[1] 而作为美国政府，它也会权衡利弊，缜密思考和酝酿在朝鲜半岛和东北亚的中长期战略。

5. 对朝鲜的影响

朝鲜试射导弹不仅给东北亚带来了负面影响，而且给朝鲜自身也带来了不利影响。近年来朝鲜国内对经济采取了一些调整措施，取得了一些成效，缓解了粮食供应紧张的局面，国民经济建设有了好转。在外交上，朝鲜同全球100多个国家、包括欧盟许多国家建立了正式的外交关系，朝鲜同韩国的关系也有了突破性进展。在六方会谈上，朝鲜同美国的代表也能相互接触和会谈。朝鲜的外部安全环境正在逐步改善。然而，朝鲜试射导弹的事件给这一切蒙上了阴影。联合国通过了关于朝鲜导弹问题的决议，朝鲜在国际社会显得更为孤立，本来一些国家想扩大对朝援助，但现在不得不减少或被迫取消，朝鲜在经济上将更加困难。今年夏天，朝鲜遭受了较为严重的水灾，粮食生产受到很大损害，如果美、日再加大对朝经济制裁，朝鲜今冬的粮食供应将极为紧张。另外，在外交上，由于朝鲜多次修改其承诺和与他国所签署的协议，也使一些国家不愿再与朝鲜举行谈判，而且即使举行谈判，其难度也会增加。朝韩关系将受到严重冲击，朝日关系改善进程也可能中断，朝鲜在六方会谈中的拉四（中、俄、日、韩）打一（美）策略，将更难施展。实际上，朝鲜这次导弹试射有点“得不偿失”，它给朝鲜及东北亚地区所带来的消极影响，远远超出了试射给朝鲜自身所带来的积极效应。

---

① 据韩联社首尔2006年6月28日电。

二、

朝鲜这次试射导弹，既有其军事目的，也有其政治目的：

从军事目的看，朝鲜是为发展中、远程导弹的打击能力，进行导弹发射试验。如果这种被西方称为“大浦洞 2 号”的导弹试射成功，其射程可及美国的阿拉斯加或夏威夷，甚至是美国本土。这种远程的运载工具一旦研制出来，再加上朝鲜可能拥有的“核武器”，那么朝鲜将具有巨大的军事威慑力，这足可使所有反朝的国家对朝鲜不敢小视。虽然这次所谓的“大浦洞 2 号”导弹试射没有成功，但朝鲜方面掌握了宝贵的试射数据和资料，为今后的导弹发展打下了基础。另外，朝鲜这次试射导弹也有可能是来自朝鲜军方的压力。近年来朝鲜推行“先军政治”，朝鲜军队在国家政治生活中具有至高无上的地位，军队需要用导弹试射来显现军队建设的成就并通过加强战备来提升军队的地位。此外，也有西方观察家认为，自从美国对朝鲜实施金融制裁后，朝鲜的硬通货来源紧张。朝鲜希望通过导弹试射来展示其导弹技术的发展，借此向中东有关国家兜售其导弹及技术。

从政治目的看，朝鲜试射导弹对内可鼓舞国民的斗志，增强国内的凝聚力，对外可吸引国际社会和美国的注意。一方面向全世界显示朝鲜有能力捍卫本国的安全，另一方面是用硬的一手来逼美国作出让步，“以超强硬对付强硬”，逼美国取消对朝金融制裁，迫使美国与朝鲜举行双边会谈。对于六方会谈，朝方可能已不抱什么希望。朝方将突破其外交困境的重点还是放在美国身上，朝鲜希望通过这次导弹试射重现 1998 年时的情景。1998 年 8 月，当时正值中、美、朝、韩几轮“四方会谈”搁浅之时，朝鲜发射了射程为2000公里的“大浦洞1型”导弹，令世界为之震惊。当时的美国克林顿政府随后调整了对朝政策，美国的对朝态度开始变得缓和，时任美国国务卿的奥尔布赖特访问了朝鲜，并与金正日见了面。作为金正日承诺的“朝鲜不再发射导弹”的“好处”，美国解除了对朝鲜的部分旅行和外贸制裁，甚至克林顿也表示将访问朝鲜，朝美关系出现了即将“突破”的信号。但是，克林顿下台后，美国布什总统上台，彻底改变了美国对朝政策的走向，朝美关系陷入了僵局。朝鲜这次试射导弹，可能是想“故伎重演”，采取边缘政策使美国的对朝强硬政策发生转变。然而，当今的美国总统布什已不是当年的克林顿，他的对外政策一贯是以强硬的“西部牛仔”作风著称，因而朝鲜想使美国的对朝政策变“软”的目的恐怕难以达到。

三、

纵观朝鲜试射导弹对朝鲜半岛和东北亚未来局势的发展，有几点值得注意：

1. 六方会谈恐怕难以恢复，即使恢复，恐怕也难以取得大的进展。旨在解决朝核问题的六方会谈已举行了几轮，它在缓和朝鲜半岛紧张局势方面发挥了积极作用。但是，由于解决朝核问题的关键双方——朝鲜和美国之间的关系没有得到改善，因而几轮六方会谈没有大的进展。而这次朝鲜试射导弹又使朝美关系对抗进一步加剧，这使六方会谈复谈充满了困难。美国方面已表示，朝鲜必须无条件地重返六方会谈。其言下之意是彻底封杀朝方“讨价还价”的空间。其实，美方表面上还在鼓吹要恢复六方会谈（并且将此作为拒绝与朝举行双边会谈的借口），但实际上美方可能对六方会谈不怎么抱希望。据说美国高层有人表示，美国想对久拖不决的朝核问题“甩手不管”，并将六方会谈“束之高阁”。如果美国对六方会谈持消极态度的话，那么即使中国、韩国再努力，六方会谈也难有实质性成果。

2. 如果六方会谈进入“睡眠期”，朝鲜半岛和东北亚就将缺乏一个各国就“地区安全问题”进行磋商和会谈的机制，朝核问题和导弹问题将处于失控状态。而美、日将借“朝鲜威胁”之名在东北亚大肆扩充军备，那么东北亚地区的平衡和秩序很可能将被打破，朝鲜半岛和东北亚重燃战火的可能性不能完全排除。因此，保留六方会谈的机制对缓和朝鲜半岛和东北亚紧张局势、降低危机风险还是有用的，即使在六方会谈复谈的道路上阻力重重，各国还是应当积极推动。因为劝导朝鲜回到六方会谈的进程，不仅是化解冲突的最佳途径，也是防止危机继续节外生枝的最佳办法。

3. 朝鲜进行核和导弹开发的步伐很难停止。本来朝鲜是想通过打“核开发”这张牌来与美国进行“交易”，如果美国愿意与朝鲜改善关系、并与朝鲜建交的话，朝鲜是愿意放弃“核开发”的。然而，尽管朝鲜一再向美国发出愿意用“弃核”换“和谈”的信号，美国还是持傲慢态度对朝“高压”，企图逼迫朝鲜就范。在此情况下，朝鲜不顾国际社会的劝阻，强行进行导弹试射，这意味着在现阶段朝鲜与美国之间的“交易”已陷于失败。既然“交易”不成，朝鲜势将“倾全国之力”继续走核和导弹开发的道路，它要掌握足够的军事威慑力来捍卫本国的安全。当然，朝鲜作为一个小国和穷国，其国力毕竟有限，它在核和导弹开发的进程中必然困难重重，而且每次的开发试射都可能招来国际社会的谴责。如果朝鲜执意走这条布满荆棘的道路，那么它将继续“苦难的行军”。

4. 韩美同盟关系将进入新的调整期。朝鲜试射导弹在韩国各种政治派别之间引发了一场关于韩美同盟未来走向的大辩论。主张“更多地拥有民族自主权”、主张“扩大韩国自主国防”的声音与主张“更多地依赖美国防卫”的声音，相互交织在一起，难分胜负。2007 年韩国将举行新一轮总统大选，届时将产生哪一位总统和由哪一个政党来执政，都将对韩美同盟关系的未来走向产生重要影响。如果大国家党上台，韩美同盟关系将趋于更为紧密，韩国将更加向美国方面靠拢，从而使韩国的对朝鲜政策趋于强硬。当然，如果是韩国现在的执政党“开放国民党”继续执政，那么韩美同盟关系以及韩国的对朝鲜政策会有一些调整，但不会出现方向性的变化。另外，随着美国准备将“战时指挥权”交给韩国（“平时指挥权”已交给韩国）以及美国计划逐步从朝鲜半岛撤出地面部队，只保留海、空军事力量，韩美同盟关系也将发生性质上的变化，即军事成分相对减少，而政治成分依然保留。传统的美国占据绝对主导地位的韩美同盟关系将逐步演进为一个以“平等”为标志的“伙伴”关系，而传统的以安全为主要诉求的韩美同盟关系也将发展成涵盖政治、经济、文化等各领域的全方位伙伴关系。

5. 虽然朝鲜试射导弹给朝鲜半岛和东北亚局势的发展带来了负面影响，但这种影响是暂时性的，它在朝鲜半岛和东北亚历史发展的长河中仅是一朵稍起涟漪的浪花而已。历史的发展不可能是直线型向前推进的，它必然是曲折型或是螺旋式向前发展的，有时遭受挫折，有时出现倒退，这些都是正常的现象。朝鲜半岛冷战结构的解体、东北亚持久和平稳定局面的形成是一个长期的过程，人们不必对前景看得过于暗淡。未来如果布什离任之后、美国新总统上台对朝实行缓和政策，如果朝鲜国内的经济状况有所改善、政权更加稳固，如果中、韩、俄、日等国继续“劝和促谈”，那么朝美之间还是有可能坐下来进行认真的谈判。朝美之间之所以存在各种争端和出现对抗，归根结底是朝美关系问题，也就是美国在冷战后的新形势下如何与朝鲜这样的国家和平相处的问题。只要美国当局的观念有所转变，能够容忍和保障朝鲜按照他们自己的生活方式生存下去，能够平等地对待朝鲜，那么朝鲜和美国的关系就能得到改善，许多现存的矛盾和问题就能陆续得到解决，朝鲜半岛和东北亚的局势就能迎来“柳暗花明又一村”的新局面。

论韩中合作伙伴与维持韩美联盟

杨红梅*

内容提要：目前，在韩国政府的平衡外交战略推进下，中韩两国同意在所有各领域发展和推动“全面合作伙伴关系”，包括外交、经济、社会、文化和人员往来等各方面。① 双方在经济领域的合作尤为引人注目。2003 年，中国超过日本成为韩国第二大贸易国。2004 年，中国首度超越美国成为韩国最大贸易伙伴国家，而韩国则成为中国第三大贸易伙伴。在投资方面，2001 年之后中国一直保持着韩国年均最大投资国的纪录；2004 年起，在中国引进的海外投资中，韩国开始成为第一大投资国。在中国崛起的背景下，中韩双方的紧密合作不断推进。

---

* 杨红梅，上海社会科学院亚太研究所副研究员。

① 卢武铉总统讲话（2003 年 7 月 10 日）；See also National Security Council, *Peace, Prosperity and National Security: National Security Strategy of the Republic of Korea*, pp. 61—62 (2004).

一、韩国内部的分歧

面对中国的和平崛起，韩国内部存在应对的观点分歧。以“自主外交”派与“韩美同盟”派为代表，各种观点在战略思考上各有侧重，存在激烈争论。

“自主外交派”强调实现自主外交，主张以多边安保体制乃至集体安保体制取代同盟关系。他们认为韩国的经济发展和统一事业，都需要来自中国的密切配合。如果完全追随美国，继续维持与美国紧密的同盟关系，在半岛南北统一上将难以获得中国的配合。在中国发展和崛起的背景下，他们积极主张与中国合作，争取来自中国的支持。为此，韩国应在美中之间采取平衡政策，一方面推进与中国的交流合作，同时继续维持与美国的同盟关系，但应减少对美国的倚重。自主外交派与韩国民族主义倾向一起在韩国社会形成很大影响，得到目前韩国政府的支持，成为官方的主流观点。

与此相对，“韩美同盟派”认为，以韩国的地缘政治态势，在美国、中国、日本和俄罗斯等周边大国包围下，韩国只有通过建立与霸权国美国的同盟关系，才能确保生存与繁荣。例如，韩国外交安保研究院尹德明教授认为，韩国的战略环境正在发生巨大变化，因此必须制定一个大国家战略或一个新的安全政策以应对包括中国崛起在内的一系列问题。在相当长时期内，美韩同盟是韩国安保不可替代之路。自主外交的自主路线、亲中路线和多边安保都不现实：大国力量交汇的特定地缘政治环境使韩国难以利用自身力量实现和平与安定，且自主路线与全球化趋势背离；韩国虽然可以在中美力量发生逆转时考虑走亲中路线，但结果将导致韩国与美日关系的恶化，而韩美同盟关系的不平等将会同样出现在韩中关系中；而多边安保则过于理想化，因为根据欧洲的经验，成熟而稳定的多边合作体制至少需要二十年以上才能形成。因此，尹德明提出了美韩建立新的“全面的同盟”，即美韩同盟超越军事界限，发展为政治、经济、安全和文化全方位同盟，同盟关系将致力于实现自由民主和市场经济的共同价值观、加强经济合作、推进亚太区域合作、应对非传统威胁和保护能源安全等。为避免引起区域内国家的误解，同盟不针对具体国家，不以地理为基础。针对中国的发展和崛起，他认为中国正日益成为“经济繁荣并有着强大军队的国家”，而由此可能爆发的台海战争对半岛构成安全威胁，其毁坏性堪与朝鲜的攻击或崩溃相提并论。对此，韩国政府应以美韩同盟为基础，而尽量保持战略模糊性，根据台海事态发展的具体情况选择同盟合作的程度。① 韩国国防研究院崔刚教授也提议美韩从军事同盟转向全面同盟，从地理为基础的同盟转向以安全基础的同盟，从威胁驱动的同盟转向利益驱动的同盟。②

另有一种与同盟派的观点较接近、但更具有灵活性的观点，以庆熙大学朴汉圭教授为代表。他认为在目前国际秩序尚不确定煌背景下，韩国应保持战略选择的灵活性，将来根据地区秩序特征确立安保战略。对于未来东北亚安全秩序，在中国日益崛起的背景下，他认为主要有四种前景：美中竞争或者美日与中俄竞争（冲突与不稳定的秩序）；中日竞争（冲突与不稳定的秩序）；中

① ［韩］尹德明：《韩国的战略选择：同盟、自主、多边安保》（韩文版），韩国外交安保研究院刊行，政策研究系列 2004—5；Yun Duk-min，Envisaging Future of ROK-US Alliance，Policy Brief，2004 年 12 月。

② See James J. Przystup and Kang Choi，The U. S. -ROK Alliance：Building a Mature Partnership，*INSS Special Reprot*，March 2004.

美合作或中美共同主导（合作与稳定的秩序）；四大国间的多边合作（合作与稳定）。对应上述四种前景，韩国的战略选择分别应是：加强美韩同盟，努力不激怒中国，与日、俄保持友好关系；根据形势选择最有利的同盟国，即中国或日本；以美韩同盟为安全政策的基础，同时以多边合作为补充；努力减少周边四大国对半岛的影响，同时通过积极的多边外交提升国际地位，也可考虑与四大国展开等距离外交。朴汉圭教授认为东亚多边合作秩序对韩国最有利，但这种前景可能性最小。相反，现在中国崛起使中美竞争与冲突的趋势日益显现。在此背景下，韩国应加强美韩同盟关系。[①]

因此，在韩国国内，面对中国的崛起，如何处理与中美两国之间的关系、在二者之间取舍和平衡，成为其战略选择的争论焦点。

二、韩国政府的基本立场

在中国崛起的背景下，目前韩国政府的基本战略立场更多地体现了“自主外交派”的思考。卢武铉政府对于东北亚形势的判断是，由于朝鲜核问题以及中、美、日大国间关系的不确定，东北亚在短期内可能处于不稳定之中。但长期来看，随着经济合作和地区多边安全对话的推进，东北亚实现和平与繁荣的机会将增加。在南北和解与统一问题上，卢武铉政府认为朝鲜试图通过打

---

① Park Hahn-kyu, *Readjusting the National Interest: Four Powers Relations and Korea's Strategic Choice after the Summit*, East Asian Review, Vol. 14, No. 2, summer 2002.

核牌取得经济援助和安全保证，从而获得体制生存所必备的条件。韩国应采取和解的对朝鲜政策，并获得周边国家支持，寻求半岛核问题的和平解决，半岛冷战体制将能够为和平体制所取代。卢武铉政府提出的“和平与繁荣”政策正是强调核问题的和平解决和确立半岛和平体制，强调半岛南北交流与合作的制度化，提高韩国在区域内的地位，推动半岛成为东北亚的物流、金融中心，寻求东北亚多边安全合作的实现。

因此，韩国政府基本战略立场是奉行平衡外交，发展美韩同盟与推进多边安全对话和合作机制并重，实现同盟和多边合作间的平衡；同时寻求发挥独立作用的国际地位。韩国政府明确提出：“我们的国家安全目标是半岛的和平稳定、半岛南北方和东北亚的共同繁荣以及确保公共安全。”① 为实现这一目标，提出四项原则作为国家安全战略的基本框架：追求和平和繁荣、平衡而实用的外交政策、推进合作而自主的国防政策，以及发展全面安全。②

在这一战略立场下，一方面，韩国积极维持与美国的传统同盟关系，并在美国的大力推动下进行以军事部署为先导的同盟调整，以建立“全面而动态的同盟关系”。此外，签订双边投资协定、提高两国人员互信和在解决朝鲜核危机问题上协调合作等举措，都是维护美韩同盟关系的具体努力。但另一方面，韩国政府努力加强与中国等周边国家合作，积极谋求独立地位。韩国卢武铉总统及其官员都曾表示，韩国军队不介入地区冲突，也反对驻韩美军功能地区化。2005 年 3 月 8 日，卢武铉总统在出席空军

---

① National Security Council, *Peace, Prosperity and National Security: National Security Strategy of the Republic of Korea*, Foreword (2004).

② National Security Council, *Peace, Prosperity and National Security: National Security Strategy of the Republic of Korea*, Foreword (2004).

军官学校第53届毕业生及任职仪式上表示，韩国不会允许驻韩美军扩大其作用和不经韩国同意介入东北亚国家争端。对于驻韩美军将被改造为“快速部署部队”以干涉东北亚的军事冲突，并可能干涉中国和台湾之间的军事冲突，他表示“对此我们绝不让步”。针对美国正在采取的“灵活战略”，韩国将努力在十年之内收回军队控制权。[①] 韩国政府强调，特别欢迎中国在和平解决朝鲜核危机中发挥推进对话的主导作用，并将与中国紧密合作，加快对话进程。[②] 2005年3月22日，卢武铉总统在出席陆军第三士官学校第40届毕业典礼及军官任命仪式上，发表了韩国将寻求在东北亚发挥平衡者作用的讲话，提出韩国要作为东北亚的“势力均衡者”，维护韩半岛和东北亚的和平与稳定。[③] 在建设东北亚的和平和繁荣的过程中，韩国可以发挥沟通作用（Bridge building）和核心作用（hub），推进地区合作，在安全、经济、社会和文化等各方面，在韩半岛、东北亚、东亚乃至全球影响等各层次，不断扩大交流，建设一个开放式的地区合作机制。[④] 这体现了韩国谋求独立国际地位的雄心和努力。

三、韩国战略选择前景

面对中国的崛起，尽管存在各种意见分歧和争论，但目前韩

① 参见《韩反对驻韩美军擅自介入东亚争端》，《参考消息》2005年3月9日。

② National Security Council, *Peace, Prosperity and National Security: National Security Strategy of the Republic of Korea*, p. 62 (2004).

③ 《卢武铉：该计较的计较，该合作的合作》(2005年3月22日)，http://chinese.yna.co.kr/services/CG/Article.asp?Nid=20050322150308J1.

④ Presidential Committee on Northeast Asian Cooperation Initiative (Office of President, ROK), *Toward a Peaceful and Prosperous Northeast Asia*, pp. 17—19.

国政府所推行的平衡而合作的战略，在相当一段时间内，仍不会有根本性改变。这是由东北亚地区局势、半岛安全状态和韩国国内政治状况等多层次因素共同决定的。

在东北亚地区层面，韩国的“和平与繁荣”政策强调地区经济一体化背景下各国间的安全合作。在中韩经济联系日益密切之下，韩国不愿建立以中国为目标的军事同盟，或是被动卷入国际争端。正如有些美国学者指出，韩国与东亚国家尤其是中国经济关系的价值开始超过与美国的价值，从而提供给韩国一个重要的可供选择的利益中心，可能降低美国在韩国战略计算中的影响和重要性。① 卢武铉政府提出韩国将寻求在东北亚扮演地区平衡者角色，正是试图通过韩国在国际社会的活动塑造符合韩国国家利益的未来地区安全秩序。因此，韩国近期的战略取向仍将是与中国密切合作，谋求互利双赢。

在半岛层面，自 2002 年 10 月以来，朝鲜核危机再度爆发并升级，虽然在中国等的斡旋下确立了解决朝核问题的六方会谈机制，但美朝之间的立场差距使核问题的解决显得遥遥无期。在此背景下，布什政府的强硬外交手段和韩国的对朝鲜融合政策所存在的巨大分歧难以消除。2005 年 4 月韩国国家安全委员会否定了美国军方拟定的对朝鲜《作战计划 5029—05》，彻底暴露了美韩在针对朝鲜的安全合作中的巨大裂痕。2005 年 6 月，美韩首脑再度峰会也未能掩盖双方在解决朝核问题方法上的分歧。相反，中国与韩国在解决这一危机的问题上有根本取向的一致性，中国在六方会谈中的地位日益凸现，中韩双方有巨大的合作空

① Derek J. Mitchell, Does Popular Sentiment Matter? / What's at stake?, Derek J. Mitchell (ed.), *Strategy and Sentiment*: *South Korean Views of the United States and the U.S.-ROK Alliance*, June 2004, CSIS, p.7.

间，有利于两国进一步加强合作，谋求问题和平解决。

最后，在韩国国内政治层面，韩国人口结构的世代交替意味着具有反美意识的卢武铉政府能够赢得韩国更多选举人的支持。韩国人口的统计数据显示，年轻一代在韩国强大的政治份量。① 年轻韩国人是经济快速发展和民主萌发的继承人，他们希望反抗韩国从属于霸权美国的状况，反对由美国单边做出决定，希望看到美国承认和尊重韩国、视韩国为平等的伙伴。韩国人口结构的政治效应有利于韩国政府在民意支持下抵制美国压力，有利于中韩两国在平等地位上加强互信，增进合作。

当然，也应该看到，在国防安全上，由于韩国目前与朝鲜仍处于军事对峙状态，需要驻韩美军及其增援部队确保和平；解决朝鲜核问题、结束半岛停战机制以及实现南北和解，都需要美国的支持与配合。从长远来看，美、中、日、俄等大国关系处于快速调整中，未来东北亚安全形势具有很大的不确定性，最终格局尚不明朗。在经济安全上，美韩双边贸易总额以及美国对韩国的直接投资在韩国经济中举足轻重；而且韩国进口的所有原油以及70％的 GDP 依赖国际贸易，绝大多数必须通过美军控制的海上通道。因此，在中国崛起的过程中，美韩同盟关系以及中美关系的走向，仍将是影响韩国战略选择的重要变数。

---

① 2000 年，韩国人口总数 4600 万。其中，29％小于 20 岁而无选举权。其余 3500 万人口结构如下：20—29 岁是 17.3％，30—39 岁是 18％，40—49 岁是 15.1％，50—59 岁是 9.4％，60 岁以上是 11.2％。参见 Lee Sook-jong，Generational Change in South Korea：Implications for the U. S. -ROK Alliance，Derek J. Mitchell (ed.)，*Strategy and Sentiment：South Korean Views of the United States and the U. S. -ROK Alliance*，June 2004，CSIS，p. 43.

国际关系理论

从帝国论看国际关系理论中的等级状态与无政府状态

罗 辉*

内容提要：伊拉克战争所引发的关于美国帝国的讨论，揭示出主流国际关系理论在解释现实问题时的话语缺失和力不从心。冷战结束给国际体系带来的最大变化是美国力量的上升及美国霸权体系的巩固，但是这一变化却从现有的国际关系理论中得不到解释。按照主流国际关系理论对国际社会无政府状态的假设，国际体系中的大国应该联合起来对美国形成有效的制衡以达成均势，但是现实世界中的主要大国并未出现这种行为模式。事实上，国际关系理论一直缺乏对单极体系的存在和演变作深入研究，而对于单极体系所隐含的国际社会的等级状态也一直避而不谈。本文试图从帝国论的内涵出发，通过对以往国际关系理论中无政府状态和等级状态的考察，指出主流国际关系理论对国际社会等级状态的有意识的忽略和回避是近年来

* 罗辉，上海社会科学院亚太研究所研究实习员。

国际关系理论缺乏解释力的一个重要原因。认识到等级状态的重要性并对其进行独立的研究对现有的国际关系理论将会是一个有益的延伸和补充。

一、“帝国”话语的再次兴起

“帝国”对美国来说绝不是一个新名词，美国的建国之父们早在建国之初就公开声称美国是一个“自由帝国”，但显然“帝国”在汉密尔顿（Alexander Hamilton）看来只是一个比喻而已。而在 20 世纪六七十年代，这个词更是经常见诸于报章，只是那时“帝国”主要是左派批评家用来质疑美国外交政策的道德含义的一种方式，同时也被一些国外反美人士用来描述美国在世界范围内的影响力。可以说“帝国”在 20 世纪的六七十年代是被当作反对美国权力的一种话语而出现的，基本处于边缘化的地位，加上美国民众对“帝国”的厌恶和抵制，因此在美国国内并无多大影响。英国历史学家弗格森（Niall Ferguson）指出，美国的问题不在于它是一个帝国（对于很多旁观者来说显然如此），而在于很多美国人拒绝承认战后的美国已经是个帝国的事实。[①]英国学者迈克·考克斯（Michael Cox）认为美国国内民众对帝国的否认一方面是因为帝国与美国当初建国的很多理想相左，美国在赶走了英帝国的基础上建立起了一个前所未有的民主国家，这个新的共和国与过去那些老的喜欢攫取他人土地的国家是不可同日而语的，它厌恶压迫和征战国外，所以这样的民主国家不可

① Niall Ferguson, ‘Is the US Empire an Empire in Denial?’ Lecture given at the Foreign Policy Association, 17 September 2003.

能是帝国；另一方面是因为当时陷在越战中的美国民众普遍持有悲观的情绪，没有足够的信心面对美国在国际体系中的位置。[①]

然而，随着冷战的结束与美国实力的增强，特别是在小布什上台之后的几年里，关于帝国的讨论又重新回到人们的视线中，从新保守主义的领军人物查尔斯·克劳塞默（Charles Krauthammer）在1991年提出单极化之后，[②]关于美国霸权、帝国的公开讨论就没有停止过。而且在随后的十几年中，支持美国扮演帝国角色的言论变得越来越普遍和具体。外交关系委员会在1992年出版了一本由历史学家罗伯特·塔克（Robert Tucker）和戴维·亨德里克森（David Hendrickson）撰写的名为《帝国的诱惑》一书。[③]在这本书里，塔克和亨德里克森毫不讳言美国现在是世界上占统治地位的军事强国，就其军事力量的有效性和所涉及的范围而言，美国完全可以与历史上某些著名的帝国相媲美。美国甚至比历史上的任何帝国都拥有更加强大的军事力量，可通过对军事力量的投射而影响到全球任何地方，而与此同时美国以前的对手或衰退或解体。这次围绕着“帝国”所进行的讨论不仅进入了美国的主流话语，而且许多政治精英们，无论是自由主义者或是新保守主义者，都公开呼吁美国要以人道主义干涉和全球安全的名义更多地实行帝国主义。如托马斯·唐纳利（Thomas Donnelly）、塞巴斯蒂安·马拉比（Sebastian Mallaby）以及马克斯·布特（Max Boot）等人就极力主张美国一定要用

---

① Michael Cox, 'Empire, Imperialism and the Bush Doctrine', *Review of International Studies*, 30 (2004), pp. 585—608.

② Charles Krauthammer, 'The Unipolar Moment', *Foreign Affairs*, 70: 1 (1990/91), pp. 23—33.

③ See Robert W. Tucker and David C. Hendrickson, *The Imperial Temptation: the New World Order and America's Purpose* (New York: New York University Press, 1992).

帝国主义来对付恐怖主义和失败国家。[①] 美国已经是一个帝国了，在国际社会中处于不可挑战的地位，既然如此，为什么不在安全问题日益突出的时代以更为强硬的方式行事呢？值得注意的是，这次所讨论的帝国主义已不仅是资本和文化的帝国主义，而是通过“威慑和实实在在的地面驻军”[②] 来体现的强硬帝国主义。因此，在很多学者看来，帝国论在战略上是以布什主义的形式表现出来的，而伊拉克战争是将帝国论付诸实践的一场帝国主义战争。在威斯特伐利亚体系所确立的国家主权原则早已深入人心、国与国之间依赖相互加深的全球化时代，“帝国”几乎是不可想象的事物，然而这种论调却在美国国内风行起来，这不能不说是一个特别现象。更为重要的是，使用和传播这种话语的人与政府中的关键决策人物之间有着非常错综复杂的联系。“那些饶舌的学者们用他们那典型的抽象语言讨论权力是一回事，但如果他们是站在非常有影响力的位置来说这些话就是另外一回事了。”[③] 我们当然可以不同意新帝国论者的论调，但是却不能忽视他们所说的。事实上，关于帝国的公共讨论已经进行了好几年，根据布鲁金斯学会的戴尔德（Ivo H. Daalder）和林赛（James M. Lindsay）的统计，仅2003年上半年，“美国帝国”

---

① See Sebastian Mallaby, ‘The Reluctant Imperialist: Terrorism, Failed States, and the Case for Amerian Empire’, *Foreign Affairs*, 81: 2 (March-April 2002); Michael Ignatieff, ‘American Empire: Get Used To It’, *New York Times Magazine*, 5 January 2003; and also Max Boot, ‘The Case for American Empire’, *Weekly Standard*, 15 October 2001; Thomas Donnelly, ‘Empire of Liberty: The Historial Underpinnings of the Bush Doctrine’, *AEI Online*, 2005. http: //www. aei. org/publications.

② Stephen Peter Rosen, ‘An Empire, if you Can Keep It’, *The National Interest*, 71 (Spring 2003), p. 51.

③ Michael Cox, ‘Empire, Imperialism and the Bush Doctrine’, *Review of International Studies*, 30 (2004), p. 589.

这个短语就在各种新闻报道里出现超过了1000次。[1] 对于美国出现的这种论调，国内很多学者也给予了极大的关注，从战略和政策的角度进行了精辟的分析。[2] 但是帝国论对现有的国际关系理论提出了怎样的挑战却是一个被关注很少但值得探讨的问题。

任何话语和理论的出现一定有其时代背景，帝国论同样如此。从冷战结束后就开始的讨论虽然在近几年尤其是伊拉克战争后才达到顶峰，但其实质一直都是关注美国如何在不断变化的世界形势下继续保持其优胜地位，即美国应该以何种方式领导世界以及美国所领导的单极世界能维持多久的问题。因此，帝国论的出现是美国权力极度膨胀的必然结果。随着苏联这个“邪恶帝国”的解体，美国一方面踌躇满志地宣布要建立“一个世界新秩序”，另一方面，“直到20世纪90年代很后期，单极才开始被认为是影响美国行为的一种社会事实”。[3] 在那个十年里，国际体系的权力结构还是一个未知数，对美国的看法仍然受到盛衰论之争影响的笼罩。虽然新保守主义者批评克林顿政府缺少大战略，没有能够在一个竞争者缺位的世界里充分提升美国的硬实力，但不可否认的是克氏清醒地认识到在一个全球化的时代里，经济是国家的命脉，因此他在任期间美国的实力和地位得到了很大的提升。布热津斯基曾经指出，美国在全球力量四个具有决定性作用的方面居于首屈一指的地位。在军事方面，美国可以将军队投射到世界上的任何角落；在经济和技术方面，美国仍然保持着领先

---

① Ivo H. Daalder and James M. Lindsay, ‘American Empire, Not ‘If’ but ‘What Kind’, *New York Times*, May 10, 2003.

② 国内有关这方面的论著很多，难以详细列举。比较系统地介绍并讨论“新帝国论”的著作可参见《反恐背景下美国全球战略》，时事出版社，2004年4月。

③ Barry Buzan, ‘American Exceptionalism, Unipolarity and September 11: Understanding the Behaviour of the Sole Superpower’, *Montreal*, *International Studies Association*, March 2004.

地位；而在文化方面，美国通俗文化的渗透力以及大学教育的吸引力不可否认。[①] 这一切都使美国的新保守主义者相信单极时刻会变成单极时代。出于对自身的高度自信，美国的帝国论者认为只有罗马帝国的实力和影响才能与当今的美国相提并论。

帝国意味着什么？如果承认美国帝国的存在，对国际关系理论会有怎样的影响？这些都是值得进一步探讨的问题。学界不乏对帝国的研究，但通常是从历史的角度出发。在历史学家眼中，帝国是一个古老的事物。美国历史学家查尔斯·梅尔（Charles Maier）就将一战前的帝国分为两类：一种是通过几百年对周边领土的扩张而形成的“老”帝国，比如奥匈帝国、奥斯曼帝国和中华帝国等，这些国家多为威权主义的农业国家；第二种是寻求海外殖民地的新兴帝国，比如英帝国、法国、日本、德国和美国等。[②] 从梅尔的分类来看，他将是否拥有他国领土作为一个国家是否是帝国的主要标准。而另外一位研究帝国的英国专家多米尼克·列文（Dominic Lieven）也将一个国家是否拥有海外领地及对势力范围内的领地是否直接进行控制作为衡量其是否是帝国的主要标准。[③] 但是梅尔和列文对帝国的定义无助于理解帝国作为一种体系时的结构特点。特别是在当今的世界，领土已基本失去了作为一国实力组成部分的重要性，技术进步在增强一国实力上起的作用远远超过任何领土的扩张。[④]

---

① ［美］兹比格纽·布热津斯基著，中国国际问题研究所译：《大棋局》，上海人民出版社，1998年版，第32页。

② Charles S. Maier, ‘An American Empire?’, Harvard Magazine (November-December 2002), pp. 28—31.

③ Dominic Lieven, ‘The Concept of Empire’, Fathom: The Source for Online Learning. See http: //www.fathom.com/feature/122086.

④ ［美］亨利·基辛格著，胡利平等译：《美国需要外交政策吗?》，中国友谊出版社，2003年版，第8页。

美国外交关系委员会高级研究员查尔斯·库普乾（Charles Kupchan）以及哈佛大学教授史蒂芬·罗森（Stephen Peter Rosen）从帝国形成的角度出发提出三个特性：第一，存在一个地区性的中心和相对较弱的边缘，中心和边缘之间的实力分配极不对称，从权力中心向边缘以毂幅状的治理结构向外辐射。帝国之不同于强国在于，前者对其势力范围内国家的内政外交都要干预，在必要时采取军事手段，而后者只是规范其他国家的外部行为；第二，帝国是一个逐步演化的过程，在这个过程中，贸易和投资先于战略方面的扩张；第三，一套包括社会化和身份建立的元素在内的治理系统，目的是使中心和边缘融合为共同的、跨国界的政治空间。①

美国在当今世界的地位及美国行为的特点在很大程度上符合以上对帝国体系特点的描述。如果是这样，那么原有的国际关系理论的核心假设就受到了极大的挑战，因为帝国体系的存在意味着一种秩序，也就是等级秩序的存在，这与国际关系理论中对国际体系处于无政府状态的假设相背离。

二、国际关系理论中的无政府状态与等级状态

在描述国际关系秩序的时候，两个意义相反的概念常常被同时用到：无政府状态与等级状态。在现在已经成为“当代经

① Charles A. Kupchan, ‘Regionalism and the Rise of Consensual Empire’, working paper , be available at http: //www. ciaonet. org/wps/kuc01/; Stephen Peter Rosen, ‘An Empire, if You Can Keep It’, *The National Interest*, 71 (Spring 2003), p. 53.

典”的《国际政治理论》一书中，新现实主义理论的代表华尔兹将无政府状态视为国际政治的组织原则，将国内政治的等级状态与国际政治的无政府状态划了一道清晰的界限，在谈到政治结构时，他这样说：“结构问题是关于体系各部分排序的问题。国内政治体系的各部分处于上下级关系之中……国内体系是中央集权、等级分明的体系。国际政治体系的各部分互相协调。形式上，各个部分都是平等的，没有哪个部分有资格指挥，也没有哪个部分必须服从。国际政治体系没有权力中心，是无政府状态。”①

对国际体系无政府状态的描述构成了沃尔兹理论的核心，他理论中的其他推论皆由此而来。虽然华尔兹在后来的章节中承认：“所有的社会，要么是将各部分相互分离地组织起来的，要么是按等级组织起来的，只不过程度不同罢了……人们可能会考虑到，一些社会接近纯粹的无政府状态，另外一些社会接近纯粹的等级状态，还有一些特定的混合类型的社会，兼具无政府状态和等级状态。”② 但是，他很快又回到一个绝对的状态，称“纯粹的秩序尽管并不存在，但根据组织原则对研究领域进行划分却是适当而必要的”。③ 因此，在沃尔兹看来，国际体系是绝对的无政府状态，而等级状态即便存在也可以被安全地忽略。

单位（国家）的特性是华尔兹国际政治结构理论中的第二个要素，因为整个国际体系的无政府状态，各单位（国家）的特性

---

① Kenneth Waltz, *Theory of International Politics* (McGraw-Hill: Boston, MA, 1978), p. 88.

② Kenneth Waltz, *Theory of International Politics* (McGraw-Hill: Boston, MA, 1978), pp. 114—115.

③ Kenneth Waltz, *Theory of International Politics* (McGraw-Hill: Boston, MA, 1978), p. 115.

是趋同的，都要寻求生存和安全。这里值得注意的是，华尔兹也认识到国际体系里非国家行为体的存在及其重要性，但坚持认为国际结构是要由国家并且是主要国家定义的，非国家行为体的发展无法改变以国家为中心地位的理论。这一点后来引发了新自由主义者对其理论的不断质疑。

由于各个国家功能都趋同，各国家之间的能力差异就尤为重要。因此沃尔兹认为国际政治结构中的第三个要素是影响国家行为的最重要的结构性因素，即能力在各个国家间的分配。

在华尔兹看来，暴力在国际体系的无政府状态下总是可能存在并且是合法的；在无政府的世界中，国家之间的势力均衡会自然形成。任何国家都无法肯定其他国家的意愿，因此无法依靠别国的承诺来确保自己的安全。当强国出现时，弱小的国家就会从形成制衡联盟中寻求保护，否则就会被别国主宰。“如果次要国家有选择自由的话，他们会纷纷加入弱势一方，因为正是强势一方威胁到他们的安全。当然，在弱势一方，倘若它们加入的联盟获得了足够大的防御力量或威慑力量，使得敌方联盟不敢进攻，那么他们弱势一方就会获得更多的尊严和更牢固的安全。”[①] 因此，联盟也总是随着国家间实力的变化而变化的。正是在这一点上，沃尔兹对国内政治的等级状态和国际政治的无政府状态的区隔显出其实质意义。在国内政治中，搭便车是一种明智的行为模式，竞争中失利的候选人会转而支持胜利者。而在国际政治中，国际体系的无政府状态总是鼓励国家之间相互制衡的行为模式，因为各国的首要目标并非要实现权力最大

① Kenneth Waltz, *Theory of International Politics* (McGraw-Hill: Boston, MA, 1978), p. 127.

化，而是维持其在体系中的地位，否则我们会看到世界霸权的形成。[①] 当然也是在这一点上，沃尔兹所代表的新现实主义理论遭到了诟病。

华尔兹的理论没有能够预料到两极体系的崩溃和冷战的结束，而另外一位现实主义者米尔斯海默对国际形势的判断也落了空，[②] 世界并未像他所想象的那样出现“美好”的均势局面，至少到现在还没有。美国实力的不断强大，从“单极时刻”一脚跨进了“单极时代”，现实主义者却给不出有力的解释。世界上大多数国家对于美国一国独大的局面并没有采取制衡的行为，而是采取了搭便车的策略。现实主义学者沃尔弗斯对此做出的解释是美国的力量过于强大和集中而使其他国家进行竞争性制衡的成本过高，因此在未来几十年里我们仍将生活在一个以美国主导的单极世界里。[③] 事实上，单极世界在很大程度上是以美国为中心的帝国的同义词，只是美国对自己实力的认知也处于不断的变化中，一旦对自己的实力深信不疑时，就不再讳言“帝国”了。

现实主义理论为了理论的精简，有意识地忽略国际社会中等级状态的存在，将其看成是出现频率极小的、不会影响基本结构的现象，因此很大程度上无法容纳复杂多变的国际关系实践，对

---

① Kenneth Waltz, *Theory of International Politics* (McGraw-Hill: Boston, MA, 1978), pp. 126—127.

② John J. Mearsheimer, ‘Why We Will Soon Miss the Cold War’, *Atlantic* (August 1990), can be found at http: //www.teachingamericanhistory.org/library/index.asp? document=713.

③ 现实主义学者对单极体系的解释可参见：William C. Wohlforth, ‘The Stability of a Unipolar World’, *International Security*, 24: 1 (Summer 1999), pp. 5—41, William C. Wohlforth, ‘Realism and the End of the Cold War’, *International Security*, 19: 3 (Winter 1994/95), pp. 91—129.

现存的问题很难做出令人信服的解释。

与新现实主义理论相对应的自由制度主义理论虽然没有完全忽视和否定等级状态的存在，却是将其置于无政府状态的基本框架之下的。以基欧汉为代表的新自由制度主义者关注的是如何在无政府状态下进行合作，尤其是经济领域的合作。[①] 对新自由制度主义者来说，等级状态只是另外一种在国际体系中可以保证合作成果的可利用的机制。基欧汉等学者认可现实主义者对安全和经济领域的区隔，认为在国际政治的安全领域进行合作即使不是不可能，也很难实现。而在经济领域，通过国际机制可以实现一定程度的合作。另一位美国学者大卫·莱克（David Lake）仍然遵循新自由制度主义的主题，但是将等级状态作为国际体系中的一种机制进行了更为详尽细致的发展。他试图研究在安全领域如何克服"机会主义"（opportunism）的问题，通过有等级的安排机制实现合作。[②] 针对国关学者普遍忽视世界体系中的等级状态，莱克指出，等级状态虽然并非常态，但也绝非罕见。[③] 冷战期间苏联在东欧建立的非正式帝国及第一次海湾战争时期美国与沙特阿拉伯的特殊关系其实就是一种等级安排。他明确提出，国际体系里没有绝对的无政府状态，也没有绝对的等级状态，等级状态和无政府状态只是一个连续体的两端，中间还有其他很多形态。无政府状态作为一种假设，在解释主要大国之间的关系时非

---

① See Robert Axelrod and Robert Keohane, 'Achieving Cooperation Under Anarchy: Strategies and Institutions', *World Politics*, 38: 1 (October 1985), pp. 226—254. Also Robert Keohane, *After Hegemony: Cooperation and Discord in World Political Economy* (Prince, N. J.: Princeton University Press, 1984).

② See David Lake, *Entangling Relations: American Foreign Policy in Its Century* (Prince, N. J.: Princeton University Press, 1999).

③ See David Lake, 'The New Sovereignty in International Relations', *International Studies Review* 5 (2003), pp. 303—323.

常有用，但在次一级领域，呈等级状态的安全机制可以更好地解释现有的国际现象。如下图所示，这个连续体从联盟、势力范围、受保护国、非正式帝国到帝国是一个逐渐过渡的过程。莱克对这几种机制都作了比较：

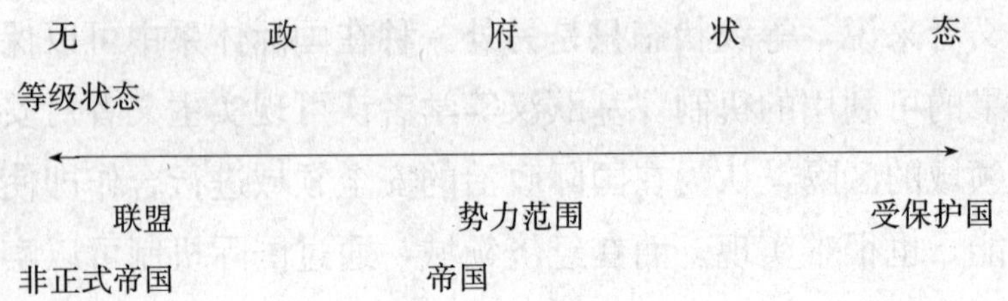

• 势力范围：在这个机制中，主导国家要防止处于从属地位的国家与第三国发生安全关系，比如在门罗主义之下的美国和拉丁美洲以及 1945 年之后苏联与芬兰的关系。

• 受保护国：处于从属地位的国家将外交和防御政策的控制权交给主导国家，比如二战之前的英国和阿富汗的关系以及美国与密克罗尼西亚联邦（大洋洲）的关系。

• 非正式帝国：通过这种机制，主导国家控制了处于从属地位国家的大部分政策，包括一些完全属于内政范围的政策决定，但从属地位国家仍然在主权的基础上与第三国互动，比如在勃列日涅夫主义时期的苏联和东欧国家。

• 帝国：在帝国的形式下，主导国家正式全面控制从属国，处于从属地位的国家没有独立的国际身份，因此没有权力以其自己的名义加入任何国际协定。①

莱克同时指出了在国际体系中出现等级状态的三个关键因素：第一，各国认定通过合作可以获得安全。当各个国家将资源汇集在一起可以比单打独斗获得更多的安全时，它们才会有动力合作并依靠等级制的管理来完成合作。第二，在合作过程中，会产生诸如背弃（abandonment）、陷入（entrapment）以及剥削（exploitation）等问题，莱克认为这些都可以被归为“机会主义”

① See David Lake, ‘Beyond Anarchy: The Importance of Security Institutions’, *International Security*, 26: 1 (Summer 2001), pp. 129—60.

(opportunism)。当机会主义的成本高于合作带来的收益时，国家就会找到一种途径克服机会主义或者将其降至最低。而在莱克看来，解决这些问题最好的办法就是确立等级制度。因为在一个等级分明的关系里，各个国家会让渡一些主权出来，不能独自控制政策，就会更加依赖合作。因为等级的安排会使国家丧失一部分的主权，所以国家一般只会在机会主义成本相对来说较大的情况下才会选择等级安排。机会主义的成本越高，等级安排作为一种保证合作的机制的吸引力就越大。第三，就是等级制的成本也就是管理成本是否高过安全合作带来的收益。如果等级安排的管理成本过高，等级关系也很难形成。[①]

通过将合作收益、机会主义成本及管理成本三个因素放在一起考虑，莱克指出了何时等级安排会出现及等级安排可能达到的程度。相对于自由制度主义理论，莱克对等级状态的关注显然是一个进步。正如他所指出的那样，过去的国际关系理论将无政府状态视为一个当然的假设而忽视经常可见的等级状态是一个很大的缺憾。更重要的是，在自由制度主义主要关注国际体系内的经济合作的基础上，他对安全合作，也就是通常所说的高级政治(high politics)领域合作的可能性进行了开创性的研究。

但是莱克对等级状态的研究是以承认无政府状态为基础的，说到底仍然是在重复着自基欧汉（Robert Keohane）开始的一个主题，就是无政府状态下的合作问题。而且莱克将这种有等级的合作看成是各个国家自愿加入的，但是由于在国际社会中力量分配的不均衡，现实中更多的等级安排是强者强加于弱者的。如果合作是在无政府状态下进行，各国处于平等的地位，那么合作大

---

① See David Lake, *Entangling Relations: American Foreign Policy in Its Century* (Prince, N. J.: Princeton University Press, 1999).

部分处于自愿而且是互利的，而在等级状态下，这种合作既可能是通过树立一个中心的合法权威也可能是通过胁迫的手段，因此合作不一定建立在平等互利的基础上，从而变成一种控制，结果朝着有利于强者的一方。莱克在其理论中没有论及主导国家通过何种方式维持等级体系，从属国家将如何反抗以及在给定时间内等级状态的演变轨迹。

莱克对新现实主义理论的修正实质上是对美国单极独霸现象的解释及合法化。他主张国际体系的等级状态是可以建构的，主导国家既要从合作中获取利益，也要约束自己的行为以免招致其他国家的反抗。但问题就在于，像美国这样一个拥有无可匹敌的力量的国家，如何能自我约束？

莱克并不是唯一呼吁在国际体系中构建等级状态的学者，前面提到的库普乾也有类似的呼声，不同的是，他是将等级状态放在区域主义的背景中进行考量的。[①] 库普乾认为，对过去帝国的定义放在当下显然不合时宜，除非更新帝国的涵义。而这个更新正是要摈弃传统帝国的中心对边缘的胁迫与压制。库普乾将欧盟、北美自由贸易区以及亚太经合组织等视为现代的帝国形态，在这些地区中，有一个强大的地缘中心，也存在边缘地区，有着合法化的等级秩序，中心和边缘在不断的讨价还价中达成共识。中心国家通过多边协议中的规范和准则对其自身力量和行为进行约束，而相应地，边缘国家同意接受中心国家的管理，也就是在区域内部通过等级状态的建立消除无政府状态。由此国际关系的基本单位被改变，不再是国家中心主义，而是地区中心主义，可问题在于即便国际体系的基本单位真的变成了地区，那地区之间

---

① Charles A. Kupchan, 'Regionalism and the Rise of Consensual Empire', working paper , be available at http://www.ciaonet.org/wps/kuc01/.

又以何种方式互动呢？是不是仍然处于无政府状态之中呢？这是库普乾始终没有回答的一个问题。

“契约帝国”（consensual empire）的理论模式所隐含的其实是地缘政治安排。但是库普乾所提供的画面并不符合当今世界的现实：首先，欧盟、北美自由贸易区和亚太经合组织性质并不完全相同，发展程度也各异，很难被放在一起作为区域主义的代表；其次，各个区域内部很难建构如库普乾所描述和设想的等级状态，除了美洲，欧洲和亚洲都没有一个核心国家可以在政治、经济以及军事方面如此强大，以至于其他国家甘于成为所谓的“边缘国家”，而非洲则基本上没有进入库普乾的视野；最后，整个国际体系的现状仍然是以美国为主导的，其他国家几乎难以望其项背，欧洲国家虽然与美国发生了分歧和摩擦，但是至今没有走上抗衡美国的道路。事实上，尽管莱克和库普乾认为国际体系中有等级状态的存在，其根本逻辑仍然是华尔兹的新现实主义理论中所假设的无政府状态的发展，但是从新现实主义理论发展出来的逻辑很难解释美国的行为模式。

三、帝国论、等级状态与美国

作为一门年轻的学科，国际关系理论从诞生至今已经经历了几次大的辩论和无数次小的论争，每一次交锋的结果都是国关理论的丰富和完善。自 20 世纪 90 年代，国际体系中出现的最重要的变化就是美国力量的上升以及美国霸权体系的巩固。而这 20 年来，学界也一直试图解释为何迟迟没有出现对美国霸权的制衡。但由于现有的主流理论基本上都接受了沃尔兹关于国际体系无政府状态的假设，所以后续的研究都围绕着在无政府状态下如何达成合作这个命题。从沃尔兹到基欧汉再到莱克和库普乾，尽管他们所归属的流派各有不同，但区别只在于对国际体系中各国合作的领域及程度的认识，或者说，他们更关心的是美国如何更好和更长久地主导世界。但是学者们通常回避“帝国”这个词以及这个词所蕴含的贬义色彩，更愿意使用“霸权”。美国著名的左派思想家迈克·沃泽尔（Michael Walzer）指出，帝国和霸权听上去是一回事，但其实指向不同的事物。[①] 霸权体系是一种更为松散的组织形式，没有帝国那么专断独裁，而是更加依靠其他国家的同意和认可。[②] 美国在冷战结束后的国际行为更符合一个帝国的特征：不仅延续了已经建立起来的包括意识形态在内的一整套政治经济体系，而且与不同的国家发展不同等级的关系，更重要的是在军事上实行垄断。

从这个意义上来说，新保守主义者对美国的判断和预期更加准确直接。克劳塞默说：“你可以做普罗米修斯时为什么要扮演俾格米人的角色?”[③] 这句话充分反映出美国对于现状的不满足。近年来，美国的军费投入不断增加，对不遵守其制定的游戏规则的国家更坚决地反对和打击，同时将自己从各种条条框框的束缚中“解放”出来。在新千年时，新保守主义的“美国新世纪计划”公布了一份题为“重建美国国防”的报告。该报告宣称：“目前美国没有遇到全球性的竞争对手，美国的伟大战略目标应

---

① Michael Walzer, ‘Is There an American Empire?’, *Dissent* (Fall 2003), pp. 27—31.

② Michael Walzer, ‘Is There an American Empire?’, *Dissent* (Fall 2003), pp. 27—31.

③ Charles Krauthammer, ‘The New Unilateralism’, *Washington Post*, 8 June 2001, p. 29.

该是尽可能在未来长远地保持和扩展这种优势地位。”[①] 在21世纪，美国的主要目标是“维持美国强权之下的世界和平”。[②] 为实现这一目标，美国必须通过增加军事投入，并在全世界展开军事行动来扩展美国的安全边界。有学者指出，美国的军事革新和转型必须要着眼于更长远的未来，要配合美国的帝国战略。美国没有海外殖民地不代表它不是个帝国，为帝国战争进行规划不同于传统的国际战争。对美国来说，扩张不足比过度扩张更加危险。[③] 但是到目前为止，国际关系理论从总体上来说还欠缺对美国这种帝国体系及体系内等级安排的深入探讨。

从历史的发展来看，单个理论很难解释现象的全部，但是理论的作用在于提供给我们看问题的不同视角。“帝国论”正是如此。作为一种理论，“帝国论”显然还极不完善，甚至不能称其为理论，但是由它所揭示出来的国际社会的等级状态却是值得进一步探讨和研究的。它对以往国际关系理论中国际体系无政府状态的基本假设提出了挑战，但这并不意味着原有的理论建构完全失效了，华尔兹所强调的国际体系的结构决定国家的行为仍然非常重要，只是这个结构的特点发生了改变。如同将无政府状态作为一个独立的研究对象，等级状态同样也需要作为独立的研究对象进行考察。自由制度主义学派将等级状态视为无政府状态的补充是一个有益的尝试，但是仅仅停留在这个层面上，仍然无法解决现有的理论难题。现实提出的问题要求对单极体系的出现、延

---

① PNAC，‘Rebuilding America's Defenses’，September 2000，to be found at http：//www. newamericancentury. org/RebuildingAmericasDefenses. pdf.

② PNAC，‘Rebuilding America's Defenses’，September 2000，to be found at http：//www. newamericancentury. org/RebuildingAmericasDefenses. pdf.

③ Stephen Peter Rosen，‘The Future of Wars and The American Military’，*Harvard Magazine* (May-June 2002)，pp. 29—31.

续以及变化做出阐述和解释，并对在这一结构中主要大国的行为模式做出判断，“帝国论”从某种程度上提供了一种全新的思维方式。就像英国学者考克斯所说：“如果按照马克思的说法，整个历史都是阶级斗争的历史，那么整个国际关系史，便可说成是不同类型的帝国在世界上争夺霸权的历史。而成功的唯一途径就是战争。”①

如果美国的实力强大到足够改变国际体系无政府状态的逻辑，那么对于美国战略选择以及外交行为模式的研究则需要重新考量。无政府状态逻辑下的国家在国际体系中所追求的是生存和安全，而不是权力最大化。无论是软力量还是硬，美国在当今的国际体系中都远远超越了安全的标准，那么是什么因素决定了美国的行为模式就成为理论研究中不可回避的问题。除此之外，其他大国如中国、俄罗斯以及一些欧洲国家在这种国际体系中的位置及战略选择也是重要的考察对象。如果对帝国论所隐含的关于国际体系等级状态的命题进行深入研究，可能会成为国际关系理论一个新的发展起点。

① Michael Cox, ‘Empire, Imperialism and the Bush Doctrine’, *Review of International Studies*, 30 (2004), p. 585.

文明的生长与共处

——跨越时空的思想对话

张 茗*

内容提要：本文通过解读基佐、汤因比以及亨廷顿三人的文明理念，试图从中探索文明的生长和相处之道，为全球化趋势不可逆转的今天化解不同文明之间的矛盾甚至冲突、谋求不同文明之间尽可能“和谐”地相处提供参考。

对于远古文明的遗存，尽可以像博物家对待化石一般不动声色，或者如诗人般尽情地发思古之幽情乃至沧然而涕下。不过，对于与自己牵连至深的活着的文明，却鲜有人能如此超脱或感性——前者过于漠然，后者过于不智。事实上，自大航海时代以来，随着世界加速“由分散走向整体”，随着不同文明相遇、碰撞乃至竞争的逐步展开，对文明的关注也逐渐超越了科学或审美的范畴而开始具有了经世致用的现实意义，文明本身的生长模式

* 张茗，上海社会科学院亚太研究所，法学博士。

以及彼此之间的相处模式尤其成为了学者们研究的主题。在全球化趋势不可逆转的今天，探索各种文明如何自处以及相处尤其刻不容缓，这也是本文从伏尔泰以降的众多文明人家中挑选法国人F·基佐（1787—1874）、英国人A·汤因比（1889—1975）和美国人S·亨廷顿（1927—）三人作为解读对象的原因所在——他们的著作离我们所要试图予以解答的问题最近。

众所周知，文明研究打破了西方“用战争的喧哗和武器的碰撞声使读者震耳欲聋”的政治军事史正统。就方法论而言，在史学领域打破了国别史、编年史的旧体例，在国际政治学领域冲破了民族一国家框架的旧套路，对于史学编撰和国际政治研究的发展都起到了别开生面的突破性作用。不过，本文所关注的焦点不在于此，而在于上述生活在不同时代乃至不同国度的三人的文明理念。三种理念各有断长并折射了三种心态：基佐憧憬中满怀乐观、汤因比历尽沧桑后更多平和以及亨廷顿忧患中稍显主观。三者的比较或许有助于我们扬长避短，而三者的结合则可能会有助于我们体会到一点文明的生存与相处之道。

一、文明的内涵

一般而言，作者充当的多半是他所处时代的发言人。三人之中，基佐生活于西方扩张和资本主义上升期，欧洲文明在科技革命、政治革命、经济革命的推动之下进入了一个黄金般的“帝国的年代”，非西方文明在西方文明的廉价商品和坚船利炮面前节节败退，欧洲文明的前途似乎无可限量，基佐也深深感染了这种乐观情绪。汤因比在漫长的一生中，既经历了维多利亚盛世，也遭逢了一战、二战、冷战以及象阴影一样挥之不去的核战的恐怖，深刻体会到乐观的“维多利亚式”的盛世情怀和悲观的“斯宾格勒式”的末世论调交替杂陈的复杂滋味，自谓“一生中亲眼看见西方开始从一种情绪转回到另一种情绪”。[①] 亨廷顿作为亲身经历了美苏僵硬对峙的冷战的学者，同时又亲眼目睹了苏联的轰然坍塌和两极格局的猝然崩溃。一方面，他为美国及其盟国最终赢得这场马拉松竞赛的胜利而松了一口气；另一方面，他在欣慰之余同时强烈感受到西方的相对衰落以及非西方的逐步觉醒与崛起，对于亚洲经济的壮大及伊斯兰复兴运动的强劲尤其印象深刻，多了几分“狼来了”的警惕和担忧。作为霸主国的学者，在经历了最初的喜悦之后，对前途并不太肯定的他，以美国为出发点，从全球的高度上提出了“居安思危”的文明策论。

不仅所处时代不同，三人的经历和思想气质也各异。基佐涉足政治最深，曾历任法国内政大臣、教育大臣、驻英大使、外交大臣和政府首相，作为保守的资产阶级政治家，人称“资产阶级的列宁”。他早年求学于日内瓦，打下了深厚的德国哲学和英国文学的基础，并梦想完成像吉本的《罗马帝国衰亡史》以及孟德斯鸠的《罗马帝国胜衰原因论》那样既有事实也有分析的整体史著作。他认为，历史学家的任务是探索各种事实，研究它们的组织，复制它们的形态和运动。[②] 不能仅仅满足于搜集史料，还应用理性的方法从中发现文明发展的规律；因为单纯的史料编撰既不赋予事实以意义，也不赋予事实以价值。他的《欧洲文明史》以及《法国文明史》即是这种治史思路的实践。作为记者、学者、活动家的汤因比则是典型的英国博雅教育的代表，有着深厚

---

① 汤因比著，曹未风译：《历史研究》（下），上海人民出版社，1996 年版，第 376 页。

② 基佐著，沅芷、伊信译：《法国文明史》（第 1 卷），商务印书馆，1998 年版，第 265 页。

的家学渊源和扎实的古典教育基础，对于希腊—罗马历史和掌故了若指掌，它们在一定程度上成为其学术研究的起点。在思想上，汤因比深受圣·奥古斯丁神学史观和阿拉伯大史家伊本·卡尔顿的文明史观的影响；在方法上，深受当时实证主义和自然主义风气的影响。一战以后巴尔干地区的惨状促使他萌生了写作《历史研究》的想法，就像当年圣·奥古斯丁目睹阿拉里克洗劫罗马而生著《上帝之城》的想法一样。作为学者的亨廷顿的研究主要集中于政治领域，特别长于政治现代化研究，对于非西方国家在近代化道路上的成败得失和现状了然于心，较一般西方学者更了解非西方的进步，心情也更为复杂。其著作如《变动社会中的政治秩序》等在国际学术界广为流传，颇受好评。

由于以上原因，三人对文明的界定也各不相同。基佐认为，文明的历史是“一切历史中最伟大的”历史，文明是可以被研究、被描写、被叙述的事实，但同时又是很难描述、很难叙述的普遍、隐蔽、复杂的事实。[①] 具体而言，文明包含社会活动的发展和个人活动的发展、或者说社会的进步和人性的进步这两个事实。[②] 文明的两大要素，即智力发展和社会发展，是非常紧密地联系在一起的；文明的完善的的确确不仅在于它们的结合，而且也在于它们的同步性以及它们相互激发并产生自身的那种广度、便利程度和速度。”他的研究主题也非常具体，是自公元5世纪罗马帝国崩溃以来到法国革命为止的欧洲文明的发展历程。

汤因比并没有提出一个贯穿始终明确而细致的定义，而只是表示文明在一定程度上等同于社会，而社会作为“可以自行说明的单位”又可分为原始社会和文明社会；而社会是“人和人之间

① 基佐著，沅芷译：《欧洲文明史》，商务印书馆，1998年版，第4页。

② 基佐著，沅芷译：《欧洲文明史》，商务印书馆，1998年版，第11页。

关系的产物”，是“由一个创造性的少数和一个没有创造性的多数成员组成的”“行为的场所”。[①]“文化成分是一个文明的精髓，而经济和社会成分是比较不太重要的成分”。[②] 有感于主要由民族国家发动起来的两次世界大战带给人类的巨大浩劫，汤因比把文明置于比国家更高的地位。他认为，区域性国家与文明是局部与整体的关系，而普遍国家则是文明衰落的伴生物，民族国家是近代有害的偶像崇拜的产物，文明在时间上比国家持久、在空间上比国家广阔，文明当然比国家更为根本。

亨廷顿则认为，文明既根据一些共同的客观因素来界定，如语言、历史、宗教、习俗、体制，也根据人们主观的自我认同来界定，文明包括“价值、规则、体制和在一个既定社会中历代人赋予了头等重要性的思维模式”，文明是最大的文化，是文化实体而不是政治实体。[③]亨廷顿与汤因比一样，认为文明是所有史话中最长的史话，一个文明可能包含一个或多个政治单位（城邦、帝国、联邦、邦联、民族国家、多民族国家），在现代世界，大多数文明包含两个或两个以上的国家，它们的利益联合和冲突日益受到文化和文明的影响。虽然他也认为“政治制度是文明表面转瞬即逝的权宜手段”，不过他坚持“国家是而且仍将是世界事务中最重要的因素。”[④] 有感于伊斯兰教复兴运动的巨大声势及其所带来的巨大影响，亨廷顿还断言，在所有界定文明的客观

① 汤因比著，曹未风译：《历史研究》（上），上海人民出版社，1996年版，第267页。

② 汤因比著，曹未风译：《历史研究》（中），上海人民出版社，1996年版，第206—226页。

③ 亨廷顿著，周琪译：《文明的冲突和世界秩序的重建》，新华出版社，1998年版，第25页。

④ 亨廷顿著，周琪译：《文明的冲突和世界秩序的重建》，新华出版社，1998年版，第28页。

因素中，最重要的通常是宗教。在现代世界，宗教是主要的，可能是唯一主要的活动和动员人民的力量。具体到西方，他表示，“西方的基督教，先是天主教，尔后是天主教和新教，从历史上说是西方文明唯一最重要的保证。”[①]

总之，基佐的文明研究更大意义上只是一种著书立说的学术活动，没有太多的“以资时政”的主观愿望。因为潜藏“法国为欧洲之师、欧洲为世界之师”的预判在先，对非欧洲文明并没有太认真地对待；又正因为几乎不涉及文明之间参照比较，基佐的文明定义顾虑最少也最简洁。而越往后，基佐不用面对的问题变得越来越难以回避，在汤因比和亨廷顿那里，文明附着了太多的文明本身以外的意义，其内涵也越发复杂而意味深长起来。

另外，由于立意不同，三人研究主题也各不相同。基佐的研究目的最单纯，不过是要“参照文明的进展对欧洲近代史作一回顾……对欧洲文明的历史、对它的起源、它的发展、它的目的、它的特性作一概述。”[②] 汤因比具有非常明显的理论的自觉，试图建构一个适合所有已知文明的综合模式。为此，他描绘了一幅上下 6000 年的恢宏的人类文明图景，并纵向勾勒文明成长的历史轨迹和规律，文明的演进历程及一般模式或者说文明的起源、生长、衰落和解体过程。而亨廷顿的忧患意识最深切，其目的是要提供一个更有意义的和更有用的观察国际发展的视角，是要提出一个对于学者有意义的和对于决策者有用的看待全球政治的框架或范式。[③] 他断定，文化和文化认同（最广泛的层面上是文明

① 亨廷顿著，周琪译：《文明的冲突和世界秩序的重建》，新华出版社，1998 年版，第 56—60 页。

② 基佐著，沅芷译：《欧洲文明史》，商务印书馆，1998 年版，第 2 页。

③ 亨廷顿著，周琪译：《文明的冲突和世界秩序的重建》，新华出版社，1998 年版，第 2 页。

认同）形成了冷战后世界的结合、分裂和冲突模式，横向解析异质文明之间的互动关系是其主要目的。不过，在焦灼的心态下，他的“盛世危言”论最急躁和独断，也更易引人误入歧途。一言之，基佐探讨了欧洲文明这个个案的生长规律，汤因比则讨论了历史上文明演进的一般模式以及文明之间的相处之道，而亨廷顿主要讨论的是不同文明之间的相处乃至冲突的现实。

二、文明的生长

基佐认为，法国文明是整个欧洲文明的一面镜子，是欧洲文明的中心和焦点，而欧洲文明则是世界的忠实的映象。他用极度简洁的笔法勾勒了罗马帝国崩溃以来的欧洲文明“从分散到统一”的历程，同时在叙述当中贯穿了社会和心灵的相互碰撞、相互促进、共同发展这条暗线。

总括起来，基佐认为罗马帝国崩溃以来的欧洲文明史以10世纪、16世纪为界，可以概括为三大阶段：5世纪到10世纪为第一阶段，在这期间，近代欧洲文明的三大因素——罗马因素、基督教因素和日耳曼因素——的发酵和混合的工作一直都在进行；只有到了10世纪末，发酵才停止，混合工作才差不多完成，新秩序和真正的近代社会的发展才开始。10世纪到15世纪末为第二阶段。欧洲野蛮状态在10世纪初达到了它的最后时刻，欧洲介入封建制度阶段。这一时期的特征是社会因素弱于个人因素，在发挥个人性格方面粗野而大得难以置信，同时坚持顽固的生活方式，长期反对变革和进步。不过从一开始，与封建制度不相类似的社会的成分和机构（如王权、自治城市）在借用封建的形式时并不抛弃它们自己的本性和特殊原则，一直在努力摆脱与其真实本质无关的形式而采取符合其特殊的生命原则的形式。16世纪以后为欧洲文明的第三阶段。在这一阶段，思想和生活方式的变化与国家和政府的变革取得了突破性的进展。以宗教改革和英国革命为代表，心灵的解放和纯君主制同时在欧洲旗开得胜，现代社会从此真正开始，欧洲文明进入了一个有共同事实、共同思想、有秩序和统一的时代。这个阶段的主要特征是多样化不复存在，而同一性则导致了统一，再也找不到孤立的事实，一切都相互接触、混杂，并在会合中改变。

不过，基佐并没有试图抽象出一个放之四海而皆准的普遍的文明生长的规律，而只是从欧洲文明的发展历程中得出了两个非常直观的启示：首先，基佐反对"单向度"的文明、否定单一原则肯定多样性原则（早期欧洲文明）。他认为，近代以前欧洲的文明之所以没有像希腊文明那样在惊人发展以后的突然衰竭，或者像古代印度文明那样陷于停滞，得归因于欧洲文明与前述文明的单一原则相区别的多样性原则。欧洲文明的各种因素没有一个曾在欧洲文明史中垄断过统治地位，而是经常处于靠拢、合并、战斗和妥协的状态。[①] 这种混乱、分歧和斗争一方面使欧洲付出了很大的代价，另一方面却又给人民和个人带来最完全、最丰富乃至近乎无限的发展机会，这种动荡、辛苦和激烈的状况比其他文明的单纯性带来多得多的益处，人们所得远胜过所失。[②] 其次，基佐提倡贯穿整个欧洲文明的平衡发展原则。他认为，政治和社会发展与人的内在和道德发展相辅相成，它们之间可能插入好几个世纪和各种各样的障碍，但它们迟早总会再度互相结合，

① 基佐著，沅芷译：《欧洲文明史》，商务印书馆，1998年版，第42页。
② 基佐著，沅芷译：《欧洲文明史》，商务印书馆，1998年版，第40页。

这是文明发展的自然法则。[①] 欧洲文明的历史表明，文明的某一个方面的绝对发展和过分自信的后果是灾难性的，文明的发展必须避免理性（或心灵，比如启蒙时代理性主义的绝对统治）和政治（或社会，比如“太阳王”路易十四时期达到极致的绝对主义王权）的错误和暴政。

较之基佐，汤因比的文明生长模式更加抽象化、模式化。他认为，文明的一个生命周期分起源、生长、衰落和解体四个阶段。文明起源是少数无产者（创造者、先锋、英雄、超人、天才、神秘家、普通人组成的“面团里的酵母”）对最适度的挑战成功应战，从而带领人类从原始社会的静止状态进入到文明社会的发展状态（由于最适度的挑战是如此的可遇而不可求，汤因比认为在当时已知的650个左右的原始社会中仅有极少数、约二三十个跨越了这道门槛）。文明的生长则是富有创造力的少数人通过退隐和复出持续地对不断涌现的新挑战进行成功的应战，从而形成一个周而复始的不断升华和分化的过程，升华促进了“自决能力”的不断增长，而分化则导致了文明差别和特性的凸显。从理论上讲，文明的生长进程是无止境的，但汤因比认为，事实上死亡是每个文明所面对着的一种可能性，由于自决能力的丧失，文明趋于衰落乃至最终解体。文明衰落的征兆是少数人创造力衰退，多数人相应撤销模仿行为，社会明显分裂为少数统治者、内部无产者、外部无产者。在文明的解体阶段，两出情节不同的戏剧同时分头上演。一方面失以不变应万变的少数统治者在不断重复自己的失败，另一方面是新的挑战不断激起新入围的少数人创造性的应战。不过，普遍国家和蛮族英雄最终都未能使旧文明死里逃生，而普遍教会却充当了“从蝴蝶到蝴蝶之间的卵、幼虫和

① 基佐著，沅芷译：《欧洲文明史》，商务印书馆，1998年版，第14—15页。

蛹体”，使新文明在旧文明的解体中浴火重生，开始从起源到生长、衰落、解体的又一次轮回。

需要指出的是，汤因比奉行进步的历史观而非简单的历史循环论。他非常诗意地表示：“人类尘世历史表现于人类社会的起源、生长、衰落和解体。所有这些生命的翻腾动荡……既不是一个不分胜负的战争的一次变动，也不是地狱中踏车的一次旋转。这个永远旋转的车轮并不仅仅是一种循环重复。如果每一次旋转都使这个车轮朝着目的地走近一步，如果每一次重生表示一些新东西的产生而不是复制一些过去已经生活过而又死了的东西，那么轮回就不是在地狱的车轮上永施苛刑的可怕手段了。”[①] 据汤因比判断，迄今还没有一个文明超过第三代，世界文明的谱系如下图。

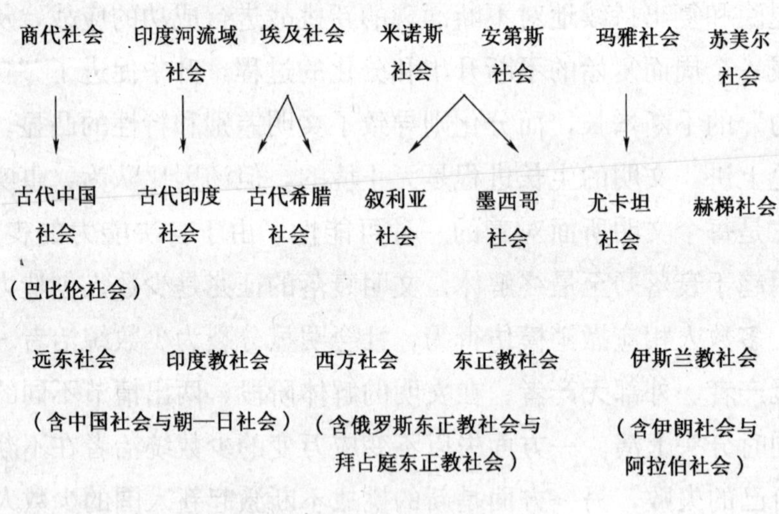

图1　汤因比的世界文明谱系

① 汤因比著，曹未风译：《历史研究》（下），上海人民出版社，1996年版，第338页。

汤因比早先的文明生长模式是以希腊文明为事实蓝本的，后来他意识到这个模式未必具有普世的效力，为此对其文明模式做了补充和修正，提出了三大模式。除原有的经典模式——希腊模式以外，增加了犹太模式和中国模式。在他看来，人们可以通过希腊模式来了解从区域性小邦到大一统帝国的情况，从而领悟到凭借武力称霸世界只能导致人类的毁灭；可以通过犹太模式来了解在大一统的世界上保持民族文化特性的情况，从而预见到区域性的民族国家终将消亡，而散居社群将可能成为未来世界的社会形态；可以通过中国模式来了解统一国家在治乱交替中得以延续的情况，从而认识到中国在世界和平统一的事业中将起举足轻重的作用。[①] 他认为希腊模式广泛适用于各文明史的早期阶段，中国模式则广泛适用于各文明史的晚期阶段，把中国模式的晚期阶段与希腊模式的早期阶段结合起来，构建一个改良的希腊—中国模式。这一组合模式显示文明在开始时存在文化统一却没有政治统一，但这种混乱局面早晚会为大一统国家的建立所取代。这个统一国家周期性地陷入无政府状态，但无论这类中间阶段的长短，总会再度统一，由此形成一种治乱交替的循环过程。他认为，这个新模式无可争辩地适用于大多数被称为“文明”的社会形态。[②]

不过，汤因比并没有太多地修正其文明四阶段生命周期模式，这个模式仍然以希腊文明为事实基础，而且其本身也是典型的西方学术和思想传统的产物，无论他如何真诚地试图打破“西方中心论”并建立一个更客观的文明模式，个人认为未必获得了

---

① 汤因比著，王少如等译：《汤因比论汤因比》，上海三联出版社，1997 年版，第 11 页。

② 汤因比著，刘北成等译：《历史研究》（修订插图本），上海人民出版社，2001 年版，第 39 页。

成功；而且这个文明的生长模式太过抽象和“科学”，其学术意义远远大于其现实意义。

三、文明的相处

如果汤因比构建的文明理论范式上过于牵强，其对文明的相处之道的归纳则更接近现实。就西方文明而言，一方面，汤因比认为，过去500年，西方表明自己有能力震撼世界其他地区，使之从昏昏然中惊醒过来。在近代历史时期，西方文明开创了在世界范围内展开的现代化和工业化进程，西方社会的扩张和西方文化的辐射已经把其他一切现存文明和一切现存原始社会卷进了一个囊括世界的西方化范围之中。另一方面，汤因比也不认同流行的“西方中心论”，认为它只是西方物质胜利的假相、自我中心的错觉、“东方不变论”的错觉和直线发展论的错觉，并警告西方在预测西方文明晚近吞并同期文明的最后结果时应稍微谨慎一些，因为即使非西方文明在被西方社会逼到墙角被压抑得很苦，但它们的灵魂却还是它们自己的。

而当弱势文明遭遇强势文明时，汤因比认为，从历史上看，一般有三种反应：排斥（狂信主义）、同化（希罗主义）和前两者的折中（福音主义）。面对更强大、更有活力的外来文明，盲目排斥是一种愚蠢的消极办法，而主动同化与排斥看似对立，实则是殊途同归，其结果都是失败。汤因比认为，明智的选择是二者的“中道”，既不完全抗拒，又不全盘接受。用黑格尔的话来讲，正题与反题的冲突往往会产生一个合题，合题是由两个对立面中抽取出来的因素组成并构成了它不同于其来源的具有自己特色的新起点。由此，他认为，在西方不可能长久的优势已经下降后，西方社会与各个非西方社会的冲突也会产生一个更丰富、因而或许更有收获的“文化混合体”。[①]

与汤因比不同，亨廷顿在文明相遇之处看到的不是“正反合”的良性后果，而是“文明的冲突”。他认为，文化既是团结的力量又是分裂的力量，文化共性促进人们之间的合作和凝聚力，而文化的差异却加剧分裂和冲突。冷战后，一个以文化认同——种族的、民族的、宗教的、文明的认同——为中心，按照文化的相似和差异来塑造联盟、对抗关系和国家政策的世界正在呈现。以意识形态和超级大国关系确定的联盟让位于以文化和文明确定的联盟，即各国作为盟国、卫星国、仆从国、中立国或不结盟国家与两个超级大国相互联系正被各国作为核心国家、成员国家、孤独国家、分裂国家或无所适从国家与各文明相联系所取代，主要文明的核心国家正取代冷战期间的两个超级大国成为吸引和排斥其他国家的几个基本的极，文化共同体正在取代冷战阵营，全球政治正沿着文化的界限重构，文明间的断层线正在成为政治冲突的中心界线，历史上全球政治第一次成为多极的和多文明的。对世界和平的最大威胁可能来自文明的冲突，包括微观层次\地区层次上的断层线冲突和宏观层次\全球层次上的核心国家的冲突，且尤其是后者。

对西方文明而言，亨廷顿认为，自公元1500年以来，西方文明对存在着的所有文明都产生了势不可挡的影响，之前断断续续的或有限的多方面的碰撞让位于此后西方对所有其他文

---

① 汤因比著，刘北成等译：《历史研究》(修订插图本)，上海人民出版社，2001年版，第393页。

明持续的不可拒绝的和单方面的冲击。[1] 不过，亨廷顿断定，西方的黄金时代已经结束，西方的扩张已经终结，西方的衰落已经开始：虽然这个衰落过程是漫长的，可能持续几十年到几百年；轨迹是不规则的，可能中断或倒转。世界正在从根本上变得更加现代化和更少西方化。以此为出发点，亨廷顿提出现代化的进展促使权力正在从长期占支配地位的西方向非西方的各文明转移。对西方来说，明智之举不是试图制止权力的转移，而是学会在浅水中航行，忍受痛苦，减少冒险和捍卫自己的文化。西方的中心问题是果断进行自我更新，制止和扭转内部的衰败进程以避免自身的加速终结和（或）屈服于其他在经济和人口方面更充满活力的文明，西方领导人的责任不是试图按照西方的形象重塑其他文明，而是保存、维护和复兴西方之为西方的独一无二的特性。亨廷顿尤其强调美国和西方的未来取决于美国人再次确认他们对西方文明的责任，并表示这意味着在美国国内拒绝造成分裂的多元文化主义的诱人号召，在国际上奉行大西洋主义的联盟政策，因为没有美国，西方便会成为“世界人口中的一个微不足道的和衰落的部分，居住在欧亚大陆一端的一个小而无关紧要的半岛之上。”[2] 可以看出，作为一个西方人乃至美国人，他对于西方内部的分裂和西方（尤其是美国）的相对衰落感到痛心疾首。

亨廷顿认为，在冷战后更为复杂和异质的世界中，建设在文明基础上的国际秩序是防止世界大战的最可靠保障，建设性的道路是弃绝普世主义，接受多样性，寻求共同性。他

---

① 汤因比著，刘北成等译：《历史研究》（修订插图本），上海人民出版社，2001年版，第31页。

② 汤因比著，刘北成等译：《历史研究》（修订插图本），上海人民出版社，2001年版，第354页。

在接受汤因比在对待外来文明态度上的三种划分的基础上，进而提出了三个原则："避免原则"（避免干涉其他文明冲突）、"共同调解原则"（核心国家相互谈判遏制或制止这些文明国家间或集团间的断层线战争）、"共同性原则"（各文明的人民应寻求和扩大与其他文明之间的价值观、制度和实践）。

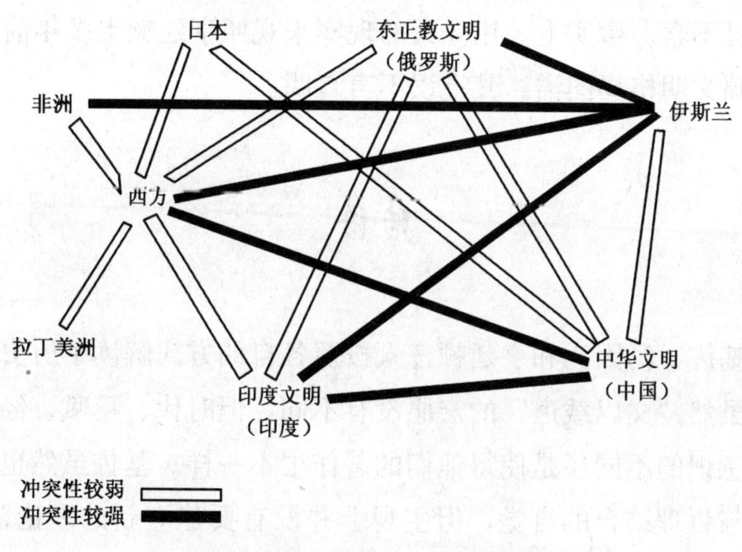

各文明组成的世界政治：正在出现的组合

图 2　亨廷顿的世界文明格局

不过，亨廷顿的文明冲突论只是一种披着文明外衣的"权力政治论"。虽然亨廷顿表示文明或许可以增强信任感、亲近感，可以充当民族、国家之间的粘合剂，但他有认为伊斯兰文明和儒教文明的接近和合作是基于敌人的敌人就是朋友的利益逻辑而非文明的逻辑。在对待俄罗斯的态度上，亨廷顿同样难以自圆其说。一方面他强调俄罗斯与西方存在文明的差异而拒斥俄罗斯，另一方面在划分营垒时又希望俄罗斯站在西方的一边，这显然是利益考虑优先于文明认同的又一实例。在这位深怀忧患意识的现实主义学者面前，在特别关乎美国的利益和霸权的地方，文明可以作为旗帜，但权力才是手段，利益才是目的。其“为美国霸权谋”的狭隘心态不可避免地严重损害了立论的客观和公允。如亨廷顿自己坦言，为自圆其说他难免“省略了许多事物、歪曲了一些事物、模糊了其他事物”，[①] 虽然这种狭隘可以理解，但读者却不可不察。事实上，用今天的现实来观照亨廷顿十多年前建构的这幅文明格局图谱，其讹误不言自明。

结语

基佐、汤因比和亨廷顿三人按照各自的方式解读了历史和文明，虽然“文以载道”的宏愿没有不同，但时代、禀赋、经历和问题意识的不同还是使得他们的著作很不一样。基佐虽然也有把事实与哲理结合的自觉，但主观上并没有要建立新的理论范式。汤因比和亨廷顿都试图建构不同于前人或常规的新的理论范式，其心气不相上下，但是否获得了成功却同样可疑，至少在我是这样认为。要把极度纷繁复杂的文明历史和现实纳入一个极度简约而抽象的范式，如果不是完全不可能，至少也非一人所能为。重要的也许不仅仅是他们告诉了我们什么，还包括他们没有告诉我们什么（或者促使我们去思考什么）。我们尽可不同意其观点，但大可不必因此求全责备，更不能因此而否定其学术创新。至少

① 亨廷顿著，周琪译：《文明的冲突和世界秩序的重建》，北京，新华出版社，1998年版，第9页。

三人都敏锐地捕捉到了现实中正在发生微妙的变化，认识到文化和文明作为历史的塑造力量之一深刻影响了且将继续影响人类的历史进程。即使他们的解说并不百分之百正确——他们本人也并未如此期望（汤因比曾说过，历史学家的看法只是许多看法之一种）——但无疑发人深省。

所谓英雄所见略同，其实，撇开三人理论和形式上的差别，三人的文明理念却非常近似。概言之，他们都认为文明的活力的源泉在于自身，也都认可文明（无论是对内还是对外）的多样性原则（不管出于自愿还是为形势所迫）。汤因比强调文明的自决能力，认为文明多半是自杀而非谋杀；而亨廷顿也强调文明的自我更新。基佐用欧洲早期文明的事实证明了多样性原则的优越，汤因比也表示虽然人类需要团结一致，但是在统一的大前提下，人类也应该能够允许一些差异，这样人类的文化将会更加丰富多彩。[①] 亨廷顿虽然对维护美国乃至西方的霸权念兹在兹，但也承认多样性原则的合理。

将来或许还会不断地有新的文明理论或者范式出来，也还会不断地有关于文明的新作问世，但关于文明生长和共处的智慧却历久不变——它们不仅永恒，而且与它们是由基佐、汤因比、亨廷顿还是张三李四说出来并无太大关系。学者们所要做的或许只是在它们不幸被世界暂时遗忘时记得及时予以提醒，而政治家们所要做的则是给这些文明的原则真正注入贯彻实施的政治意愿而不是口惠而实不至。在动荡不定和模糊不明的情况下，武断的乐观主义和武断的悲观主义都是不恰当的，恰当的做法是认清形势，认真地为实现人类的目标而努力。正在为获得批准而努力的

---

① 汤因比著，刘北成等译：《历史研究》（修订插图本），上海人民出版社，2001年版，第395页。

《欧盟宪法》把“多样性中求同一”（unity in diversity）原则规定为欧盟的法定箴言是朝着这个正确的方向迈进了一大步，但愿有更多的文明加入这一努力。

信息时代的国家安全战略

张新华*

内容提要：在信息时代，“国家安全”的定义看起来不可避免地要进行修改，国家安全的范围也必须扩展。“国家安全”已经是一个相对较为宽泛的概念。然而，在信息时代，以前从未有过的众多问题或许可以被广泛地认作为国家安全问题。许多国家安全问题将围绕信息安全问题展开，或具有强烈的信息内容，甚至可以说信息安全将成为统帅众多关键领域的最基本、最核心的国家安全问题。

一、国家安全的传统含义

对于国际系统中所有的国际行为者来说，国家安全是一个关键的目标，甚至可以说是它们的首要目标。然而，对于“国家安全”却难以进行准确的定义。与防卫和防卫政策一样，它是一个

* 张新华，上海社会科学院信息研究所研究员。

相当宽泛而深远的概念。一直到第二次世界大战之后，这一概念才得到普遍使用。在美国，这一概念最早出现在1947年的国家安全法案中，这一法案授权国家安全委员会“针对综合的国内、国外和军事政策，对有关的国家安全事务向总统进行建议，以使军队和其他政府部门和机构能够在国家安全事务中更为有效地进行合作。”①

一般说来，国家安全包括这样一些目标：针对来自于外国物理性攻击的安全防卫和保护；为它的部分或全部公民确保经济繁荣和物质生活保障；保护国家核心价值观；以及维持和改进流行的生活方式。那么，其具体内容就是指保护一个国家、它的领土和它的人民免受来自于外来力量的物理性攻击，以及保护国家重要的经济、政治、军事、社会、文化和可估价的利益免受来自于国内或是国外，可能破坏、侵蚀或消除这些利益并因而威胁国家生存的攻击。这类保护可以通过军事或非军事手段来达成。②

然而，在一个国家的安全综合体中，哪一些组成因素的相对重要性更为显著，并不是静止不变的，它们随着时间和空间的演化而发生着变化。在民族国家概念出现以降的历史上，安全问题自始至终又总是与时间和空间纠缠在一起，其间的主要决定因素之一是传播和交通技术的水平与结构。迄今为止，人类文明的发展历程就是连续不断地以传播和交通技术进行“时间征服”和“空间征服”的过程。历史上，每一次传播和交通工具的革新都对时、空维度以及国家的政治过程和军事战略与实力产生过重要影响。这种影响表现为国家实力的损益程度以及安全的范围、格

① The National Security Act of 1947, July 26, 1947, in 50 U.S.C. 401.

② Peter L. Hays, et al., What Is American Defense Policy? p. 8.

局和战略思维。在进入现代电子社会之前的长期历史过程中，根据当时所掌握的技术水平和当时的社会条件，人类的努力有时偏向于“时间征服”，有时偏向于“空间征服”。[①] 贯穿整个历史，人们持续地追寻技术改进以克服由时间、距离和地点带来的限制，从而改变了安全范围、格局和防卫能力。历史充满了证明这一观点的例证。

空间概念对于人类一直是一个相对的概念，并且总是随着国家的战略延伸能力而逐步变化，呈现复合叠加趋势。对主导空间的征服和控制一直是国家安全和国家战略的重要目标。近代以来，水域的控制和防卫对各国都是一个十分敏感的问题。大英帝国就是建立在制海权基础上的，直至第一次世界大战，对制海权的控制仍是国家安全的最重要指标。美国、德国以及俄国这样的大陆型国家的崛起打破了海洋帝国的神话，制空权便与制海权一起成为二战期间以及二战以来至关重要的安全领域。核时代的来临使国家获得了洲际打击能力，空间概念和对应的安全范围再次改观。从本质上看，决定这种演化的是信息传播和通讯技术。长久以来，信息和通讯技术即使在它们的“原始”形式时期，就在国家安全和防卫事务中发挥着重要的作用。

只是当现代计算机技术与通讯技术结合并广泛应用而出现了网络化、信息化的技术和社会结构后，人类才真正开始了同时进行时空征服之旅。这就是我们正在信息空间内经历的进程和变化。

---

① Daniel J. Czitrom, Media and the American Mind: From Morse to McLuhan, The University of North Carolina Press, 1982；中文版，中国广播电视出版社，1991 年版。

二、信息安全概念的浮现

信息化时代的来临正在酝酿时、空概念的又一重大变革，信息社会中联系方式的革命已经改变了人们对地域的传统观念。事实上，信息时代的科技正在减少时间、距离和地点对人类交互作用的影响。以信息技术为核心的力量正呈现出打破国家框架的势头。领土与边界的划分已不再是绝对封闭的框架。这就使国家安全出现了一个前所未见的新的信息维度。知识等无形和主观权力基础的重要性与传统的有形因素相比变得日益重要，一个受信息驱动或受信息激活的革命，是一个包括创造和利用“信息优势”杠杆作用的革命。[①] 信息与通讯技术的发展使国家的边界变得异常脆弱，甚至在某些方面形同虚设。每时每刻都会有大量的信息流过几乎所有国家的国土，这些信息有的是正常的商业、文化活动，有的则是非法的、有害的，乃至侵犯一个国家的主权。由于信息和信息技术的特有功能和权力，国家实力和安全以及相关的国际、国内因素都处在变迁、组合和转移之中，从而酝酿着新的安全格局和形势。信息安全概念就是20世纪末叶随着信息空间的出现和扩展而出现的新概念和新问题。

国家是人类社群空间存在的一种形式，其正常而有效的存在，即国家在一定空间范围内的生存安全是实现其他一切利益的

---

① David S. Alberts, John J. Garstka, and Frederick P. Stein, Network Centric Warfare: Developing and Leveraging Information Superiority, Washington, CCRP Publication Series, 1999.

首要前提。在前信息时代，国家安全的内涵对外表现为保障领土安全——避免与邻国发生边界冲突或防范入侵；对内则表现为维系社会稳定——制止暴力犯罪和避免大规模动荡。前者主要通过强大的军事力量来实现，后者则更加注重依托法律法规来施行。由于不安全的因素基本上都在明处，敌我之间的区分也相对容易，这使得国家能够集中注意力，通过强化国防和加强控制等举措来规避风险，保障切身安全。

信息时代的特点，就是信息流在人们的基本生活之中扮演着越来越重要的角色，人们当然也就越来越依赖于信息流的正常流转。于是，破坏或者操纵信息流就成为这个极端依赖于信息的时代新产生出来的较量手段。通过破坏或操纵计算机网络上的信息流的办法，对敌手的电话网、油气管道、电力网、交通管制系统、国家资金转移系统、各种银行转账系统和卫生保健系统等实施破坏，以达到战略目的。这一作战手段，在美国这个走在信息时代前端的国家早已成为热门话题。这样，信息技术与战略目的的结合，使信息安全问题变得十分复杂而完全不同于常规安全问题。过去的常规攻击和战争，即使核战争，都是以摧毁“原子”为目标的，无论是手脚、棍棒、刀矛、枪炮，还是核武器，无非是能力的扩展，但目标还是“原子”的。甚至C3I或C4I战争，其基本着眼点也未完全改变。然而，在信息时代，完全可以以“比特”为直接目标，通过破坏或操纵“比特”来达到间接摧毁或控制“原子”的目的。而破坏或操纵“比特”的手段可以是“原子”的——如电磁脉冲炸弹等，也可以是“比特”的——如计算机病毒。这后一种手段当然更具有信息时代的特点，而且它可能使战争的形态，以及人类社会生活的许多方面都大为改观，因而需要新的概念和战略对策。

三、呼唤新的安全观念和新的安全战略

随着信息时代的来临，尤其是以互联网为核心的“无国界数字化空间”的全面扩展，国家安全的概念与内涵正在发生潜移默化的变迁。随着信息载体功能的增强，信息的媒介作用开始普遍化、社会化和多元化。信息化、网络化正在消除空间和速度对人类的束缚，为人类的发展开辟了“第二宇宙”。国家信息基础设施的发展和互联网的扩张创造出了一个无时无处不在的信息空间，这就把国家安全的视野从单纯的物理疆域扩展至数字化空间，而且由于信息渗透一切领域的特性，所以国家安全的范畴相对传统的领域有了更深广的扩展，除了传统意义上的领土安全和社会稳定依然是国家安全的重要支柱外，政治安全、经济安全、文化主权，特别是网域安全等具有更重要的意义，安全防卫重点便从处理危机扩大到全面防范。已有若干因素表明，涉及国家安全的范围拓展了，防范的难度增大了，而且出现了许多全新的危及国家安全的形式，从而也出现了所谓“信息主权”、“网域”、“基于网络空间的第五国防”，[①] 乃至以“智识域”概念为核心的“信息大战略”等新思维。

具体说来，“国家安全”的定义看起来不可避免地要进行修改，国家安全的范围也必须扩展。如同我们在本章前面所看到的，“国家安全”已经是一个相对较为宽泛的概念，然而，在信息时代，以前从未有过的众多问题或许可以被广泛地认作为国家

① 陈细木：《中国黑客内幕》，民主与法制出版社，2001年版，第186页。

安全问题。许多国家安全问题将围绕信息安全问题展开，或具有强烈的信息内容，甚至可以说信息安全将成为统帅众多关键领域的最基本、最核心的国家安全问题。这个看法基于以下事实：

第一，国家安全由于信息安全问题的模糊性和跨界性而显得越来越综合。科技使信息的移动越来越容易，组织的边界、国家的疆界以及其他国家和亚国家，国家及国际行为者之间的分界线变得日益模糊和具有渗透性。安全攻击源和安全防范对象都将趋于多元性、广谱化。虽然国家安全总是包括国内部分，国内/国际二分法日益增加的渗透性和模糊性以及众多针对安全的挑战源和威胁源的不断增长的不确定性，意味着将会比以往更难以将国家安全问题从法制力量、警察和其他相关领域中区分出来。在信息时代，国家安全的挑战和威胁来自于不同的渠道，包括某些在过去或许不会成为国家安全关注点的机构，其中越来越多的问题将可能被看成具有国家安全的性质。

第二，信息控制权和访问权成为国家安全的关键领域。随着信息时代科技日益普遍深入，并且信息社会的发展日益依靠于这些科技，对科技依存度的增强会使国家更易受到攻击。这些易受攻击性可能会因对信息的改变，拒绝服务，破坏或毁灭科技，或者甚至仅仅是简单地因为在国家层面上丧失了对于信息的控制权和访问权而产生。例如，在金融世界中，资金几乎可以在世界的任何角落通过电子调动方式瞬间从一个地方转到另一个地方。这种情况削弱了国家对于跨越它们国界的金融流动和商业交易进行控制和监视的能力。因此，与以前相比，国家维持控制国际金融和自己货币，以及这方面情报的能力就减弱了。从某种程度上说，金融控制和维持货币稳定也是国家安全的关注点，因此这方面的问题将可能演化为国家安全问题。再加上其他领域的边界也正在变得日益模糊，显然国家正在失去影响到人民幸福安康的

"控制权"。

第三，跨国信息流动和信息安全问题被突出地提高到了国家安全层面。尽管在过去，信息安全主要是一个公司或个人的问题，然而现在在世界范围内通过互联网使信息自由流通的各种方式则将信息安全问题提高到了国家安全层面。资金，数据和其他信息形式跨越国家疆界，甚至在国家之内的电子化移动、电子化盗窃、电子化勒索、电子化贪污、电子化数据变更、以及最坏的情况，通过电子化袭击使影响到经济、政治、社会稳定和国家安康的系统造成破坏等等，显然都是国家安全问题。

我们正在进入一个国家安全事务的新纪元。从上述三个最基本的方面来考虑，我们可以得出结论认为：众多的问题可以被广泛看作是合理的国家安全问题；对国家安全造成挑战的源泉正在进一步增殖；有可能会对国家安全提出挑战的新类型国家行为者正在出现——这些因素结合在一起，暗示着信息时代将会带来一个在冷战时期中曾经令人广为害怕、广受谴责但从未真正实现过的国家安全状态。

四、信息战略成为新世纪国家大战略的核心成分

这个重要的信息范式的出现呼唤着新的战略思维。在这个新范式中，信息和知识以经典的实力政策和国际主义所无法比拟的方式，正在快速成为权力和战略从未有过的强大源泉。作为管理国家的一种方式，信息战略的观念及通过各种媒体表达观念、价值、规范和伦理道德，强化并发挥软权力的作用。这使它有别于强调硬的、物质化权力维度、并将国家视为世界秩序决定者的实

力政策。随着时间的迁移以及全球化智识域的渐趋成熟，它将可能发挥更具主宰意义的作用。

这是因为，实力政策对于今天的国家管理方式虽然仍然具有深远的影响作用，但由于世界正在进入一个新的纪元，许多迹象表明实力政策正达到它的界限，已无法面对新世纪的现实。当国家完全控制国际系统时，实力政策能够发挥其最大的效用，但是时至今日，来自于商业世界和民间社会的非国家行为者的力量正在崛起并改造着国际环境，这就蚕食了实力政策的运行基础；当国家可以自由及独立地运作时，实力政策能够发挥最大效用，然而复杂的跨国互联正日渐抑制其功效；当国家利益在决策中占统治地位时实力政策能够发挥最大效用，但现实情况是，一些“全球性问题”正在崛起并超越了国家的利益，实力政策也就部分地失去了用武之地；当国家主要只对强制性考虑和硬权力的运用做出回应时实力政策能够发挥最大效用，而当今的形势却是国家与非国家行为者们逐渐按照软权力来进行运作；当伦理道德规范无关紧要时实力政策能够发挥最大效用，但随着全球性民间社会行为者们通过各种媒体获得发言权，伦理道德规范正逐渐成为一个重要的因素时，人们又何必过分诉诸实力炫耀呢？当无需考虑诸如全球性智识域之类的因素时，实力政策能够发挥最大效用，但现在这类因素正在出现。此外，当外交和政策主要在黑箱、远离公众监督、强硬的国家控制并无需与众多行为者共享信息的情况下进行操作时，实力政策能够发挥最大效用，但信息革命正使这些情况难以得到维持，并帮助行为者们进行公开化操作和信息共享。实际上信息革命是绝大部分我们以上所谈到的转变的基础，归根结底正是信息范式划定了实力政策的适合度。

与实力政策相比，国际主义更能适应信息时代出现的新现实。但即使如此，它同样具有一些显著的弱点和短处。虽然它有效地强调了跨国性纽带的传播，但除了关注并促进信息和通讯流节点发展之外，主要是在经济范围之内实现的。并且，虽然它承认包括非政府组织在内的非国家行为者影响力的增长，但它所关注的主要是跨国公司以及由国家代表所组成的国际组织，很少注意到全球性民间社会非政府组织影响力的提高。最后，虽然它预言了组织网络形式的出现，但它所采取的主要是由上至下而非由下至上的方式。信息范式的出现，正在引起一场各个领域的革命。

综上所述，随着信息革命的深入和全球化的普遍推进，全球大战略正在发生着某种变化。国家安全专家们长久以来将他们的考虑基于传统的政治、经济和军事权力维度之上。现在，他们看到了"信息战略"这一新领域正在浮现出来。尽管还不成熟，但是它将重新定义这三个传统维度，并且正在创造出包含科技与社会互动内容的"信息"维度。世界正在重新成为一个各种观念相互比拼的战场，并且不再仅仅将物质资源作为激烈竞争的目标。在这个新世界中，成功的关键可能在于熟练地对信息能力和资源进行战略性管理。因而，处在这个大战略中心的就是对于信息安全的关注和信息战略的构建与运用。

以上分析表明，国家安全范围正在扩展，信息安全问题正在成为国家安全的核心领域，从而使信息战略成为国家管理最高层次上的战略范式。这种范式建筑在观念、价值和伦理道德规范这些软权力的基础之上。从理想状态来说，希望能够建立一个综合、完整的国家信息战略，战略的终极目标和手段都将最终归结成一个互为联系的模式。这意味着需要在保卫众多的信息能力和资源的访问权，以及在国际系统之间鼓励尽可能的开放性两者之间达成平衡。讲明白一点，就是在阻止并打击信息攻击的同时，利用信息软权力加强信息渗透和扩张，迫使其他国家开放信息主权，以扩散自己国家的利益和价值观。所以，信息安全和信息战略其实就存在着两条战线。

这两条战线称为信息战略的两个“极”，就是说，信息安全战略有两个互相关联的领域。其中的一个极或一个领域为科技极，即数码空间的保险性和安全性。这一极所关注的主要是如何防卫敌对政权、恐怖分子和罪犯，以及如何利用数码空间来进行反击。另一极所关注的是政治观念。信息战略被看作是控制和表达国家观念的“软权力”，并以此作为吸引、影响和领导其他人的一种方式。在该战略后面起作用的动机是机会而非威胁，这就使信息安全问题增加了一个十分重要的信息霸权、信息渗透、信息主宰、信息污染以及与此相关的信息主权问题。

目前人们对于第一极的威胁比较关注，数目不断增长的研究体正在进行研究以确定其中的关键技术风险和弱点。关注和研究的重点主要集中在基于数码空间的攻击弱点，以及继之而起的有关恐怖主义等极端化潜在威胁（例如，在美国有人提出要警惕“电子珍珠港事件”）。相比之下，对于另一极的认识却比较肤浅。特别对于后发国家来说，对于发达国家利用智识域方面的优势进行信息渗透的战略缺少警惕，更未看到其中的机会并构筑新的信息战略。所以，分析家的视野必须超越基础设施防卫；数码空间中除了技术易受攻击这一点之外，还存在着其他更多的议题。他们的视野同样也必须超越风险以帮助澄清其中所存在的机会。对于中国来说，警惕地判明正在出现的战略格局，从战略高度看待信息安全，构筑新的以信息为核心的大战略，则是当务之急。

全球能源的政治经济学与能源战略

管清友*

内容提要： 本文基于对能源商品的特点和国际油价的长期走势的研究指出，由于能源商品具有经济和政治双重属性，其价格长期具有相对稳定性。决定国际能源价格长期趋势的因素有两个：第一，与能源相关的众多利益集团基于市场的博弈；第二，国际能源机制的长期稳定。各国都从本国最大化的经济政治利益出发决定其在能源问题上的立场，并借助权力实现它。能源利益分配是大国实现或巩固有利于己的世界经济政治安排的一个重要工具，国际能源机制所反映的实乃国际政治的权力结构。

* 管清友，中国社会科学院研究生院博士研究生。

一、能源经济学的研究对象

1. 能源的含义

詹姆士·斯文尼（James L. Sweeney）认为，能源经济学研究的对象是能源类的资源和商品，包括：工厂和居民消费的动力的提供、转化、运输、使用和废物处理、能源市场价格和管制、分配，与能源有关的环境问题以及如何有效利用等等。其基本前提是B：（1）能源不能被创造也不能被毁灭，但是可以在各种形式之间相互转化。（2）能源来自自然又归于自然，人类利用能源的转化过程来为自己提供能量。能源需求来自于对能量的偏好，并依赖能源转化的成本。能源商品是经济的替代品，因而能源有些是不可再生的有些是可以再生的，有些可以贮藏，有些不能贮藏。人类使用的能源基本上是不可再生的资源，尤其是化石燃料。[①]

能源是指能够产生能量的物质，如燃料、风力、水力等。广义上说，自然界的任何物质都可以看作能源，因为几乎所有的物质都可以用来产生能量，只不过产生能量的效率或可能性存在很大差别。比如：两块石头摩擦可以生成火星，这种物质具有能源特征；土地可以生长植物等，也具有能源特征；狭义上说，能源仅指能够直接产生热能、动能、光能等的物质，如石油、煤炭、天然气、氢、铀等。石油可以炼成煤油、汽油、柴油等，它们可以用来燃烧，生成热量，同时发出光，并且可以用来推动机车运动；煤炭燃烧可以生热、发光，可以生产电力等，也可以推动机

① James L. Sweeney，Economics of Energy，www. stanford. edu/～jsweeney/paper/Energy%20Economics.

车运动。我们这里仅研究狭义的能源。

与能源紧密相关的一个概念是资源。资源是指生产资料或者生活资料的天然来源，如地下资源、水利资源、旅游资源等。资源包括的范围比较广。凡是能够被人们利用、对人们有用的自然物质都可以成为资源。如水、石油、煤炭、石头、森林等。资源的范围比狭义的能源要广的多。能源属于资源的一部分，仅指能够产生能量的资源，许多并不产生能量的物质也同样对人们有用，如铁矿石、铝矿石、石头等，都是资源。

2. 石油的特点

石油在能源当中无疑是最重要的。“石油或许是能源太空中最耀眼的一颗明星，是20世纪政治和经济学的辉煌、杰出的塑造者，并占有世界能源市场约40%的份额。”[①] 石油如此重要，以致于小约瑟夫·奈在其《理解国际冲突——理论与历史》中把石油称之为“权力的源泉”。[②]

石油是可耗竭资源，其可耗竭性表明，对石油的需求数量远远超过了供给的数量以及蕴藏量。正因为如此石油资源才显得在一定价格水平下具有相当的稀缺性。随着科学技术的进步和不断发展，世界石油、天然气等传统能源已经探明和尚未探明的储量不断增加，但是按照目前全世界对石油的依赖和需求，石油庞大的储量总有耗竭之时。石油的其他特点都是建立在其可耗竭性的基础之上的。概言之，作为可耗竭资源的石油资源的基本特点大致有三个：

第一，广泛和高度的被依赖性。作为可耗竭资源，石油无法被

① 保罗·罗伯茨：《石油的终结》，中信出版社，2005年版，前言第XIV、XV页。

② 小约瑟夫·奈著，张小明译：《理解国际冲突——理论与历史》，中译本，上海世纪出版集团，2001年版，第296页。

制造，并作为现代社会的基本动力，俨然让人类对这种商品产生了极大的依赖性，具有不可替代的地位。由于对石油的高度依赖，石油需求缺乏弹性。剑桥能源学会主席丹尼尔·耶金曾经说到，石油行业是世界上最大和最普及的商业，也是19世纪末的10年中兴起的最大的大工业。没有一门工业能像石油这样把风险和报酬的意义以及机遇和命运的力量作如此深刻的解释。现代社会已经演变成了一个“碳化氢社会”，而我们用人类学家的语言来说，又怎样变成了“碳化氢人”。20世纪，石油和天然气取代了煤成为工业化世界的动力资源。石油也成了改变当代景观和现代生活方式的大规模战后城市郊区化运动的基础。今天，我们日常生活的各个方面都离不开石油，以致我们简直不会去思考一下石油的广泛重要性。[①]

19世纪70年代的产业革命以来，化石燃料的消费急剧增大。初期主要以煤炭为主，进入20世纪以后，特别是第二次世界大战以来，石油以及天然气的开采与消费开始大幅度的增加，并以每年2亿吨的速度持续增长。虽然经历了本世纪70年代两次石油危机，石油价格高涨，但石油的消费量却不见有丝毫减少的趋势。以1994年为例，世界能源的总消费量以石油换算为79.8亿吨，其中石油占39.3%、煤炭占28.8%、天然气占21.6%。2004年，全世界能源消费构成为：石油占36.8%、煤炭占27.2%、天然气占23.7%，水电6.2%，核电6.1%。据《国际能源展望2004》预测，在2001—2025年的预测期内，世界石油需求将年均增长1.9%，即从2001年的每天7 700万桶增加到2025年每天12 100万桶，其中绝大部分增加量出现在美国和亚洲发展中国家和地区。其中，美国、中国和其他亚洲发展中国家和地区将占世界石油需求增加量的近60%。据预测：世界

① 丹尼尔·耶金：《石油·金钱·权力》，新华出版社，1992年版，第2、3页。

上许多地区的国家将在其电力生产领域实施从石油向天然气和其他燃料的转换，但在整个预测期内，石油在世界能源中所占份额将维持在39%左右。运输行业能源消费强劲的增长势头（石油产品占绝对优势）预计将会一直延续下去。这样看来，虽然诸如氢燃料汽车在内的一些新技术不断得到突破①，但是石油仍将在全球能源市场上继续保持优势地位。OPEC秘书处在《2025年世界石油市场远景展望》中也预测到，今后20年，预计新增能源需求将主要靠矿物燃料来满足，其中石油将继续占据主导地位。甚至有人说，观察当今的世界经济只要注意两个问题就可以了：一个是美元，另一个就是石油。

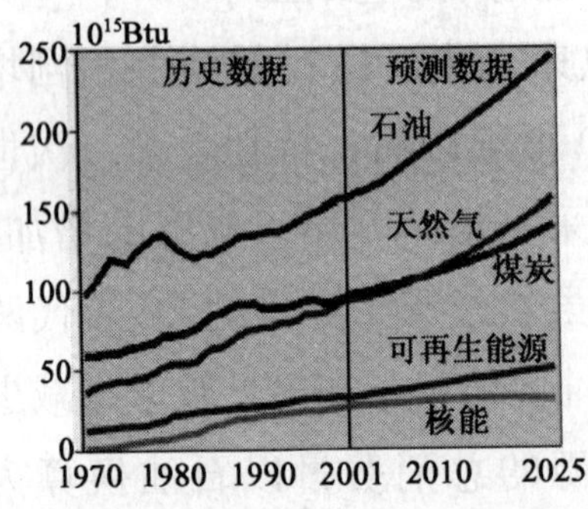

a. 世界不同能源的消费量预测

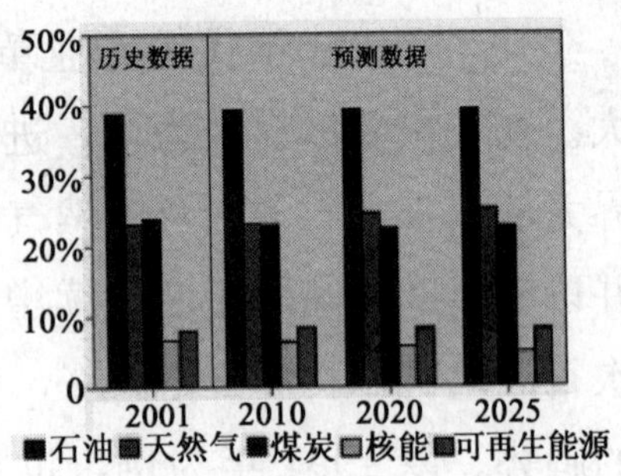

b. 世界不同能源的消费比例预测

图1　全球能源结构预测

资料来源：《国际能源展望2004》，第XII页。

---

① 就目前来看，氢等新能源尚未大面积利用，主要与其价格过高密切相关，即对个体消费者而言，使用石油等碳氢化合物仍然是最经济、最划算的。不过，从整个社会而言，使用石油、煤炭等含碳燃料造成的代价却高得惊人。有学者曾经对此进行了计算，在美国，即使一辆超高级的燃油汽车，在其使用寿命期内因污染空气所造成的健康损失也高达1162美元；所造成的从洪水破坏到因干旱而引起的庄稼歉收多达846美元；在中东等产油国为保护石油设施等的军事开支平均大约1571美元。这些成本都是社会成本，并非由燃烧石油的个体承担。如果考虑到石油等含碳燃料消费的社会成本，其价格可能与氢燃料大体相当。保罗·罗伯茨："为后石油时代创造一个市场"，见《比较》（第19辑），中信出版社，2005年版，第161—162页。

第二，石油生产和需求的高度不平衡。首先是石油储量的地区分布不均衡，特别是便宜、高效的石油、天然气等石油的地区分布不均衡。世界石油资源量主要集中在中东的发展中国家、中南美洲、前苏联国家和加拿大等。相反，对石油资源需求量较多的国家的石油资源量数量却很少，大部分依靠进口（如表1所示）。例如：日本已经探明的储量，总共仅为0.5×10^{9}桶，80%以上需要进口。

表1　　世界石油资源评估（1995—2025）　　单位：10^{9}桶

地区和国家	已探明储量	储量增长值	未发现储量	合计
工业化国家				
美国	22.7	76.0	83.0	181.7
加拿大	178.9	12.5	32.6	224.0
墨西哥	15.7	25.6	45.8	87.1
日本	0.1	0.1	0.3	0.5
澳大利亚/新西兰	3.6	2.7	5.9	12.1
西欧	18.2	19.3	34.6	72.1
欧亚大陆				
前苏联	78.0	137.7	170.8	386.5
东欧	1.4	1.5	1.4	4.2
中国	18.3	19.6	14.6	52.5
发展中国家				
中南美洲	98.8	90.8	125.3	314.9
印度	5.4	3.8	6.8	16.0
其他亚洲发展中国家	11.0	14.6	23.9	49.5
非洲	87.0	73.5	124.7	285.2
中东	726.8	252.5	269.2	1248.5
合计	1265.8	730.1	938.9	2934.8
欧佩克	869.5	395.6	400.5	1665.6
非欧佩克	396.3	334.5	538.4	1269.2

注：资源量包括原油（包括油矿凝液）和天然气液化后的产物。

资料来源：《国际能源展望2004》，第24页。

其次是石油需求的不平衡。世界前 10 大能源消费国所消费的石油、天然气和煤炭中，最主要的石油资源，在大部分国家都存在缺口，只有俄罗斯、加拿大和英国的石油能够满足本国需要，如表 2 所示。表 3 分别表明了 2001 年的世界贸易情况和对 2025 年的预测。它表明：在 2001 年，工业化国家与非工业国家的石油进口差别较大，工业化国家的石油进口总量为 36.5×10^6 桶；而非工业化国家仅为 19.7×10^6 桶。预计到 2025 年，工业化国家与非工业化国家的石油进口差距大大缩小，工业化国家为 49.9×10^6 桶，而非工业化国家为 39.5×10^6 桶。工业化国家的增幅为 36.7％；而非工业化国家的增幅为 100.5％。很显然，非工业化国家对石油的进口量的增加幅度较快，这必然会影响世界石油市场的供求状况，进而影响世界石油市场的石油价格，加剧了与工业化国家之间的矛盾。表 3 同时也表明了不同工业化国家和非工业化国家从波斯湾进口的石油量，这个图形更清楚地表明了亚洲发展中国家对石油需求量的提高快于工业化国家。

表 2　世界主要能源消费大国的能源消费与生产量比较（2003 年）

单位：百万吨标准油

国家	一次能源消费		石油		天然气		煤炭	
	总量	占世界的比例	消费量	产量	消费量	产量	消费量	产量
美国	2297.8	23.6％	914.3	341.1	566.8	494.5	573.9	551.3
中国	1178.3	12.1％	275.2	169.3	29.5	30.7	799.7	842.6
俄罗斯	670.8	6.9％	124.7	421.4	365.2	520.8	111.3	124.9
日本	504.8	5.2％	248.7	—	68.9	—	112.2	0.7
印度	345.3	3.5％	13	36.7	27.1	27.1	185.3	172.2
德国	332.2	3.4％	125.1	—	77.0	15.9	87.1	54.1

续表

国家	一次能源消费		石油		天然气		煤炭	
	总量	占世界的比例	消费量	产量	消费量	产量	消费量	产量
加拿大	291.4	3%	96.4	141.9	78.7	162.5	31.0	33.3
法国	260.6	2.7%	94.2	—	39.4	—	12.4	1.3
英国	223.2	2.3%	76.8	105.6	85.7	92.5	39.1	17.2
韩国	212.0	2.2%	105.7	—	24.2	—	51.1	1.5

资料来源：BP，2004，*Statistical Review of World Energy*.

表 3　　世界石油贸易量　　单位：10^6 桶/天

出口地区	进口地区								总出口量
	工业化国家				非工业化国家				
	北美	西欧	亚洲	合计	太平洋沿岸	中国	其他国家	合计	
	2001								
欧佩克									
波斯湾	2.9	2.7	4.1	9.7	4.8	0.9	1.5	7.2	16.9
北非	0.4	2.0	0.0	2.4	0.2	0.0	0.0	0.2	2.6
西非	0.9	0.6	0.0	1.5	0.7	0.0	0.1	0.8	2.2
南美	1.8	0.2	0.2	2.2	0.1	0.0	0.3	0.4	2.6
亚洲	0.1	0.0	0.3	0.4	0.2	0.0	0.0	0.2	0.7
合计	6.1	5.5	4.6	16.1	6.0	0.9	1.9	8.8	24.9
非欧佩克									
北海	0.6	4.5	0.0	5.2	0.0	0.0	0.0	0.0	5.2
加勒比海盆地	0.6	0.1	0.0	0.7	0.1	0.0	0.1	0.1	0.8
前苏联	0.2	3.6	0.3	4.2	0.2	0.0	0.1	0.3	4.5
其他非欧佩克国家	5.5	3.6	1.2	10.3	3.7	1.1	5.7	10.5	20.8
合计	6.9	11.8	1.6	20.4	4.0	1.1	5.8	11.0	31.4
石油进口总量	0	17.3	6.2	36.5	10.0	2.0	7.8	19.7	56.3

续表

出口地区	进口地区								总出口量
	工业化国家				非工业化国家				
	北美	西欧	亚洲	合计	太平洋沿岸	中国	其他国家	合计	
	2025								
欧佩克									
波斯湾	5.8	4.5	5.9	16.3	9.4	5.7	4.9	20.1	36.4
北非	0.5	3.1	0.1	3.6	0.8	0.3	0.5	1.6	5.3
西非	1.6	1.1	0.3	2.9	1.9	0.5	0.2	2.6	5.6
南美	3.9	0.1	0.4	4.3	0.1	0.0	0.4	0.6	4.9
亚洲	0.1	0.0	0.3	0.4	1.5	0.1	0.2	1.9	2.3
合计	11.9	8.8	6.9	27.6	8	6.6	6.3	26.8	54.4
非欧佩克									
北海	0.7	3.4	0.0	4.2	0.3	0.0	0.2	0.5	4.7
加勒比海盆地	1.6	0.5	0.2	2.3	0.6	0.0	0.8	1.4	3.7
前苏联	0.5	4.7	0.6	5.7	0.7	1.7	1.5	3.8	9.6
其他非欧佩克国家	6.8	3.0	0.4	10.1	4.2	0.3	2.5	6.9	17.1
合计	9.5	11.6	1.2	22.3	5.7	2.0	5.0	12.7	35.0
石油进口总量	21.4	20.4	8.1	49.9	19.5	8.6	11.4	39.5	89.4

资料来源：《国际能源展望 2004》，第 27 页。

第三，政治属性。高度的依赖性和分布的不平衡使得石油具有了明显的政治属性，并成为国家之间博弈的工具和武器。政治属性表明，石油作为商品并不完全遵循市场规则，有时甚至背离价格。盛洪认为：工业化的两大特点决定了石油是一个并不完全符合市场规则的商品。[①] 比如：OPEC 对西方国家的石油禁运同

① 盛洪：《石油需求与国家行为》(上)，《南方周末》，2005 年 3 月 24 日。盛洪认为，工业化包含了丰富的内容，它可以是一套技术知识，也可以是一套制度知识。除此之外，从国际角度看，与传统生产方式相比，它有两个显著特点：第一特点是：它大量地消耗地球上不可再生的资源；第二个特点是：工业化与军事工业、从而与对军事霸权的争夺紧密相关。

样也是把石油作为政治工具来使用，以达到特定的政治目的。此次俄罗斯和乌克兰之间的天然气争端，就反映了能源供给国家利用能源商品作为制约他国的工具。2006 年 1 月 1 日，在俄罗斯和乌克兰关于天然气价格争执不下的情况下，俄罗斯完全切断了乌克兰的天然气供应。这一事件的起因在于俄罗斯要求乌克兰在 2006 年以后按照国际市场价格，即每千立方米 230 美元的价格支付俄罗斯出口的天然气，这比 2005 年俄罗斯出口到乌克兰的天然气价格每千立方米提高 4 倍多。如果我们仅仅把这一价格看作是由市场供求状况决定的话，那么我们就无法解释俄罗斯同白俄罗斯、格鲁吉亚和亚美尼亚签订的天然气供应合同。这一合同规定，俄罗斯向白俄罗斯供应的天然气是每 1000 立方米 47 美元，向格鲁吉亚和亚美尼亚供应的天然气是每 1000 立方米 110 美元。又比如，法国的《外交世界》刊发的一篇《里格斯银行——独裁者们的洗钱工具》披露，如果美国想要将令它不快的某国政府的丑事公之于众，它就会最先站出来揭发其腐败和赃钱交易。但是，如果换成它的某个盟国或保证向其提供石油的国家，美国就会严守秘密。

石油天然与国家经济安全联系在了一起，从一种普通的燃料演化为最重要的战略商品，进而影响着世界经济的发展，国际格局的形成，乃至国家之间的冲突与结盟。正如丹尼尔·耶金提到的那样，石油作为一种商品与国家战略、全球政治和实力紧密地交织在一起。冷战已经结束，一种新的世界秩序正在形成。经济竞争、地区性的争斗、种族对抗在现代武器扩散的助阵下将有可能取代意识形态成为国内、国际冲突的焦点。但是，不论这种新的国际秩序怎么演变，石油仍然是国家战略和国际政治至关重要的战略商品。从政治经济学的角度看，与石油有关的问题从来就不是客观的价格问题，而是涉及到大量与利益分配相关的权力斗争，有时甚至是血腥的，这是由石油所代表的财富特性决定的。

二、国际油价的长期趋势

最近几年，国际油价的剧烈波动牵动世界经济的神经。1998年原油价格还停留在25美元/桶左右，甚至在1999年初曾一度达到10美元/桶的低价。但是，在经历了2004年、2005年国际原油期货价格起落沉浮之后，2006年国际油价依然持续震荡，甚至出现了78.4美元/桶的高价，但是随即在两个月时间内跌落至60美元/桶。按照石油平均现货价格（APSP）[①] 计算，2004年石油平均现货价格（APSP）上升了31%，而在2005年更进一步上升了50%。本次油价波动剧烈，并有持续震荡的可能。国际货币基金组织（IMF）2005年4月就表示，全球面临“一次长期石油震荡”，未来20年必须适应持续高企的油价。一些权威机构认为油价还有继续上涨的可能。高盛公司认为，原油价格将继续上涨，甚至会向100美元/桶挺进。国际能源机构（IEA）首席经济学家比罗尔曾经表示，如果沙特阿拉伯不下决心投资增产，到2030年国际市场原油价格将比现在高50%。按照当前每桶60—70美元的价格计算，届时将突破100美元的天价。[②]

国际油价的大幅上涨对中国影响甚大。我国能源需求量巨大，而储量和生产能力有限，对外依存度逐年提高。据国际能源机构统计：2003年，中国石油产量为341万桶/日，供需缺口达

---

① 石油平均现货价格（APSP）是一个西德州中级原油、布兰特原油和都拜原油的加权平均价。

② 国际机构和公司发布的数据由作者根据新华网发布的消息综合和整理。

208万桶/日，全年供需缺口为1亿吨；2004年，中国石油供需缺口达到1.4亿吨。如果按照2020年中国经济翻两番计算，届时中国能源需求将达到9.2亿吨，即使中国能源利用效率能够提高一倍，仍然需要4.6亿吨，而中国的石油产量估计最多能够达到1.8—2亿吨，缺口在2.5—3亿吨。中国地质科学院的报告预测，中国未来20年的石油需求缺口将达到60亿吨。在巨大的能源需求和价格上涨压力之下，中国是否能够获得保证国民经济发展所需的足够的能源以及是否有充分的支付能力成为全国上下关注的问题。因而对油价波动的研究和预测就成为现实的需要。

经济学上一般认为，供给与需求是与价格联系在一起的。供给和需求决定价格，没有价格的存在，供给与需求也就失去了意义，价格的变动影响生产和需求的数量和水平。但是，通过考察石油价格波动的历史，我们发现了三个令人疑惑的问题：

第一，一些突发性的国际政治事件而非供给和需求的变化直接推动了国际油价的上涨。供求关系的变化和价格波动是国际政治事件发生的结果，而非原因。[①] 比如：石油禁运时期，阿拉伯

① 我们认为，石油供求的基本面仍然决定其价格走势。比如IMF在一份报告中指出，“尽管多种因素共同造成了原油价格的上涨，但从2003年起全球对石油的强大需求（而且是有些出乎意料的），加上对未来石油供给持续紧张的预期，才是油价上涨的主要原因。这些需求与供给的不平衡反映了全球经济活动的活跃，中国和其它新兴经济体石油需求的明显增大，以及过去十年政府对石油产业有限的投资”。但非市场因素对国际油价的影响非常大，以致于我们经常无法区分到底是市场因素还是非市场因素导致了油价的波动。呈现在世人面前的“事实”是，一些重大的国际政治事件在不断的影响油价走势。IMF这份报告同时也承认，“造成石油市场的紧张局面和供需之间不确定性的原因很多，如地缘政治的发展，供给中断的顾虑以及投机炒作，这些因素在价格变动中都起了作用，但很大程度上受投机商对未来油价基本面预期的影响。有限的石油精炼能力也抬高了石油产品的价格——正如美国炼油能力因飓风卡特丽娜下降10%后汽油价格的急剧上涨所证明的那样。”参见：伯克曼、奥利若斯和赛门（Pelin Berkmen，Sam Ouliaris，Hossein Samiei），石油市场结构及油价高企的原因，IMF报告，国研网编译。

国家将原油日产量减少 500 万桶，这一局面一直持续至 1974 年 3 月份，并导致国际油价飙升。再比如：伊朗和伊拉克发生的事件导致在 1979—1980 年期间的又一轮油价上涨。伊朗革命导致 1978 年 11 月至 1979 年 6 月期间原油日产量下降 200 万—250 万桶，而期间生产几乎中断。1980 年 9 月份，伊拉克入侵伊朗，同年 11 月份，伊朗和伊拉克的原油日产量降至 100 万桶，比 1 年前减少了 650 万桶。世界原油产量比 1979 年减少 10%。伊朗革命和两伊战争导致原油价格上涨了一倍，每桶价格从 1978 年的 14 美元上涨至 1981 年的 35 美元。[①]

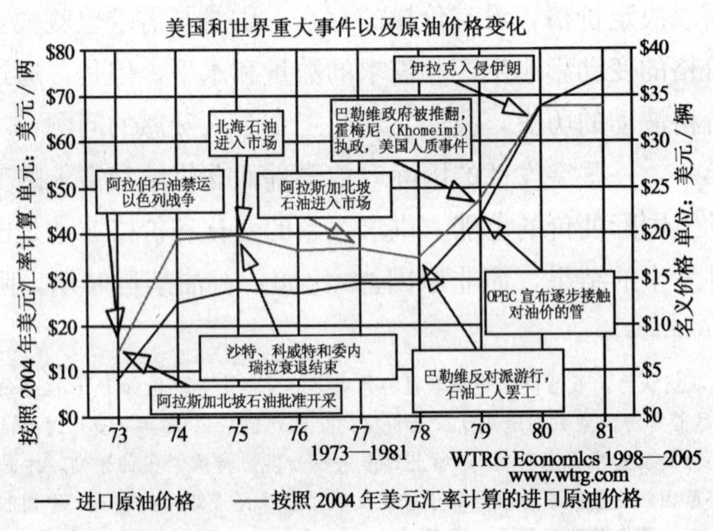

图 2　1973—1981 年美国和世界重大事件以及原油价格变化

第二，我们发现基于市场供求所作出的各种预测几乎很少合乎实际，有的竟然截然相反，各种看法之间还常常针锋相对水火不容。更有甚者，大量关于石油价格走势的预测竟然大多是错误

① WTRG：Oil Price History and Analysis，http：//www. wtrg. com/prices. htm.

的，即便是权威机构作出的预测。

比如2004年世界主要市场（WTI[①]、布伦特、迪拜、米纳斯）年平均价格均高于之前的预计，欧佩克所设定的一篮子价格区间名存实亡。在2004年的时候，世界银行预测2005年国际市场油价将回落到36美元/桶，摩根士丹利和高盛公司则预测为34美元/桶和35美元/桶，国际货币基金组织认为，2005年将与2004年持平，为37.25美元/桶。虽然欧佩克尚未公布2005年一篮子年平均价格，但是根据2004的36.05美元的数据可以大致观察到，2005年的世界主要市场的平均油价大大高于2004年的水平。[②] 图3所示为WTI2003年到2005年国际油价的走势以及对未来走势的预测。

有趣的是，关于石油价格的问题几乎每年都惊人的相似，而关于问题出现原因的解释却每年都不相同。可能也正是鉴于这种情况，美国著名的智囊机构兰德公司干脆就放弃对油价作任何预测。

第三，我们也发现，当前的国际油价上涨并不像我们想象中那么剧烈，它对世界经济的影响也没有那么大。人们往往注意了名义价格的上涨，而忽视了实际价格。即使按照55美元一桶的价格计算，经过调整通货膨胀因素，石油价格仍比1982年低30%。当前的国际石油市场的名义价格要达到83美元一桶才能

① 美国西得克萨斯轻质原油。

② 欧佩克一篮子平均价所监督七种原油为：阿尔及利亚的撒哈拉混合油（Saharan Blend）、印尼的米纳斯油（Minas）、尼日利亚的博尼轻油（Bonny Light）、沙特的阿拉伯轻油（Saudi Arabian Light）、阿联酋的迪拜油（Dubai of the UAE）、委内瑞拉的蒂亚胡安油（Tia Juana）和墨西哥的伊斯姆斯原油（Isthmus）。本文写作过程中，欧佩克公布的一篮子年平均价格截至2004年。我们发现，欧佩克价格一篮子区间与世界主要市场的实际年平均价格相差较大。http: //www.opec.org/home/basket.aspx.

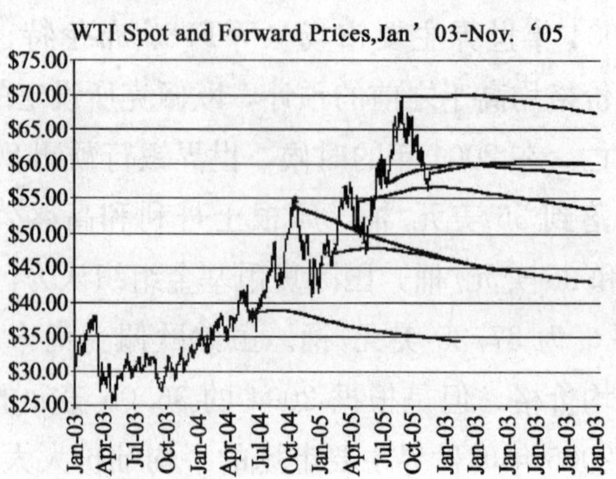

图3　2003—2005年国际油价走势及未来油价前瞻

资料来源：Edward L. Morse：The Oil Market in 2006：Observations on Fundamentals and Geopolitics，HESS ENERGY TRADING COMPANY，LLC

赶上1982年的国际油价水平（如图4所示）。针对这种现象，Scansystems公司在一篇研究报告中认为，目前已探明的石油储量要比石油危机时期大得多，尽管现在油价维持高位，但形势已经与1970年代不同。而且，此次油价上涨并不像1970年代那样伴随着其他商品价格的大幅度上涨。石油在占全球GDP的比例也由1973年的8%下降到2004年的2%。美元、欧元名义价格在过去四年中分别上涨了15%、70%，日元名义价格却低于其20年前的水平。货币价格的高低也影响了石油交易的成本和油价的高低。这篇报告同时认为，油价高企的一个原因是中国的庞大需求。但中国的出口又给世界带来了通货紧缩影响，这就抵消了油价上涨所带来的通货膨胀可能。根据OPEC提供的1970—2004年国际油价数据，如果扣除通胀因素，并按照2004年美元汇率计算，我们发现此次油价上涨并不明显（如图5所示）。

经济学家们往往更关注油价波动对一国宏观经济的影响。由

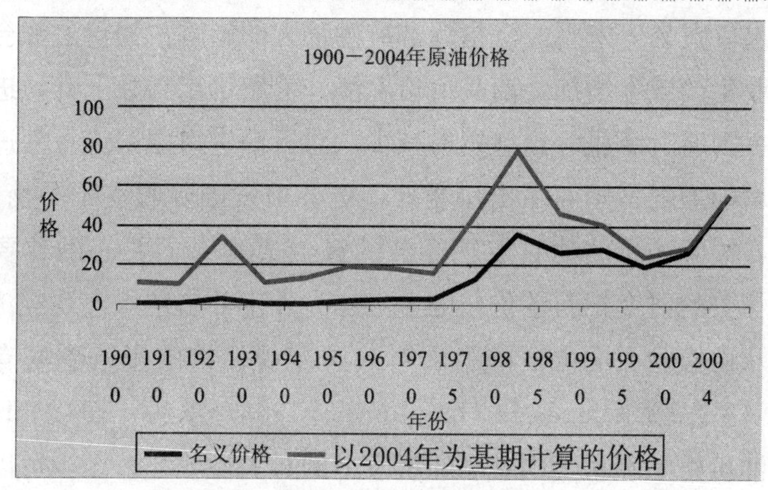

图 4　1900—2004 国际原油价格

资料来源，Scansystems 公司

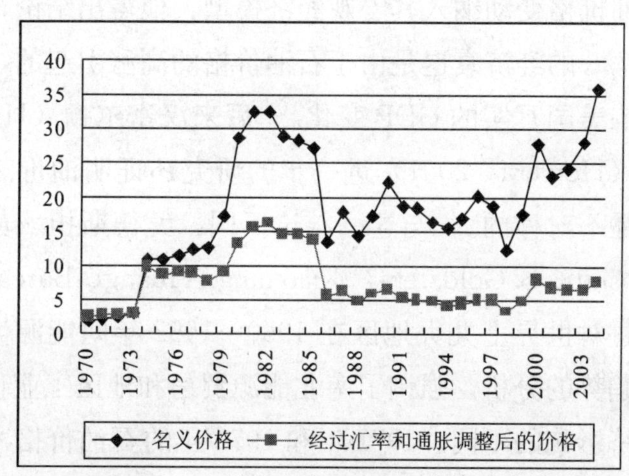

图 5　1970—2004 年的国际石油价格

注释：1970 年—1981 年采用了阿拉伯轻油官方价格；从 1982 年开始采用了现货的参考篮子价格。

资料来源：欧佩克官方网站数据库。

于石油处于经济产业链的顶端，油价波动会影响到一国国内的物价水平，进而对一国的通货膨胀率、消费价格指数、国际收支以及进出口贸易等宏观经济指标都产生较大的影响。油价上涨会导致企业生产成本增加，商品价格上涨、消费价格指数上升，进而导致一国通货膨胀，出口贸易减少。对石油进口国来说石油进口成本增加加之本国商品出口受挫，更会引发国际收支不平衡等。所以，国际油价波动对宏观经济的影响成为人们关心的首要问题。相关的研究把石油价格的上涨作为外生冲击纳入宏观经济模型，从而检验石油价格的上涨对一国宏观经济的影响到底有多大。汉密尔顿（James D. Hamilton）（1983）认为：1948—1972年石油价格上涨对美国宏观经济衰退的相关性明显，至少可以说1972年以前，石油价格就是影响美国经济的重要因素。能源价格的上涨在欧佩克成立之后就一直影响着美国宏观经济的表现。通过把石油价格变动纳入其宏观经济模型，他得出结论，二战之后，美国7/8的经济衰退是由于石油价格的高涨引起的，国际石油价格影响美国真实的GDP变化。[①] 后来汉密尔顿（Hamilton）和海莱拉（Herrera，2001）进一步的研究还证明油价波动对经济的影响是不对称的。[②] 与这一结论不同，戈德斯担、黄晓明和阿坎（Joshua S. Goldstein，Xiaoming Huang&Burcu Akan，1997）通过对世界上九大地区在1950—1992年间能源生产、贸易和消费趋势的分析，强调了南北能源贸易和地区工业化模式的不同对经济影响的不同。1973年和1979年的石油价格冲击以及20世纪80年代中期以来的石油价格下降使得西方工业国家调整了他们的能源消费和进口模式，中东国家则调整了其出口水平。

① James D. Hamilton，Oil and the Macroeconomy since World War II. The Journal of Political Economy，Vol. 91，No. 2（Apr.，1983），pp. 228—248.

② James D. Hamilton. and Maria Herrera（2001）. Oil Shocks and Aggregate Macroeconomic Behavior：The Role of Monetary Policy. University of California at San Diego，Economics Working Paper Series with number 2001—10.

这一关系显示出一个围绕 30 美元/桶的均衡价格的蛛网模型。这一均衡价格导致西方工业国家在能源消费上的零增长，但伴随这能源利用效率的提高，GDP 出现了增长。但戈德斯坦、黄晓明和阿坎（Joshua S. Goldstein，Xiaoming Huang&Burcu Akan）的研究主要还是强调南北能源贸易对世界经济的影响，在他们研究中，能源价格变动的冲击仍然是外生的。

实际上，经济学家对油价波动原因及预测的研究最早可追溯到豪特林（Hotelling）（1931）提出的可耗竭资源模型，即著名的豪特林法则。这一法则说明在完全竞争和垄断两种条件下可耗竭资源的价格与产量的关系，

[1]其理论要点为：当不考虑不可再生资源的生产（开采）成本时，资源价格将以相等于市场利率的增长率连续上升。假设 P_t 是第 t 期的资源价格，r 是为贴现率，一般选取的贴现率等于市场利率，则豪特林法则表明有如下关系：

$$\frac{P_{t+1}-P_t}{p_t}=r \text{ 或 } P_{t+1}=P_t\ (1+r)\text{，即 } P_t=P_0e^{rt}\text{。}$$

也就是说，在完全竞争情况下，厂商对于价格没有影响力。但由于可耗竭资源不可再生的特点，厂商不同时期相同数量的石油产出的贴现值应相等，否则他将选择贴现值最大的时期把石油全部开采出来。如果石油开采不集中在一个时期，石油价格的年均上涨速度必须等于利率。[2]

如果在垄断市场上，厂商对价格就有影响力。这个时候

---

① H. Hotelling，(1931). The Economics of Exhaustible Resources. Journal of Political Economy，39：137—175. 这篇文章被 Shantayanan Devarajan 和 Anthony C. Fisher 称之为资源经济学的开山之作。但直到 1974 年 Robert M. Solow 引用这篇文章之后，豪特林的文章和模型才引起学者们的重视。

② 即假定每一时期开采的石油数量相等（$Q_t=Q_0$，Q 为 t 期的产出）时，必有：$P_tQ_t=P_0Q_0e^{rt}$，即 $P_t=P_0e^{rt}$。

价格成为垄断厂商产出的函数，厂商选择一个最优产出路径使总收益现值最大化。根据收益最大化的一阶条件可得，最优开采量就是使不同时期石油开采量的边际收益上涨速度等于利率。[①] 因此，垄断情形下，石油产出的边际收益的增长速度等于利率。

总结豪特林法则的理论要点，我们发现，当处于完全竞争条件下，如果石油价格上升幅度超过利率，厂商将会减少石油开采而让其在地下增值，那么现期的石油供给下降促使当期价格上升；如果预期石油价格的上涨幅度小于利率，厂商将会把石油开采出来而将货币存进银行增值，因而促使现期石油供应增加使价格下降从而未来油价上升幅度加大。当处于垄断条件下，如果石油价格由于需求因素出现突然的上升，理性的厂商将增加本期的石油产出减少下期的石油产出，这样将使本期最后一单位的石油产出的边际收益下降，下期的则上升（在产出的边际收益递减的情况下）从而不同时期间最后一单位产出的边际收益之比继续等于利率。石油价格会一直上升至完全替代品的价格水平，而这种替代品基本不受资源量的限制。如果石油价格中包括了开采成本，则资源价格就是边际开采成本与资源租金率之和，而资源租金率仍然遵循豪特林法则，即以市场利率作为增长率而不断上升。在竞争性市场上，豪特林法则就是资源市场与资金市场之间达到均衡的条件。

---

① 假设Q为t期的产出，P（q）为价格函数，r为贴现率，则厂商收益函数为：
$J={}_0\int^{\infty} qp(q)(q)\,e^{rt}dt$

根据厂商收益最大化的条件$\frac{d(pq)_t}{dq_t}=Ke^{\gamma(tT)}$（K为T期价格，$r$为贴现率，即利率）可得：$\frac{d(pq)_t}{dq_t}/\frac{d(pq)_0}{dq_0}=Ke^{\gamma(tT)}/Ke^{\gamma(0T)}=e^{rt}$，（$\frac{d(pq)_t}{dq_t}$、$\frac{d(pq)_0}{dq_0}$分别为t期和0期的石油产出的边际效益）。更详尽的数学表达可参见豪特林（1931）。

豪特林认为，资源产出量依赖于需求量。如果对资源的需求曲线不变，并且石油价格按照等于当期利率的速度上升，那么对资源的需求量就会不断下降。这样，资源产出量在长期变动过程中就会呈现出一种不断缩减的趋势。由这一结论可以进一步推导出这样的结论，即无论资源的价格和产量变动趋势会出现多少种复杂的组合，但资源价格持续下降与资源产量持续增加的现象是不可能同时出现的。因为资源产量持续增加说明需求上升，但需求上升又必然会导致价格上升而不是下降；当资源价格下降时，说明需求是下降的，但需求下降又必然导致产量缩减而不是增加。所以，可耗竭资源的价格下降与产量上升是不可能同时出现的。

但是，事实正好相反。在实际经济运行中对资源的需求总是不断增加的，需求曲线也就发生相应的移动。即便西方主要国家的真实利率基本为正增长，石油价格也没有出现按照等于当期利率的速度上升的情况。更有甚者，石油的实际价格出现了长期下降的趋势，即使名义价格也是如此。通过对石油产量和价格的长期观察人们发现，自1960年代初开始，世界石油价格便开始下降，在整个20世纪60年代，石油价格一直是下降的。到了20世纪70年代初，石油价格突然反弹，但如果按不变价格计算，20世纪70年代初的石油价格仍低于20世纪60年代的石油价格。从20世纪70年代中期以来直到现在，石油不变价格（即剔除通货膨胀因素）也一直呈平缓下降趋势，除了个别时期有间断反弹外，价格趋势是下降的，而产量的长期变动趋势是上升的。即使考虑到石油禁运时期的价格上涨，我们发现20世纪60年代以来，世界石油价格的长期变动趋势是持续下降的，而世界石油产量却几乎总是不断增加。

西得克萨斯研究集团（WTRG）的研究报告认为：1958—

1970 年期间，原油价格维持在每桶 3.00 美元附近，但扣除物价因素，价格却从 16 美元以上跌至 13 美元之下。经通货膨胀调整后，因 1971 年和 1972 年美元下跌，国际生产商的原油价格下跌幅度被扩大了。1974—1978 年期间，世界原油价格基本保持稳定，一直运行在每桶 12.21—55 美元区间。经过通货膨胀调整后，价格甚至呈现小幅下跌。① 即使在 1948 年至 20 世纪 60 年代末，原油价格一直维持在每桶 2.50—3.00 美元区间，从 1948 年的 2.50 美元升至 1957 年的 3.00 美元附近。根据 2004 年美元汇率计算，同期原油价格在 15—17 美元区间波动。20％的涨幅与通货膨胀一致，也就意味着石油价格几乎没有出现上涨。WTRG 甚至认为：长期价格观察的结果大致也反映出石油价格基本保持稳定并略有下降趋势。从 1869 年开始，经通货膨胀因素调整后，美国原油平均价格为每桶 18.59 美元，而世界原油平均价格为每桶 19.41 美元。其中有一半时间，美国和世界原油价格低于 15.17 美元/桶的中值。

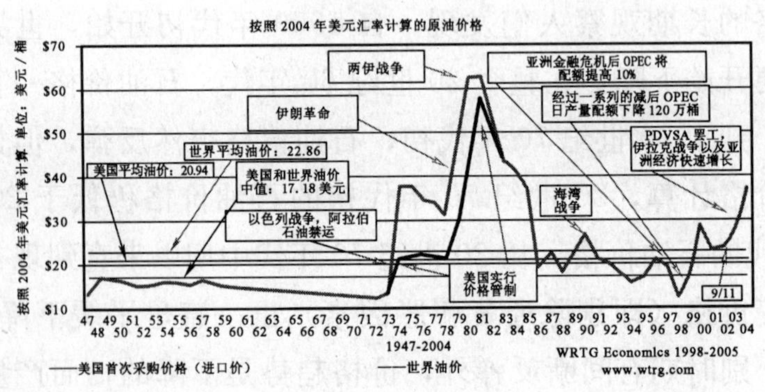

图 6　1947—2004 年原油价格变化

① WTRG：Oil Price History and Analysis，http：//www.wtrg.com/prices.htm.

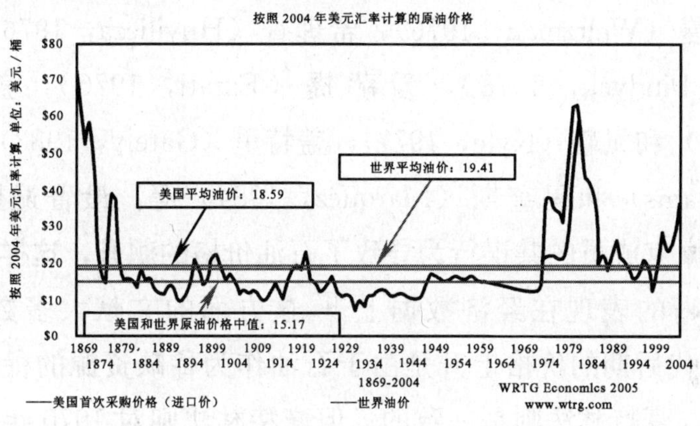

图7　1869—2004年原油价格变化

对于这种违背豪特林法则的现象，很多学者试图加以解释。阿罗和张锡龄（K. J. Arrow&S. S. L. Chang，1980）从资源存量的不确定性方面入手，通过运用不确定性最优控制数学工具，导出能解释上述现象的数学结果。他们认为：豪特林法则成立的先决条件之一是资源初始存量是已知的，但实际上，石油储量总是随着世界范围内的勘探活动而不断变动，对于特定时期的定价者来说，未来储量的变动是不确定的。石油工业中众多不确定性的存在，如新的石油资源不断被发现，技术的变化使开采成本不断下降，现实中政治和经济因素的扰动使价格曲线一次次移动，使油价波动的不可预测性大大增加。通过引入储量不确定假设，阿罗和张锡龄导出了价格变动违反豪特林法则的结果。但阿罗和张锡龄的仍然无法解释价格下降与产量上升会同时发生的现象。

很多学者试图从欧佩克的行为入手对违背豪特林法则的现象作出解释，这一解释的理论背景是把世界石油市场看作由欧佩克这个卡特尔组织定价的垄断市场，石油价格的波动是由于欧佩克国家的定价规则决定的。这方面的文献有：克莱默（Cremer）和威特兹曼（Weitzman，1976），希理查（Hnyilicza，1976）和平狄克（Pindyck，1978），爱萨提（Ezzati，1976），盖特里（Gately）和凯勒（Kyle，1977），盖特里（Gately，1983），亚当斯（Adams）和玛奎斯（Marquez，1984）等。最普遍的解释是，欧佩克成员的共谋行为导致了石油价格的飙升，这样的解释也最清晰的表现在经济数据上。[①] 这方面的文献大多数认为，1950 年代后期的价格上升是由于石油作为稀缺资源的稀缺性所致，这与豪特林法则是一致的；但豪特林法则对 1970 年代的价格上升作出的解释却引起了质疑。运用豪特林法则对国际石油市场研究表明，1973 年的石油危机是欧佩克对石油市场的一次中等有效程度的市场操作行为，而不是由于资源稀缺加剧造成的。因而，这次石油危机是一次突发的、非持续性的油价上涨，而不是价格持续上涨。但是在把欧佩克国家当作统一整体还是内部利益有差异的组织上，学者们有不同看法。还有一些学者认为，1970 年代初的价格反弹应主要归于第三次中东战争的爆发，中东石油生产国为了对美国和西方进行制裁，通过欧佩克把石油价格大幅度提高。但戴斯古派和霍尔（P. S. Dasgupta&G. M. Heal）认为 70 年代初的价格反弹主要是由于公众受到资源危机论思潮的影响从而预期产生了变化。蒲勇健（1995）认为：欧佩克的实际决策过程并不是以长期利润最大化为目标，也不是以即期利润最大化为目标，而更多的是以占领世界石油市场为目标。欧佩克多年来就是要逐渐增大其在世界石油市场上的份额，并实际上也做到了这一点。当然，在个别的短期中，欧佩克可能会削减产量，从而使其市场份额下降，这会导致世界石油总产量和价

① James L. Sweeney，Economics of Energy，www. stanford. edu/~jsweeney/paper/Energy%20Economics. PDF

格出现短期的波动。

但是，把世界石油市场看作垄断市场的观点遭到了一些学者的反对。克鲁格曼（Krugman，2000），奥哈和亨特纳（Alhajji&huettner，2000）就认为，国际石油市场不是垄断型的，欧佩克也不能控制油价。沙兰特（Stephen W. Salant，1976）指出，关于不可再生资源的理论需要考虑到国际石油市场的工业组织。作为联合企业，卡特尔因其巨大的石油储量主导了其他小的产油国。均衡价格和销售路径的确定来自于对卡特尔相互之间行为的刺激，而不是来自于小的产油国和具有竞争性的边缘产油地区。但是，卡特尔的限制行为产生了石油利益不成比例的分配。没有参加卡特尔的小的产油国成为了受益者，而同时也导致卡特尔成为单一的石油供应者。罗伯特·基欧汉认为，如果有谁认为欧佩克国家从此变成了石油体系的霸主——即有能力制定并推行一系列规则——则未免夸大其词。1979 年至 1980 年，油价猛涨使世界石油供需状况发生重大变化，而欧佩克成员国则已经努力继续维持油价，这也清楚的显示出其权力的局限性。[①] WTRG 在一份报告中也指出，欧佩克几乎从来没有有效控制过价格。通常提到的欧佩克不能定义为卡特尔组织。欧佩克首先需要建立一套可行的机制来促使其成员国严格按照限额生产。但欧佩克难以制定一套各成员国都适用的生产规则。除此之外，在调整配额时，欧佩克也总是找不准时点。[②] 可见，单纯研究欧佩克的行为也无法解释价格下降与产量上升会同时发生的现象。

通过对大量关于石油价格问题的经济学文献的阅读，我们发

① 罗伯特·基欧汉：《霸权之后——世界政治经济中合作与纷争》，中译本，上海世纪出版集团，2001 年版，第 230 页。

② WTRG：Oil Price History and Analysis，http：//www. wtrg. com/prices. htm.

现：时至今日，竟然很少有人为能源问题的分析提供一个令人信服的分析框架。对石油价格所进行的纯粹经济学分析很难让世人得出一个连贯且统一的答案。有鉴于此，我们打算换一个视角，从政治经济学及其在国际领域的扩展，即国际政治经济学的角度来理解和解释国际石油价格问题。我们的思路是，国际石油价格的波动实质上是石油利益的重新分配。石油利益分配的实现既依赖于一国之内不同利益集团的博弈，又依赖于现行的国际石油机制和国际石油机制。依靠这样一个分析框架，我们发现，在大量经济学文献当中作为突发事件的诸如石油危机、俄乌天然气之争以及关于石油价格预测错误的解释等等都可以当作我们这一分析框架的常态事件。我们认为，这些非市场因素是一个常态的存在，而不是如有关经济学文献里面所认为的是突发的、不可持续的。

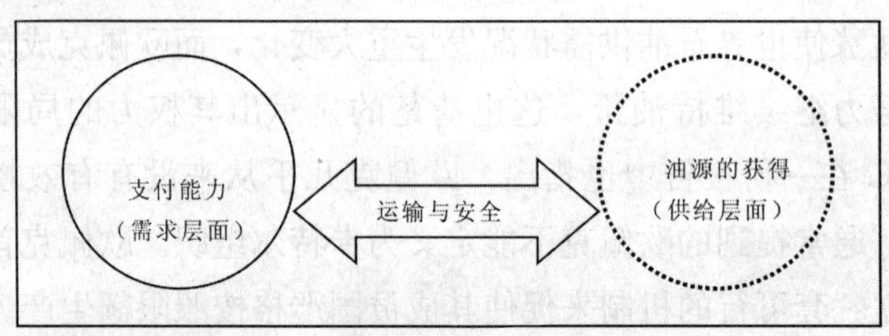

图 8　能源战略的三个基本问题

大量的关于石油价格的经济学文献之所以在事后看起来令人啼笑皆非，乃是因为他们的分析往往建立在石油作为经济物品的属性之上。由于石油在过去是、在将来仍然是最重要的石油形式，石油在国际石油竞争中的地位就格外突出，其政治商品属性表现得最为突出。所谓“政治商品属性”，在我们看来，就是在一国内部，石油是相关利益集团和拥有特定政治经济政策目标的政府之间相互博弈的对象；在国际上，石油是大国实现或巩固有利于己的世界经济政治安排的一个重要工具，国际石油体系所反映的实乃国际政治的权力结构。

三、能源战略的三大基本问题

1. 石油供求与国家冲突

石油的背后有一套复杂的政治经济体系，因为石油造成国家之间冲突有深层次的原因：

第一，经济增长速度较快的发展中国家对能源需求的增长速度快于工业化国家。前面的内容已经表明，发展中国家对能源需求的增长速度快于发达国家，这是与发达国家经济增长速度放慢而许多发展中国家的经济增长速度较快紧密联系在一起的，而且发展中国家的能源密度低于发达国家，也加剧了世界能源地区需求的矛盾。

第二，发达国家以能源作筹码，限制后进国家赶超速度。许多发展中国家经济发展速度快于主要发达国家。按照这样的速度发展下去，一些发展中国家赶超发达国家是迟早的事情，如中国、印度等。据预测：在未来几十年中，中国和印度等新兴市场经济国家的经济增长率可能平均会保持在5%以上，而美国、日本等国家的经济增长率最高在3%。从长期看，中国、印度等国家与美国、日本的差距将越来越小。到21世纪，中国就可能成为世界第三经济大国。这些发展中国家的强劲增长势头，必然威胁到发达国家在全球的地位。同时，发展中国家的经济增长必须以足够的能源供给作基础。这就给一些发达国家宣称某些发展中国家的巨额能源需求导致了世界能源紧缺，拉动了全球能源价格上涨，从而加剧了全球能源紧张局面。

第三，各国的战略能源储备加剧了能源冲突。为了应对石油供应中断可能给本国造成的危机，许多国家进行了石油战略储备。按照 1974 年成立的国际能源机构（International Energy Agent）的要求，各成员国的战略石油储备应该不少于上年 90 天的平均进口量。实际上，各成员国的战略能源储备都超出这一水平，美国、日本、德国的战略能源储备分别为 158 天、169 天和 127 天。美国既是世界上最大的石油消费国，也是世界上最大的石油储备国，其现在的战略石油储备量为 5.44 亿桶（约 7400 万吨）；2002 年 11 月，又将战略石油储备提高到现有储备能力允许的 7 亿桶（约 9520 万吨）；自 2003 年 1 月 1 日起，美国战略石油储备每天又增加 15 万桶。表 5 列出了世界石油储备大国的原油与成品油储备情况。

表 5　世界石油储备大国的原油与成品油储备情况（2001 年 12 月）

单位：万吨

国家	原油储备	成品油储备	总量
美国	12161.7	6935.3	19097
日本	6984.2	1398.4	8382.6
德国	1506	2084	3590
法国	901.9	1325.2	2227.1
意大利	624	1444.2	2068.2
加拿大	777.7	829.7	1607.4
西班牙	578.5	992.2	1570.7
英国	672.6	811.5	1484.1
荷兰	562.5	755.3	1317.8
韩国	475.1	681.3	1156.4

资料来源：李荣、廖百智："战略石油储备与能源安全"，见《全球能源大棋局》，第 114 页。

第四，各国家利益集团的活动加剧了全球能源冲突。在各个国家，能源问题直接影响到每个人的生活，只不过影响程度大小不同而已。这些受能源供给影响的消费者、石油产品的生产者等都可能形成利益集团。在大多数国家，石油产品生产者规模巨大、财力雄厚。它们可能游说政府采取对它们有利的政策。像汽车所有者等消费者为了得到便宜的成品油，也会游说政府。同时，由于油价上涨可能造成某些生产消耗石油资源产品的产业需求不足。例如：油价上涨可能造成计划购买汽车的人持观望态度，这些间接受到影响的生产者也可能会游说政府，从而加剧了全球能源冲突。同时，许多国家还可能利用能源问题对别国在其他问题上施压，这些利益集团的活动直接或间接地加剧了全球能源冲突。

2. 关于能源战略三大基本问题

（1）支付能力：买得起的问题

发展中国家虽然人口较多，但人均能源消耗比发达国家低得多，对能源的需求也就相对较少。由于发展中国家较高的人口基数，经济一旦迅速增长，对能源的需求将大大提高。据《国际能源展望 2004》的预测，全球能源消费增长最快的是迅速增长的发展中国家，如图 12.1 所示。其中，增长最快的是亚洲发展中国家和地区，如中国和印度，在整个预测期内，这些国家经济的稳步增长将大大促进能源的消费需求。预计亚洲发展中国家和地区的国内生产总值（GDP）年均增长率将达到 5.1%，而世界整体 GDP 的年均增长率只为 3.0%。鉴于 GDP 如此快速地增长，预测期内亚洲发展中国家和地区对能源的需求量将增加近 1 倍，占到世界能源消费增加总量的 40%，占发展中国家增加值的 70%。

据预测：工业化国家的能源需求增长则相对缓慢，预测期内的年均增长率仅为1.2%。一般说来，工业化国家的能源消费相对成熟，具体看，这些国家的人口增长较慢，能源利用效率较高，而且国民经济的发展中心逐步从能源密度大的制造业向服务行业转移，因此能源消费增长率较低。据预测：东欧和前苏联(EE/FSU)正处于经济转型期，其能源需求年增长率将达到1.5%。该地区人口增长缓慢，甚至出现负增长，再加上原有低效率旧设备的更新换代，使得能源利用效率大大提高。因此，与发展中国家相比，东欧/前苏联地区的能源消费增长预计不会很快。① 不论这种预测是否准确，在发展中国家能源密度不会幅度提高的情况下，要保持经济的持续高增长，必须要以充足的能源为基础。因而，对于广大石油需求国家特别是广大发展中的石油需求国家来说，支付能力不但体现在对石油成本的弥补，还要承担非市场因素造成的石油价格波动的风险。

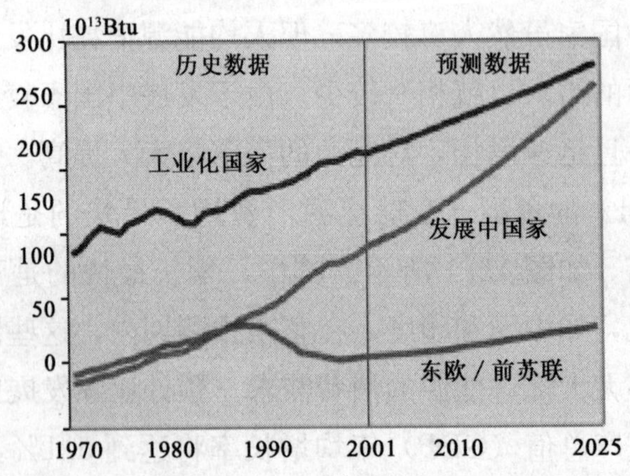

图9　不同国家的能源需求预测（2001—2025）

资料来源：《国际能源展望2004》，第XI页。

---

① 美国能源部能源信息署，《国际能源展望2004》（中译本），清华大学出版社，2004年版，第XI页。

（2）油源的获得：买得到的问题

能源外交是资源外交的一部分（Energy Diplomacy），属于经济外交这一大范畴。所谓能源外交，是指一国政府、企业及个人围绕能源战略目标而进行的一系列对外活动。其中，政府是能源外交的主体，外交部门则是能源外交的先锋。从现实看，企业、个人也都可以成为能源外交的重要参与者。能源外交的客体多种多样，包括政府间的重要访问以及各种合作协议、贸易、投资、勘探与开发、技术合作、交通运输等内容。能源外交既包括双边合作，也包括多边合作。

概括起来，能源外交的目标大体包括四个方面：（1）能源生产与供应国的能源外交目标。主要是实现对本国能源的自主权，保证生产开发得以顺利进行，确保有一个稳定的买方市场和一个于己有利的合理价格，以促进本国经济发展。（2）能源进口和消费国的能源外交目标。主要是确保本国从外部获得安全稳定的能源供应，保证能源价格的合理与平稳，以确保本国能源安全、经济安全和国家安全。（3）地区或全球性大国的能源外交目标。除了要确保本国的能源安全外，还企图控制某一地区或全球能源的生产或供应，并且对其敌人或竞争对手的能源供应构成制约。（4）某些特殊国家的能源外交目标。某些受美国制裁、被美国称为“无赖国家”或“邪恶轴心”的产油国，如前萨达姆政权、伊朗、利比亚和苏丹等，将能源外交作为抵制美国制裁、打破围堵，摆脱外交孤立的手段。20 世纪 80 年代初，美国总统卡特曾经指出：“虽然我不赞成霍梅尼的政府，但事实上他们每天给我们运来大约 150 万桶石油。……因此我们不得不采取和解态度”[1]。

能源外交的实现手段主要有两种。第一种是冲突与斗争型。它包括直接动用武力占领油气资源或资源所属国、实现对生产国进行政治、军事和经济的控制、建立生产或销售的垄断性同盟以控制市场、占有或控制战略通道。从历史与现实看，因争夺石油而发生的冲突与斗争不胜枚举，如两次海湾战争、伊拉克入侵科威特、两伊战争等。第二种是合作与参与型。常见的形式包括与进（出）国家建立良好的双边关系、签署双边或多边能源合作协定、贸易买卖、联合勘探与开发、建立生产或进口联盟以维护市场稳定、联合建立石油战略储备、交通运输安全等。

一个国家的石油等能源只要不是完全自给自足，能源外交在该国家的对外关系中就具有特别重要的地位。因为出口国不但要将石油等能源卖出去、并且价格越高越好；而进口国不但要买得到、而且价格越低越好。从总体上讲，石油出口国的主动性要大于进口国。因此，进口国更重视能源外交。自从 20 世纪 70 年代以来，美国历届政府都特别注意石油等矿产资源的可获得性，并将其看作最主要的国家利益。1994 年美国国防部发表的《美国中东安全战略》中列出了美国在中东的四大战略目标：确保获得海湾的石油、保护美国公民及其财产、地区盟友的安全和促进地区民主。在《新世纪国家安全战略》中，美国明确指出，保证石油供应畅通在内的能源保障是“对国家的生存、安全与生活有广泛的、压倒一切重要性”的国家利益之一。在 2000 年，美国国家利益委员会发布的《美国国家利益》报告中，将稳定可行的能

① 张士杰、赵慧杰，《美国中东关系史》，中国社会科学出版社，1993 年版，第 262—263 页。

源供给看作至关重要的国家利益。

丹尼尔·耶金以美国的能源安全为例指出，能源安全问题主要有以下原则：[①]

（1）应充分认识世界上只有一个石油市场。美国是全球石油市场的一部分。这个市场是一个超大的物流系统，每天运转着全世界7700万桶的石油。美国的安全依存于这一整体市场的稳定。

（2）丘吉尔90年前的格言至今仍然适用：多样化的供应是安全保证的关键，这已经成为美国自70年代以来政策的重要组成部分。近期委内瑞拉、伊拉克的石油生产突然中断，以及尼日利亚生产的锐减，都证实了这一点。

（3）紧急库存，例如美国战略石油储备，是美国防止供应中断的第一道防线。因此，它们的价值不应被低估和削弱，不应将其变成一种调控市场的工具，如作为应对因季节性因素或市场分割所造成的临时性市场混乱的手段。同时，主要石油生产国保持剩余产能是防止供应中断的主要防卫手段，1990年的事实也证明了这一点。

（4）现在的石油市场远比过去几十年更加灵活。干涉和控制只能适得其反，从而阻碍市场系统的自我调整。尽管很艰难，抵御对市场进行微观调控的诱惑则是对公共政策的最大贡献，也就是所谓的“小的无为即是大的有为”。美国在20世纪70年代管制的结果是. 严重妨碍了汽油从不需要的地区流入需要的地区。

（5）积极寻求与其他进口国的能源合作关系，无论是贫穷国家，还是新兴工业化国家，如中国和印度这样的石油进口增长最

① 丹尼尔·耶金：《全球能源安全》，《国际经济评论》，2003年第5/6期。

快的“全球大国”。这种合作可以在双边或是多边基础上进行，多边合作的楷模是国际能源机构。

(6) 政府可以通过准确的信息建立比较自信的预测，同时促进业内信息的有效交换以获得市场的快速调节，从而减轻市场恐慌。

(7) 多数的石油出口国都认识到利益的相互性，并且都对“需求安全”感兴趣。它们乐意与消费者保持稳定的商业关系，消费国的购买常常是这些国家主要的收入来源。所以，美国需要与出口国保持对话和持久的合作。

(8) 一个健康的、有科技推动的国内能源工业是能源安全的一部分。因此，大范围的研发和创新并考虑到目前和未来的环境需求是目前应该承担的义务。

对于石油生产国而言，石油既是本国在国际舞台上纵横捭阖的有利条件，也是造成本地区不稳定的重要因素，还是造成国际关系发生变化的条件。有些国家为了控制石油生产国的资源，不惜发动战争、经济制裁，加剧了这些地区的不稳定，如两次伊拉克战争、两伊战争、伊拉克入侵科威特等，无不与石油有着密切的关系。石油生产国可以将石油作为王牌，提高本国与其他国家谈判的筹码。

首先，对石油的争夺和控制成为国际冲突与矛盾的一个重要根源，并成为国际关系变动的新因素。第二次世界大战之后，石油在各国家能源消费中的比例越来越高。作为特殊商品，石油也就成为国际政治争夺的焦点之一，在国际政治中的重要性得到前所未有的提高，同时国际政治中的石油色彩也越来越浓。比如针对前苏联入侵阿富汗，原美国总统卡特曾经明确声称：“外部力量企图控制波斯湾地区的任何尝试，都将被视为对美国利益的进攻，美国将使用一切必要的手段——包括军事力量在内——打退这种进攻。”在第一次海湾战争之后，原美国总统老布什也指出：如果伊拉克并吞了科威特，它将控制世界20%的石油产量，如果再进一步入侵沙特，伊拉克将控制世界石油总产量的1/3；“如果世界上最大的石油储备的控制权落入萨达姆手中，那么我们的就业机会，我们的生活方式，我们自己的自由和世界各地友好国家的自由都将蒙受灾难”[①]。再比如，日本在经历了第一次世界石油危机之后，开始重视能源外交，它甚至不惜放弃一贯跟随美国的政策，转而支持阿拉伯、巴勒斯坦等国家。1973年11月，日本宣布“新中东政策”，表明了从亲美、亲以转为亲阿拉伯国家的重大政策转变；同年副首相访问了阿联酋、沙特、埃及、科威特、卡塔尔、叙利亚和伊朗七国，表示愿意在开发石油问题上给产油国较多实惠，并提供资金技术援助；1977年2月，日本成为第一个同意巴勒斯坦解放组织在本国设立办事处的发达国家，并且邀请阿拉法特访日。

其次，石油成为产油国发展与其他国家关系的一张“王牌”。在阿以冲突发生后，阿拉伯世界充分利用了这一张“王牌”，它明确声明：如果你敌视我们，你就得不到石油；如果你中立，就可以得到石油，但不能像以前那样多；如果你持友好态度，就可以得到和以前一样多的石油。[②]“9·11”事件之后，俄罗斯也利用丰富的石油和天然气资源作“王牌”发展与其他国家的关系，大大提高了俄罗斯在国际舞台上的地位。“美国经济振兴，东亚特别是中国经济快速增长，伊拉克问题没有解决，大中东形势进一步不稳定而且接近灾难性不稳定，以及巴以冲突的激化，所有

① 安维华、钱学梅：《海湾石油新论》，社会科学文献出版社，2000年版，第36页。

② 丹尼尔·耶金，《石油·金钱·权力》，新华出版社，1992年版，第653页。

这一切不仅可以维持石油高价从而获得高收入，而且大大增强了俄罗斯的地缘政治份量。之所以这样，是因为能源因素在世界政治中的作用增长，也是因为安全问题在其中的作用与份量在增长”[①]。再例如，伊朗利用能源外交打破了美国的经济制裁和封锁。2000 年，伊朗总统哈塔米访问日本，允诺日本优先谈判开发阿扎德甘油田。伊朗与日本的关系升温。“9·11”事件之后，伊朗不仅被美国列为“邪恶轴心”，而且在阿富汗和伊拉克战争后陷入美军的包围之中。在这种背景下，伊朗采取了用石油打破封锁的策略，不断加强与欧盟、日本和加拿大的合作。2002 年 5 月，加拿大谢尔能源公司从伊朗获得了价值 8000 万美元的油田勘探合同；2004 年春，伊朗又与日本签订了价值 20 亿美元的阿扎德甘油田开发协议。由于这些与美国有亲密关系的国家加入到伊朗石油的勘探与开发中，美国对伊朗制裁的可能性大大降低。

石油定价和交易货币选择问题已经成为某些国家的政治工具。2006 年 3 月 22 日，伊朗以欧元为结算货币的国际石油交易所正式成立，伊朗试图借助石油和欧元开始挑战美元的统治地位。以欧元定价和交易的石油交易所对美元霸权的潜在威胁无疑是巨大的。美国维持在全世界的霸权地位，其中重要的支柱就是美元的国际主导货币地位。美国利用美元独一无二的国际地位，为它谋求全球霸主地位提供了物质基础。1945 年布雷顿森林货币体系的建立，使美国获得了世界银行的身份，美元宣告了英镑国际领导权的终结，随之成为事实上的世界货币。目前，世界贸易的 2/3 都是用美元计值，各国中央银行储备的 2/3 也是以美元资产的形式持有。美元是国际储备货币和结算货币，世界各国除

---

① （俄）谢·卡拉加诺夫，“不合时宜的总结”，《俄罗斯报》，2004 年 7 月 28 日。转引自唐志超，“能源外交与国际关系”，见《全球能源大棋局》，第 49 页。

美国和美元化国家以外，都必须大量的储备美元，在国际贸易当中也必须大量使用美元。这就造成了“全世界都在使用美元，而美国在生产美元”的局面。美国因此而获得大量的国际铸币税收益。

20世纪70年代，美国与沙特达成一项“不可动摇”的协议，沙特同意把美元作为石油的唯一定价货币，石油输出国组织其他国家也对此表示同意。美元约等于石油成为世界的共识，任何想进行石油交易的国家不得不把美元作为储备。布雷顿森林体系崩溃以后，美元与黄金脱钩，但美元相对其他货币仍然保持绝对优势，其中最重要的原因就是国际石油交易一直是以美元定价，随之而来的是许多其他原材料也以美元定价和交易。实际上，这等同于美元与石油的挂钩。

目前，在国际石油期货市场的定价和交易也大都采用美元，而伊朗石油交易所选择以欧元定价和交易将可能打破原有的美元环流机制，同时使美国损失大量的国际铸币税。

美元的环流是基于其作为国际主导货币的一种特殊国际政治经济现象。石油美元的环流在美国通过大量经常项目逆差的方式维持美元输出的同时，保证了美国的资本项目顺差，从而也就弥补了贸易和财政上的赤字。这对支撑美国经济增长起到了至关重要的作用。如果这一环流过程中断，就会出现国际收支“双赤字”的现象，那么美元就会因为世界各国因担心美国经济不可持续而发生信用危机，从而出现大幅度贬值。

目前，有两种情况加深了世界各国对美元的不信任。第一，美国的“双赤字”已经维持了相当长的时间，美元随时有大幅度贬值的可能性，通过压逼人民币升值来实现美元相对贬值从而减少贸易逆差就是在这一背景下发生的。第二，大量的石油欧元业已存在，并且有挑战石油美元的可能性。近年来大量的石油美元转向了欧洲市场，增持欧元资产，减持美元资产的趋势已经初露端倪。

定价和交易货币之争实际上是国际主导货币之争。近年来，欧元对美元表现出了咄咄逼人的态势。在这个时候，作为产油大国的伊朗提出建立以欧元定价和交易的石油交易所，无疑是对美元的严峻挑战。但是，由于美国在世界上的霸权地位，伊朗选择以欧元作为石油定价和交易的货币恐怕很难达到目的。

首先，伊朗的石油交易所能处理的原油交易量并不大。伊朗是世界上第 4 大原油生产国，其产量仅占世界总量的约 5%，而且增产潜力不大。伊朗建立石油交易所之后曲高和寡，只有世界第 10 大产油国委内瑞拉有可能响应伊朗。像沙特、科威特等石油出口大国根本不会“冒天下之大不韪”追随伊朗跟美国叫板。此外，美国的石油储备量很大，石油进口渠道比较多，对中东地区石油的依赖不大。伊朗的石油出口对美国几乎没有什么影响。

其次，国际石油机制的框架已定，伊朗很难改变。石油的价格、产量以及石油贸易的结算货币乃是石油需求国家与欧佩克以及非欧佩克产油国之间的博弈和政治安排。美国牢固的控制着全球石油供给和国际石油机制，欧佩克就不得不与美国达成妥协，实现所谓的“相互依赖”。美元与石油挂钩也是在这一基本格局下产生的。

伊朗试图建立以欧元定价和交易的石油交易所就会打破目前的国际石油体系，也就是打破业已形成的石油利益分配格局。伊朗必须同时争取欧佩克、非欧佩克产油国、以美国为首的西方石油需求大国以及其他石油需求国的认可才能够改变这种既定格局，这同时牵涉到世界主要大国的利益调整和分配。这不仅仅是资本流动转向所带来的金融风险问题，还可能对美国主导的世界经济造成巨大冲击，其后果不堪设想。

作为世界第二大石油出口国，俄罗斯的分析家们担心其石油出口收入会受到影响，并认为目前还没有必要将国际货币市场动态与伊朗石油交易所的成立挂钩。欧盟对于伊朗的新举措态度暧昧。用欧元进行石油交易除了可以扩大欧元在全球金融市场的影响力之外，还能够帮助欧盟国家寻求替代俄罗斯的石油供应者，逐步减少对俄罗斯石油的依赖。但是欧盟并未作出过多反应。

再次，世界大国之间的相互依赖使得没有国家希望美元出现大幅度贬值。据世界银行的统计，到 1998 年底，美元在国际贸易结算、外汇交易、国际债券净额、国际银行存款、发展中国家债务和官方外汇储备中分别占到 48%、42%、40%、46%、50.2%和 65%。这就意味着，世界需要美国通过其国际收支逆差以输出美元，来为世界提供交易手段或清偿能力，世界上的其他国家为了得到以美元表示的硬通货而近乎无偿地为美国提供商品、服务或是贷款。目前，用于进行世界贸易的货币储备有 70%是美元。中国人民银行 1 月 15 日公布的 2005 年第四季度金融运行数字显示，截至 2005 年 12 月末，中国外汇储备余额为 8189 亿美元。仅中国和日本两国就持有将近 2 万亿美元的美元债券和其他种美元票据。美国利用美元的国际主导货币地位制造了这样一种态势：几乎所有国家都对美国拥有债权，但美国对各国的债务也成为其制约其他国家的“人质”。如果石油定价和交易转为欧元结算，那么后果必将导致的美元下跌会使许多国家的外汇储备大幅度缩水。债权变成了“人质”，正是世界各国相互依赖的表现。

最后，打击美元并不能瓦解美国的世界霸主地位。美元霸权是美国在世界上拥有霸权地位的一个表现，但这不是根本的原因。美国的霸权来源于其强大的经济实力和军事实力。美国几乎在所有高端产业领域都拥有核心技术，在产业链条当中处于上游和垄断地位。其发达的金融市场为美国乃至世界经济的健康平稳发展提供了加速器。美国每年的军费开支高于世界除美国之外的前十位的军事大国的军费开支的总和。强大的经济和军事实力保证了美国的霸权地位。而且，这种地位从目前来看几乎没有哪个国家能够替代。世界主要大国也都默认美国主导国际秩序、为全球提供诸如自由贸易、国际货币金融体制等公共产品的格局。这一格局在冷战结束之后相对稳定。美国基本达到了“霸权稳定论”者所设想的目标。

(3) 运输与安全：运得回的问题

能够买得起、买得到能源，仅仅是解决能源问题的第一步，关键还在于能够将买到的能源运到国内。石油运输的方式主要包括轮船、管道、铁路和汽车运输。就国际石油贸易而言，主要是通过管道和轮船两种方式运输，铁路仅是补充。从全球石油跨国运输量看，超过3/5的石油通过海上运输，不到2/5通过管道运输。天然气的国际运输方式略有不同，现在约有3/4的天然气通过管道运输，1/4通过液化由海上运输。

海运是国际石油贸易的最主要方式。海运运量大，通过能力强、运费低，国际石油贸易中的大部分是由海运完成的。2000年，世界海上运输的货物总吨位为55亿吨，按重量计算占世界贸易的95%。其中，能源运输就占了运输总量的50%。2000年，世界海上运输的原油总计17.628亿吨，占总货运量的30%。

管道主要适用于陆地运输。管道具有运量大、安全、方便和运费低廉等优点，是各国油田与油港、炼油中心之间的纽带。油气管道的建设是与海运风险密切相关的。20世纪60年代之后，世界油气管道发展迅速。到20世纪90年代，世界输油气管道的总长度达到200万公里，数倍于世界铁路的长度。

国际上已经形成了多条油气运输航线和管道。主要的运输航道有：波斯湾——好望角——西欧、北美线；波斯湾——龙目海峡——望加锡海峡（马六甲海峡、新加坡海峡）——日本线；波斯湾——苏伊士运河——地中海——西欧、北美线。主要的海上石油运输通道主要包括：霍尔木兹海峡、马六甲海峡、曼德海峡、波斯普鲁斯/土耳其海峡、巴拿马运河、苏伊士运河等。主要的油气运输管道有：横跨阿拉伯半岛的输油管线、伊拉克——地中海输油管线、苏伊士湾——地中海输油管线、的里亚斯特——莫戈尔施塔特输油管线、纵贯阿拉斯加的输油管线、横跨巴拿马的输油管线、前苏联——东欧输油管线、北海斯塔特菲奥德——挪威输油管线等。

石油管线的建设已经成为许多国家抢购世界油气资源的手段。有些产油国由于无法将生产出来的油气资源运送到其他国家而限制油田的开采，比如俄罗斯西伯利亚的油气资源。一些石油进口国就采取各种措施，包括提供无息贷款、直接援助等方式帮助产油国修建运输管道。比如日本在俄罗斯计划修建的“泰纳线”上做出的援助承诺，整个运输管道的预期成本为150—160亿美元，而日本同意援助90亿美元，但日本的条件是俄罗斯不能够修筑通往中国大庆的支线。石油运输管道的建设反映了石油生产国未来的石油销售去向，因此许多国家竞相争夺。俄罗斯、中国、日本在“安大线”、“安纳线”、“泰纳线”上的博弈，就充分反映了这一点。

油气资源国际运输可能面临的主要风险包括战争风险、反政府武装及有组织犯罪、恐怖主义威胁、油气运输事故和国际政治与竞争风险等。战争风险主要是指战争期间油气运输通道可能会成为交战国打击的目标。比如：1943年6月至1945年第二次世界大战期间，同盟国有78.4万吨的油轮被击沉；1944年日本的能源供应量减少一半；到 1945 年初的时候，日本的海外石油供应基本上被完全切断；两伊战争期间，先后有数百艘油轮和商船受到袭击，据美国统计，截至 1987 年，伊拉克共对在海湾航行的船只发起了 132 次进攻，导致其中的 40 艘被击沉或严重破坏；伊朗共发动了约 70 次袭击，毁坏了 11 艘油轮。同时，战争期间，一些重要的油气运输通道枢纽也可能被相关国家封锁或关闭，这可能迫使许多船只绕道，增加运输成本；也有可能直接截断对某个国家的油气供应。

反政府武装及有组织犯罪主要是某些国家的海盗、反政府游击队等对海上油气运输和管道运输直接性的抢劫或盗窃。据国际海事局统计：全球的海盗袭击事件频繁发生，逐年增加，2000 年达到 469 起，2002 年达到 370 期；2003 年第一季度就达到 120 起。全球每年由此造成的直接经济损失达 250 亿美元。反政府武装主要是对油气管道进行破坏性袭击。例如：自从伊拉克战争爆发到 2003 年 12 月，伊拉克的石油和天然气运输管线就遭到 83 次袭击，其中从基尔库克到土耳其地中海油港杰伊汗的石油管线 3—4 月内就受到了 40 余次破坏。

恐怖主义袭击主要是恐怖主义组织打击石油运输通道、截断管道油气运输的活动。比如 2002 年 10 月初，一艘马来西亚国际石油公司租用的法国超大型油轮在也门海岸受到恐怖主义自杀性爆炸袭击，油轮严重受损。事后，基地组织称袭击事件“不是对路过油轮的偶然的袭击”，并对海湾地区石油设施及国际石油运输线发出威胁。据统计：在 2002—2003 年间，全球共发生了 20 多起针对能源运输管道核设施的恐怖主义事件。恐怖主义要么直接对运输的油轮或管道发动袭击，要么可能切断某些油轮运输的必经之地，造成运输风险。

偶然事故也可能给油气运输带来风险，如大雾、风浪等自然因素或者航道拥挤等人为因素都可能造成油气运输事故。比如：马六甲海峡有不少浅滩，其中水深不足23米的地方达37处，加上沉船、泥沙、淤泥等是航道情况经常改变，严重威胁航运安全，其航运事故率是苏伊士运河的3倍多，是巴拿马运河的5倍多。1975年就曾经发生两起重大油船搁浅或碰撞事故，泄漏石油达8900吨。管道运输事故主要包括设施年久失修造成的事故和人为破坏造成的事故。油气运输管道一旦发生泄漏，就可能造成严重的后果。人为破坏主要是油气盗窃造成的。比如：2001年在尼日利亚的某村庄，由于人为破坏发生原油泄漏，当地村民在哄抢原油时发生爆炸，致使油气运输被迫中断。

国际油气运输管线由于要经过许多国家，石油输出国和进口国与这些国家的关系以及途经国家的政治经济稳定都会威胁到油气运输的安全。比如：1994年7月1日，土耳其以保护生态和环境为名，限制从黑海通过波斯普鲁斯海峡和达达尼尔海峡到地中海的油轮运量，对俄罗斯的石油出口造成了严重的不利影响。

这些风险都可能使得石油进口国在石油出口国买得到、买得起的油气运不回本国，造成油气进口国家的能源紧张，进而威胁相关国家的能源安全。

简单的结论和待研究的问题

本文基于对能源商品的特点和国际油价的长期走势的研究指出，由于能源商品具有经济和政治双重属性，其价格在长期具有相对稳定性。决定国际能源价格长期趋势的因素有两个：第一，与能源相关的众多利益集团基于市场的博弈；第二，国际能源机制的长期稳定。各国都从最大化本国的经济政治利益出发决定其在能源问题上的立场，并借助权力实现它。能源分配是大国实现或巩固有利于己的世界经济政治安排的一个重要工具，国际能源机制所反映的实乃国际政治的权力结构。

另外，国际油价的变动对于国际政治重大事件影响也是我们关心的问题，但是在本文我们并没有展开讨论。WTRG 的报告认为重大的国际政治事件导致油价波动，那么油价的剧烈波动是否会影响国际政治乃至国际格局呢？比如：通过观察 1869 年到 2004 年的原油价格变化，我们发现石油从 19 世纪中期被发现并被广泛使用到一战前夕，呈现急剧下降的趋势。一战期间，油价波动剧烈，但是二战期间油价却保持比较平稳的态势。石油危机时期的价格剧烈上升之后，到 20 世纪 80 年代末，国际油价经历了急剧下降的十年。在油价重新回升的拐点上，作为世界第二大产油国的前苏联解体。我们猜想，油价的变动同样也影响着国际政治上的重大事件，甚至可能催生了某些重大事件。[①] 对于其中

① 在写作过程中，我们一直猜想国际油价的长期趋势对重大国际政治事件有某种决定作用。巧合的是，我们在丁一凡博士《美国批判——自由帝国扩张的悖论》一书中找到了美国对苏联发动“经济战”的资料，从一个方面证实了我们关于这一问题的猜想。丁一凡博士写道：“当 20 世纪 80 年代，里根政府组织了对苏联的（经济战）时，美国中央情报局对苏联的形势分析后，认为苏联的弱点在于它主要依赖出口能源换回硬通货，再向西方购买技术。如果使它的能源出口收入锐减，西方再限制对它出口的技术，苏联经济就坚持不下去了。在这种情况下，美国出面说服了沙特阿拉伯加大石油生产，使国际市场上石油的价格大跌，苏联出口能源的收入急剧下跌。但舆论当时并不知道美国与沙特背后达成的这笔交易，以为沙特扩大生产有自己的用意。美国或多或少加以引导，让人们都去猜测沙特扩大石油生产的经济利益。许多分析家因此而认为，沙特扩大生产是为了稳住自己在国际市场上的份额，甚至要扩大自己的份额。他们说，扩大份额是一种战略考虑，使沙特得到了比提高石油价格更高的利益。直到许多年过后，美国人自己披露出当时的这段经济战与美沙之间达成的秘密协议后，人们才真正意识到沙特当时为什么要扩大石油生产。现在回想以来，对沙特增产石油的猜测就属于一种思维定式，是因为人们根本不知道事情的真相。”参见：丁一凡：《美国批判——自由帝国扩张的悖论》，北京大学出版社，2005 年版，第 125—127 页，144—147 页。

的联系，我们认为还有必要进行进一步的研究。

最后，需要补充的是，本项研究可以看作是国际政治学分析在能源领域的初步尝试，得出的“结论”带有很强的命题色彩，尚需要进一步论证。我们的目的在于提供一个分析框架，以便为进一步的研究提供思路。

注：本文为中国社会科学院世界经济与政治研究所全球能源政策研究项目的阶段性成果。作者感谢中国社会科学院亚洲太平洋研究所张宇燕研究员的悉心指导。在文章写作过程中，中国社会科学院世界经济与政治研究所何帆博士、张明博士等与作者进行了富有启发的讨论，在此一并感谢。当然文责自负。

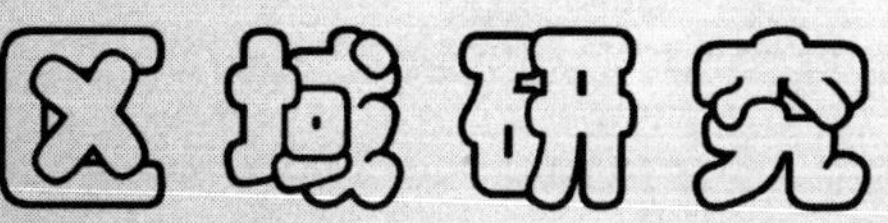
区域研究

浅析阿以冲突中的黎巴嫩因素

王艳红*

内容摘要：中东地区历来是各方矛盾和利益的交汇点。第四次中东战争以后，由于黎巴嫩内部各种矛盾愈益激化，加之美国、叙利亚、伊朗、巴解组织、以色列等外部势力的不断介入，使黎巴嫩成为中东各种矛盾的交汇点。1982 年真主党的诞生，对黎巴嫩历史发展与中东和平进程均产生了深远影响。此次黎以冲突导致了中东紧张局势骤然升级，其“代理人战争”的性质凸显中东大棋局幕后的实力较量，对中东国际战略格局形成潜在的巨大冲击。

2006 年 7 月 12 日，黎巴嫩真主党游击队对以色列发动了越境袭击并俘获了两名以军士兵。以色列以此为借口，对真主党武装进行穷追猛打，继而扩大打击范围，对黎发动了陆海空全方位军事打击，并派地面部队进入黎南部，持续了一个多月的黎以冲

* 王艳红，上海社会科学院欧亚研究所硕士研究生。

突致使黎巴嫩 1000 多名平民遇难，100 万黎巴嫩人因以色列狂轰滥炸而无家可归，从而导致了中东紧张局势骤然升级。以色列与黎巴嫩真主党武装之间的军事冲突，实际上是以色列与伊朗之间不直接的军事对抗；或者更进一步说，无论是以色列还是黎巴嫩真主党都不过是国际战略格局中的棋子，幕后的真正实力较量是全球唯一的超级大国并在中东拥有绝对战略利益的美国与中东地区大国什叶派世界领袖伊朗。因此，有人把这场冲突称为“代理人战争”或战争中的“战争”。

由于篇幅所限，本文对持续了半个多世纪的阿以冲突不可能进行全面而深入的研究，只想就阿以冲突中的黎巴嫩问题谈一些粗浅的看法，以期推动人们对中东局势尤其是黎以冲突的关注与研究。

一、黎巴嫩概况

黎巴嫩位于西亚南部地中海东岸的中心，总面积 10452 平方公里，地处欧、亚、非三大洲的要冲，扼守东西要道咽喉，背依小亚西亚，遥瞰欧、非大陆，代表着进入一个大的地区性市场的入口。其东面和北面与叙利亚交界，南面与以色列接壤，西濒地中海。境内低地、平原、谷地、山区纵横其间，河流众多，地形相当复杂，地缘政治、经济极其重要，有史以来即为外部强权必争之地。尤其重要的是，其历史发展十分悠久且跌宕起伏，公元前 3000 年左右，阿拉伯半岛的迦南人最早在该地区定居，之后曾经是古代腓尼基的一部分，至公元前 2000 年后，该地区相继被古代埃及、亚述、巴比伦、波斯和罗马等帝国统治，7 世纪中叶到 16 世纪初又成为阿拉伯帝国的一部分，16 世纪中叶之后奥斯曼土耳其帝国征服该地。

历史步入近代以来，庞大的奥斯曼帝国逐渐衰落，特别是在第一次世界大战后，英法等西方殖民主义者以“委任统治”的名义取代奥斯曼帝国接管中东。1920年，协约国决定将大叙利亚（叙利亚和黎巴嫩）交给法国托管，黎巴嫩遂沦为法国的委任统治地。二战爆发后，中东阿拉伯世界民族解放运动的潮流、要求独立的呼声极大地冲击了西方殖民主义的枷锁，法国于1941年11月26日宣布结束对该地区的委任统治，黎巴嫩遂于1943年11月22日获得独立，全称即黎巴嫩共和国（The Republic of Lebanon）。首都贝鲁特（Beirut）是地中海东岸以其独特建筑风格与气候环境并美而闻名的海滨城市，在内战前为中东著名的商业、金融、交通、旅游和新闻出版中心，有“东方巴黎”之称。1975年黎巴嫩内战爆发后，贝鲁特被一分为二，从北部的贝鲁特港经中心商业区沿大马士革路到东南郊，形成一条长约6公里、宽约200米的无人区（人称“绿线”）。十多年的战乱使整个城市遭到严重破坏，目前正在进行大规模重建。1946年12月，法国驻军全部撤离，黎巴嫩至此才获得全部自主权。二战后，尽管各种外部势力在中东舞台上进行了激烈的角逐，然而独立后的黎巴嫩政治形势相对比较稳定，外交上奉行中立、不结盟的政策，重视与法、美等西方国家的传统关系，加强与阿拉伯兄弟国家的交往并与叙利亚保持特殊关系。规定阿拉伯语为国语，通用法语和英语。据2000年统计：全国人口总数为400万人，绝大多数居民是阿拉伯人，占全国人口的95%，亚美尼亚人占4%，希腊人和土耳其人占1%。由于该地区的民族特性及地区动乱，黎巴嫩是世界上鲜有的国外黎裔人口多于其国内人口的国家，据估计，全球各地的黎裔人口约1200—1500万，主要分布在北美洲、拉丁美洲、欧洲、非洲及海湾国家。

不了解两千年来在黎巴嫩形成的错综复杂的教派冲突，想对黎巴嫩问题进行研究则无从谈起。公元1世纪左右，发源于中东地区的基督教传入黎巴嫩，时至7世纪，阿拉伯帝国的兴起促使伊斯兰教在包括黎巴嫩的整个中东地区广泛传播，因此两大宗教并存且平分秋色的黎巴嫩成为阿拉伯世界的一个特例。到19世纪中叶，黎巴嫩基督徒中80%以上是天主教徒，其余是希腊东正教徒，新教徒人数极少；而在天主教徒中，又以马龙派为主，约占70%。① 目前，黎巴嫩居民中54%的人信奉伊斯兰教，主要是什叶派、逊尼派和德鲁兹派；46%的人信奉基督教，主要有马龙派、希腊东正教、罗马天主教和亚美尼亚东正教等，两大宗教下的分支教派相当复杂，在教义和教规上均独树一帜。早在1943年伊斯兰教和天主教就达成协议，规定总统应属天主教马龙派，总理应属伊斯兰教逊尼派，议长应属伊斯兰教什叶派，这种妥协就为黎巴嫩日后的矛盾、冲突与动荡埋下了伏笔。且黎巴嫩国内派系林立，政党活动频仍。受宗教、宗族和经济因素的影响，国内存在大量的利益集团，比较有影响的主要由黎巴嫩长枪党、真主党等。② 因此，自1975年开始，由于中东地区的动荡局势特别是卷入了十分棘手的巴勒斯坦问题，黎巴嫩国内引发了空前激烈的教派矛盾与冲突，在外部强权的干预下，逐步演变成一场长达15年的内战，1989年10月，有关冲突各方才达成“塔伊夫协议”。数十年的地区动荡使黎巴嫩遭到严重破坏，目前正在进行大规模重建，黎巴嫩新政府着手进行经济和政治改革，制定了一系列振兴经济的措施，积极致力于稳定政治形势。2001年，黎巴嫩外交更趋活跃，全方位发展同西方及阿拉伯国家的关

---

① 希提：《黎巴嫩简史》(P. K. Hitti, A Short History of Lebanon)，纽约，1965年版，第193页。

② 肖宪主编：《1945年以来的中东》，中国社会科学出版社，2004年版，第64—65页。

系，特别是“9·11”事件后，外交重点放在说服美国等西方国家将黎巴嫩真主党的反以运动与恐怖主义区分开来，不要以此为借口对黎巴嫩动武。

二、黎巴嫩真主党及其与以色列的历史恩怨

以色列一直将黎巴嫩境内的巴解基地视为眼中钉，急于将其根除，以解除其对以北部边境的威胁。[①] 1981 年底，时任以国防部长的沙龙在《八十年代以色列的战略问题》的报告中公开提到，以色列可以发动一次大规模的军事行动，其目的是占领黎巴嫩的大部分。[②] 1982 年 6—9 月，以色列发动了黎巴嫩战争，即第五次中东战争，以出兵占领黎巴嫩南部领土，袭击其境内的巴解组织及其武装力量，迫使其 12000 名巴解武装人员撤离贝鲁特，分散到 8 个阿拉伯国家，并与在黎的叙利亚军队交战。该战使以摆脱了巴解组织对其北部边境的军事威胁，然而战争并未消除双方存在的矛盾与冲突，正相反，此次战争不仅造成大量新的难民，摧毁黎大量民用及基础设施建设，而且在黎南部仍占领着一个所谓的“安全区”，并扶植了一支在以色列军方控制下的南黎巴嫩军（Southern Lebanese Army），尤为重要的是，战争期间，以军纵容黎巴嫩基督教长枪党在贝鲁特难民营实行的大屠杀，这些都引起黎国内强烈的不满与抗议浪潮。

---

① 潘光、余建华、王健主编：《犹太民族复兴之路》，上海社会科学院出版社，1998 年版，第 221 页。

② 季国兴、陈和丰等著：《第二次世界大战后中东战争史》，中国社会科学出版社，1987 年版，第 461 页。

由于1976年黎基督教长枪党武装在内战中对贝鲁特和黎南部什叶派穆斯林居民的残酷扫荡，以及1978年和1982年以色列军队两次大规模的入侵，致使数十万什叶派穆斯林平民百姓被迫逃离家园，沦落为难民，处境十分悲惨。他们从自身的不幸遭遇中同情、支持以武力抗击以色列军队的巴解组织，仇恨以色列和西方，成立捍卫自己权益的政党组织成为许多人的共同心愿。[①]在错综复杂的国内外局势下，真主党在贝鲁特南郊诞生了，它是在以色列入侵黎巴嫩后创建的一个什叶派穆斯林游击队组织及政党，在抗击以色列占领的斗争中越战越强，现已成为一支拥有数千人的训练有素、战斗力强、战术运用灵活的武装组织，目前也是黎巴嫩的第一大党。建立之初曾得到当时伊朗精神领袖霍梅尼与伊朗革命卫队的大力支持，据说从1982年到1988年短短六年间，伊朗对真主党的援助高达5亿美元，平均每年8000多万美元，这些经费大部分用来购买军火武器，真主党的实力由此得以迅速壮大。[②]最初目标是将以色列从黎巴嫩领土上赶走，并建立一个类似伊朗神权统治的伊斯兰国家。在不断发展过程中，真主党的目标得以不断完善，主要有：消除美、法在黎巴嫩的影响，迫使以色列军队撤出黎巴嫩；通过武装斗争，解放阿拉伯被占领土；帮助难民早日返回家园等等。

黎巴嫩南部与以色列北部接壤。长期以来，黎以一直处于敌对状态。从20世纪60年代末开始，由于巴勒斯坦游击队转移到黎巴嫩并以黎作为抗击以色列的基地，以色列经常对黎进行军事打击，致使黎以冲突不断。1968年12月28日，以武装直升机

---

① 吴云贵：《黎巴嫩真主党述评》，《西亚非洲》（双月刊），1997年第6期。

② 约翰·埃斯波西托：《伊朗革命——它的全球影响》，佛罗里达国际大学出版社，1990年版，第126页。

袭击黎巴嫩首都贝鲁特机场，炸毁了十多架黎民用飞机，以报复以色列一架民用飞机在雅典机场遭巴武装人员袭击。1978 年 3 月 15 日，以色列陆、海、空三军发动“利塔尼行动”，首次入侵黎巴嫩，直逼其首都贝鲁特，占领了利塔尼河以南地区。6 月 13 日，以军撤出黎巴嫩。1982 年 6 月初，以军出动地面部队、海军陆战队和空降部队大举入侵黎巴嫩，占领了黎南部地区，并将阿拉法特领导的巴勒斯坦民族解放运动“法塔赫”赶出黎巴嫩。1985 年 1 月，以色列开始分阶段从黎巴嫩撤军。但以色列以保卫北部领土安全为由，在黎巴嫩南部建立了“安全区”，并将以支持的“南黎巴嫩军”留在黎境内。自成立之日起，以军与真主党游击队的武装冲突就没有停止过，1992 年 2 月，以武装直升飞机袭击了黎真主党总书记穆萨维及其家属乘坐的汽车，穆萨维及其家属在袭击中丧生。此后，黎真主党武装同以军进行了多次交火，黎以冲突不断升级；1993 年 7 月，为打击黎真主党和巴游击队有生力量，以军对黎南部发动大规模的轰炸。在双方为期一周的激烈交火中，造成 150 多人丧生，500 多人受伤。7 月底，黎以双方达成谅解，实现停火；1996 年 4 月，为报复真主党武装对以北部的火箭袭击，以对黎南部地区展开大规模军事行动。黎以军事冲突持续了 16 天之久，造成黎 160 多人死亡，数百人受伤，50 多万人沦为难民。26 日，黎以双方达成停火协议；2000 年初，为报复真主党武装的袭击，以多次出动战机对黎南部真主党游击队的基地进行轰炸；2000 年 5 月，以军部队撤离“安全区”，结束对黎南部 22 年的占领。但由于以色列没有从有争议的“萨巴阿”农场撤军，黎真主党游击队和以色列的冲突从未停止过。而从 1982 年到 2000 年，黎巴嫩真主党对占领黎巴嫩南部的以色列军队也发动了旷日持久的游击战争。在以色列军队于 2000 年 5 月被迫撤出该地区后，许多黎巴嫩人和阿拉伯世界都称赞真主党取得了阿拉伯国家对以色列的首次军事胜利。另外，真主党多年来一直在建设学校、医院和社会服务部门，这使得它赢得了广泛的政治支持。而且，尤为重要的是，长期以来，哈马斯和黎巴嫩真主党武装互为盟友、相互支援、联系密切。因此，美国认为黎巴嫩真主党是个恐怖组织并纵容以色列对之进行致命打击，但到目前为止，尽管面临美国压力，欧盟仍未宣布真主党是恐怖组织。

三、黎以冲突牵动中东大棋局

中东地区历来是各方矛盾和利益的交汇点，因此任何冲突都不仅仅是直接敌对势力之间一场单纯的军事对抗，常常是牵一发而动全身，各种矛盾与利益冲突盘根错节。尤其重要的是，列强插手对黎巴嫩的历史发展和中东的国际关系均产生了深远影响。[①] 就像此次黎以冲突一样，它从一开始就注定了不是一场简单的扣压和解救人质的报复与反报复行动，其背后掩盖的是各方政治利益的较量。这场战争推动了中东棋局的博弈，促使中东政治格局发生新的变化，催生出新的互动因素。其“代理人战争”或战争中的“战争”的性质凸显中东大棋局幕后的实力较量，对中东国际战略格局形成潜在的巨大冲击：

1. 黎以冲突将会使美国的中东战略进行调整

1956 年 10 月 29 日至 11 月 6 日，第二次中东战争即苏伊士运河战争爆发，英、法两个老牌殖民帝国遭到惨重的失败，而

① 潘光：《十九世纪黎巴嫩大动乱试析》，载《世界历史》1985 年第 6 期。

美、苏的影响却大大加强，由此开始了美、苏两个超级大国角逐中东的新时期，从而彻底改变了中东地区的战略格局。[①] 在阿以冲突问题上，美国政府一贯执行遏制冲突升级和防止危机蔓延的传统战略，而近几年来，布什政府一直致力于改造中东。2003年3月，伊拉克战争爆发，布什政府曾提出在伊拉克实现自由民主，并将之树立成新中东的样板。然而至今未能如其所愿。针对7月12日爆发的这次黎以冲突，美国一反常态，公开表示支持以色列的军事行动，布什政府这一推波助澜的做法耐人寻味。7月23日，美国国务卿赖斯在黎以冲突爆发后进行了首次中东之行，首次明确提出了“新中东”的概念，曾表示美国希望此次冲突能够带来“一个不同以往的中东：一个新的中东”。并称这是“一个新中东诞生前的阵痛”，所谓“新中东”就是顺从美国意志、并保持分裂制衡状态的中东，主要是沙特、科威特等亲美国家；所谓“老中东”就是反抗美国意志需要被改造的中东，则主要指黎巴嫩、叙利亚和伊朗。

“新中东”意味着美国控制中东，而在美国看来，实现这一计划有诸多障碍——巴勒斯坦和黎巴嫩的抵抗组织、叙利亚和伊朗政府。在“新中东”计划内，应该没有任何抵抗运动，巴勒斯坦和黎巴嫩的抵抗力量必须被消灭，这实际就是布什的“大中东民主计划 ”。按照美国的设想，就是要借助以色列之手实现“打压真主党，削弱叙利亚，孤立伊朗”的目标，进而清除实现“大中东民主计划”道路上的主要障碍。埃及中东问题专家阿兹米·巴沙拉指出：事实上，无论老中东计划也好，新中东计划也罢，都是美国为实现其大中东战略的手段，其目的是打击那些来自外

① 潘光、余建华、王健主编：《犹太民族复兴之路》，上海社会科学院出版社，1998年版，第204—205页。

部和内部的抵抗力量，扫清阻挡美国全面控制中东的障碍。埃及穆斯林兄弟会领导人穆罕默德·马赫迪·阿卡夫则认为，布什政府的新中东计划的核心就是针对中东地区的伊斯兰运动。美国的目的是破坏伊斯兰运动，把它们排除在该地区新的政治秩序之外。美国密歇根大学专家胡安·科尔指出，布什政府入侵伊拉克和反对黎以停火的决定都与在华盛顿流行的新保守主义思想学派有关。这个思想学派主张：以色列是美国在中东地区的坚定盟友；美国及其盟友必须用先发制人的军事行动将所谓“威胁”扼杀在早期阶段。美国的目的是通过支持以色列的军事行动继续改变中东政治版图。

而目前，美国试图利用黎以冲突之机，借其中东盟友以色列之手打击黎巴嫩真主党武装，从而打击其幕后的支持者伊朗和叙利亚。而且，尤为重要的是，白宫更关心解除黎巴嫩真主党的武装，因为如果对伊朗的核设施动武，必须除去真主党用来报复其中东盟友以色列的武器。对真主党进一步穷追猛打，继而对黎巴嫩进行其“民主化”进程改造，这只是美国中东新战略的目标之一，美国追求中东问题的“永久与彻底”的解决，建设新中东，接下来就要解决在黎巴嫩有着盘根错节势力的叙利亚以及更为棘手的伊朗问题。

叙利亚支持真主党，支持巴勒斯坦激进组织，和伊朗关系密切，因此和美国的关系一直紧张。北约军队驻扎黎巴嫩南部，将对叙利亚决策层形成强大压力。如果美国争取到叙利亚的“中立”，便可以切断真主党的外援路径。更重要的是，伊朗将被彻底孤立。如果更进一步，叙利亚倒向美国，那么伊朗就将处于被包围的状态。届时，美军从美国本土东海岸出发，经大西洋、地中海登陆叙利亚，只有1. 2万多公里，比经太平洋到阿拉伯海近了一半，且沿途大多是北约成员国，后勤支援极为方便。因此，要进攻伊朗，必先拿下叙利亚。

尤为重要的是，美伊在黎巴嫩的争夺已经越来越明显，黎以冲突也越发显现出美伊“代理人战争”的特征。伊朗希望借黎以冲突把局势搞乱，转移国际社会对伊朗核问题的注意力，美国则希望借机重整中东。美国认为黎巴嫩真主党武装的主要后台是伊朗，并认为美国要想在中东进一步推进其民主化进程以消除恐怖主义滋生的温床，确保对中东及其战略资源的控制与支配权，其最大的障碍就是伊朗。而且美国又认为：由于伊朗政权“缺乏民主”并支持恐怖主义，因此其研制核武器对美国构成的威胁是“灾难性的”。因此，在黎以危机中，全面打击伊朗在中东的势力是美国默许以色列全面进攻真主党最直接的原因。随着黎以冲突不断升级，布什政府不但“按兵不动”，而且支持以色列对黎巴嫩的军事行动。布什政府此次对待黎以冲突的态度表明，美国的中东策略发生了重大转变。在此之前，美国对待中东冲突的传统做法是扮演“中立调停人”的角色，此次美国支持以色列对真主党武装大打出手的做法耐人寻味。也就是说，美国希望以色列以最快速度消灭真主党武装，既打击伊朗，也不给其在核问题上有任何喘息时间，防止其“浑水摸鱼”。等收拾完真主党，再推动安理会制裁伊朗。为此，在黎以战争期间，美国除加紧向以色列提供精确制导炸弹外，还马不停蹄地向以色列提供战机、导弹、燃油和军事技术。对于美国来说，以色列打黎巴嫩真主党就是在帮美国打击伊朗，美国国务卿赖斯在安理会刚刚通过要求黎以停火决议后就宣称：“对中东地区和平的战略威胁是伊朗。”这已再明显不过地体现了美国中东战争的主要敌手。而且黎以冲突使美以关系更加紧密。两国现在把真主党及其背后的支持者看作是共同的敌人。在美国看来，以色列对真主党武装所采取的军事行动是对“恐怖组织”的打击，属于“反恐战争”的范畴。而且以色列拿真主党武装开刀，也等于间接打击了伊朗和叙利亚这两个被美国认定的所谓“支持恐怖主义的国家”，这自然符合美国的利益。然而，美国的如意算盘能否实现，还要看国际社会诸多力量的角逐。

因此中东地区的任何冲突都能折射出大国的博弈，美国试图“重整中东”秩序，谋求建立“新中东”。然而，在战略机遇面前能达成何种结局尚难以预料。正如美国马里兰大学萨达特人口发展与和平研究中心主任谢卜利特拉米所说：“我们有能力在中东重新洗牌，但不能确定尘埃落定时是怎样一种格局。”外部势力的过多干预，只能使黎以冲突的解决更加复杂和棘手，中东和平进程更为遥遥无期。

布什对真主党宣布取得重大胜利的说法不屑一顾，认为此次冲突黎巴嫩真主党武装遭受惨败，正是“新中东”政策的一次胜利。并将之与阿富汗战争、伊拉克战争相提并论，认为黎巴嫩正处于全球反恐战争的前线，以色列与真主党持续一个多月的冲突是自由世界与恐怖主义斗争的一部分。

2. 伊朗虽不是黎以冲突的赢家，但却潜在地增加了其在中东和平进程中的“话语权”

1979 年，伊朗爆发并宣称将向全世界输出伊斯兰革命，这一行为无疑挑战了美国的霸权，威胁了美国在中东伊斯兰世界的利益，尤其是因伊朗核危机而引发的美伊冲突，一度成为该地区最为棘手、最为敏感的问题，也是美国中东战略的核心问题之一。所以黎以冲突在某种程度上也可以被看为是支持以色列的美国和支持黎巴嫩真主党的伊朗在该地区暗中较劲与首度“练兵”。

美国把这次黎以冲突看作打击“恐怖主义”真主党武装，进而打击其背后靠山伊朗与叙利亚，从而对中东进行重新“洗牌”

的绝好机会。然而由于黎巴嫩地形极为复杂，到处是崇山峻岭，各地区之间来往不便，互相隔绝。沿海城市自古以经商为主，而内地山区大多过着自给自足的生活，从而为诸教派各自为政创造了有利的地理环境和经济基础。[①] 因此，真主党在黎南部山区有着比较大的活动空间与回旋余地，尤其重要的是，真主党武装打的是游击战，其成员亦兵亦民。因此，在以色列对黎巴嫩真主党武装实施的一个多月的军事打击中，以军似乎只在摧毁黎巴嫩基础设施建设等方面战绩卓著，对于“恐怖主义”的打击则显得力不从心。布什政府前副国务卿理查德·阿米蒂奇就认为：在此次黎以冲突中，以色列政策将会使其面临骑虎难下的困境，这也可能给白宫的伊朗政策敲响警钟。试想，“如果该地区最具优势的军队——以色列国防军都不能平定黎巴嫩这样只有400万人口的国家，那么你应该仔细考虑把这种模式运用到伊朗身上的后果，后者拥有更深入的战略和7000万人口。”

在这场黎以冲突中，真主党的真正作战目的就是要在阿以冲突中显示什叶派穆斯林的战斗能力，向世人表明只有什叶派真主党才有能力与以色列对抗。而真正能促使真主党武装“收手”的外部力量只有伊朗，伊朗虽然公开表示它不会直接军事介入，但同时宣称会对黎巴嫩真主党进行政治和外交支持。伊朗方面或许也是在敲山震虎，因为它可能也不想过早地和美国直接对抗。客观而言，黎以冲突在相当大程度上缓解了伊朗因核危机所承受的国际压力，尤其是分散了美国的注意力，在一段时间内让美国陷身黎以冲突的泥潭，从而为核问题的解决争取到相当大的发展空间及讨价还价的筹码。随着中东局势的发展，国际社会已经意识到，没有幕后靠山伊朗的间接介入，同属什叶派的黎巴嫩真主党

① 余建华：《黎巴嫩战乱不息的历史缘由》，载《世界历史》1993年第3期。

与以色列之间的冲突不可能得到真正而持久地解决，中东和平进程也不可能得到彻底的实现。难怪法国驻黎巴嫩大使在以色列空袭最激烈的时候急急忙忙寻找伊朗驻黎大使，商谈停火条件，这并非过分夸大伊朗的影响力。伊朗尽管称不上是这次黎以冲突的“赢家”，然而随着冲突的不断升级，伊朗似乎获利丰厚：不但减轻了国际社会尤其是美国对其核问题的压力，而且因中东地区局势吃紧而带来世界石油价格飞涨，让国际社会看到了若美伊（朗）战争爆发可能出现的后果，潜在的增加了对其核危机解决的制约因素；还向穆斯林世界证明，只有伊朗支持的真主党武装才是打击以色列最强大的抵抗运动，而伊朗又很注意外交分寸，至今只在“道义上”支持，并未派“自杀式”冲锋队参加“圣战”，没有“授美国以柄”。况且伊朗在战后给予真主党大量的物质援助，通过真主党分发给当地群众，这无疑增加同属的什叶派伊朗与真主党在该地区的群众基础。

目前布什政府的一些有识之士已开始注意到这场战争给中东战略格局带来的变化。美国共和党著名持不同政见者哈格尔日前警告，“美国与以色列之间的盟友关系不能以牺牲美国与阿拉伯世界和伊斯兰世界的关系为代价”。看来不论美国愿意与否，无论战争走向如何，伊朗在整个中东战略格局中的地位上升将是不争的事实。

然而，从另一方面看，真主党能否救伊朗于困境之外，目前还很难说：从积极层面讲，真主党的举动也许真能帮伊朗一把，缓解其在核问题上面临的压力；而从悲观层面讲，黎以冲突会把伊朗推向更危险的前沿。

3. 黎巴嫩真主党的潜在影响增加，有可能刺激地区恐怖主义的上升，也将会成为今后巴以冲突的一个重要动因

第四次中东战争以后，由于黎内部各种矛盾愈益激化，加之叙利亚、巴解组织、以色列、伊朗等外部力量不断以各种名义介入黎内部事务，使黎巴嫩成为中东多种矛盾的交叉点，也是爆炸、暗杀、劫持、绑架等暴力恐怖活动频仍不断的场所。在长达15年的内战中，黎巴嫩共有两位总统、一位总理、36名政治家（部长、议长、政党领袖）和8名驻黎的外交官员惨遭暗杀。这些暴力行为并非全部出自真主党，但真主党的名字常与暴力活动相联系，则早已是不争的事实。真主党下属的伊斯兰圣战组织策划和参与的暴力恐怖事件多发生在80年代，这皆同视美国为“大撒旦”的伊朗政府的态度直接相关，同真主党信奉的“圣战”信条也不无关系。[①] 之后真主党的政治信条发生很大变化，态度较为温和且逐渐参与政府行为，然而这次黎以冲突或许会刺激地区恐怖主义的上升，阻碍中东和平进程的进一步发展。

在整个黎以冲突中，中东地区最具优势、最有打击能力的军队——以色列国防军似乎只有在摧毁黎巴嫩包括道路、桥梁、房屋等所有两用目标的“恐怖基础设施”等方面战绩卓著，同时对黎进行全面封锁，炸毁贝鲁特国际机场，但是真主党真正的基础设施并未被彻底摧毁。事实已经证明，真主党远比伊拉克的共和国卫队“经打”，并还之以火箭弹袭击，使以士兵伤亡数字每日攀升，以色列本土更是33年来首次遭到敌方炸弹攻击，以色列遭遇到了自1973年中东战争后最强悍的对手。

战后各方对胜利各执一词，在军事上，以军宣称取得胜利，真主党并不承认失败。真主党领导人哈桑·纳斯鲁拉称，这是一次“战略性的历史性的胜利”，真主党的武器装备向以色列证明了，“与黎巴嫩作战不是野餐，耗费是非常大的。”在政治上，真主党领袖纳斯鲁拉的威望显著提升，黎巴嫩总统拉胡德认为，真

① 吴云贵：《黎巴嫩真主党述评》，《西亚非洲》（双月刊），1997年第6期。

主党在黎巴嫩非常有威望，因为是他们（从以色列手中）解放了我们的国家，他们赢得了所有黎巴嫩民众的支持。在整个阿拉伯世界，你都能听到这种说法："真主党是阿拉伯人的骄傲，尽管人数不多，但他们行动起来，与以色列作战。"他的此番言论尽管有些极端，但却代表了相当一部分人的观点。

很多人会认为，真主党对以色列是自制火箭弹对精确导弹，是以卵击石。然而，黎巴嫩真主党瞅准时机劫持人质是精心谋划的。真主党对于以色列发动的致命军事打击应该早有思想以及相应的军事准备，其最担心的就是这块石头砸下去没能激起水花。现在，不仅激起了水花，甚至还掀起了不小的波浪。这正是真主党所期待的效果。在冲突期间，纳斯鲁拉曾说，真主党生存下来，就是胜利。"我们赢得了一场一些阿拉伯大国曾输掉的战争。"事实上，从黎以双方交战情况来说，双方人员死伤比例与以往阿以冲突相比基本上属正常。但是，真主党此次对以色列的打击，却是近几年规模最大的一次。借助这场冲突，真主党重新成为国际社会关注的焦点，而以真主党为代表的黎巴嫩强硬势力也得到了增强，黎国内要求解除真主党武装的呼声变得日益微弱。联合国秘书长安南也承认，无论以色列的军事行动对真主党构成多大的打击，都不会降低真主党在中东普通民众中受欢迎的程度。从这个意义上说，真主党在一定程度上达到了自己的目的。

在这场冲突中，黎巴嫩政府再次暴露出它的脆弱。相对于真主党领导人纳斯鲁拉，64 岁的黎总理西尼乌拉自 2005 年 7 月出任总理后一直就在"走钢丝"，小心翼翼地在真主党、国内亲叙派与反叙派之间维持平衡，在美国所代表的西方世界和昔日盟友叙利亚之间维持平衡，因此由错综复杂的各种势力组成的黎政府显得相当脆弱与无作为。真主党的纳斯鲁拉说："如果以色列发动新的进攻，谁来保卫黎巴嫩？黎巴嫩军队和国际部队都没有能力。”黎总统拉胡德曾公开表示：黎巴嫩抵抗力量（真主党）是阿拉伯人唯一能够阻止以色列侵略和战胜以色列的武装。没有任何人能够解除真主党的武装，包括使用武力。内贾德认为：“黎巴嫩的抵抗”① 是整个伊斯兰民族学习的榜样和自豪。

美国通过支持以色列来推动它的新中东计划不会是一条坦途。巴勒斯坦政治评论家穆尼尔·沙菲克指出：以色列对黎巴嫩的袭击很可能使同情真主党的情绪在整个中东地区得到加强和蔓延，使真主党在整个中东地区名声大噪。目前，阿拉伯世界的很多地方都发生了声援真主党的游行示威活动，这对许多阿拉伯现政权形成了巨大压力。此外，持续不断的中东暴力冲突将激发极端主义和恐怖主义在中东乃至世界范围内的滋生和蔓延。

众所周知，真主党对中东和平进程一贯持反对态度，认为在侵略成性的美国主持下，中东不可能实现公平、公正的和平，只有通过“圣战”才能解放被占领土。由于真主党通过自己的行为不断重申阿拉伯国家收回被占领土的权利，在客观上也加强了叙、黎在中东和谈中的地位。

总体来说，黎巴嫩经济被摧毁，这将成为新战争的基础，成为中东地区永久动荡以及恐怖主义持续上升的根源。而且就内部而言，宗教矛盾与教派冲突成为黎巴嫩动乱及各种外部势力加以利用的温床。② 因此，目前的停火局面相当脆弱，该地区“经受不住挑衅，也很容易被一个意外的行为毁掉一切”。必须寻求公正、全面、彻底解决阿拉伯国家与以色列之间的争端的新思路，只有实现了中东和平，才能真正消除恐怖主义产生的根源。否则

---

① 这是伊朗领导人使用的委婉词语，通常在正式声明中代指真主党。

② 潘光：《十九世纪黎巴嫩大动乱试析》，载《世界历史》1985 年第 6 期。

半个世纪以来中东地区所遭受的流血冲突事件很有可能再次重演，新的危机也随时可能再次出现，该地区的安全和稳定将始终得不到保障，中东和平进程将无从谈起，其前景更为虚无缥缈。

4. 阿拉伯世界的（尤其是在宗教方面）分裂与团结对中东局势也会产生重大影响

埃及开罗大学政经学院教授哈桑·纳菲阿指出：在美国的战略家看来，清除美国新中东计划道路上的障碍，可以通过煽动逊尼派穆斯林和什叶派穆斯林之间的分歧来实现。纳菲阿说，人们不能将当前的黎以冲突与美国和伊朗在核问题上的争端分开来看，数个与美国关系密切的阿拉伯国家由于担心伊朗在中东逐步坐大，实际上已经卷入了伊朗核危机。此间分析人士指出：美国正在重新规划在中东地区的政治联盟，以进一步孤立美国政府认为将威胁和破坏自已利益的叙利亚和伊朗政权。纳菲阿指出，美国政府愿意给以军足够的时间来尽可能多地消灭真主党武装，并随后消灭哈马斯武装组织，推翻哈马斯领导的巴勒斯坦自治政府。美国企图打造一个国际和地区联盟，并引诱叙利亚加入其中。这个联盟的目标是孤立伊朗，在推翻伊朗现政权前，尽量减少伊朗在中东地区的影响力。这就是美国企盼的新中东。

黎以冲突刚刚爆发，阿拉伯国家于 2006 年 7 月 15 日在开罗举行紧急外长会议，黎巴嫩、叙利亚、沙特阿拉伯、伊拉克、科威特、阿联酋、埃及等 22 个阿拉伯国家的外长和代表就黎以冲突产生了分歧。叙利亚、阿尔及利亚等国强烈谴责以色列，对真主党表示支持；而有影响的埃及、沙特、约旦等国家反对真主党武装的贸然行动，认为此举对阿拉伯整体利益不利。一些阿拉伯国家的舆论甚至抱怨，真主党的行为为以色列“过度性报复”提供了口实，这种心理也许为美国和以色列所利用。埃及中东问题专家艾哈迈德·哈尼指出：真主党武装“不计后果”地袭击以色列，不仅使阿拉伯世界对其做法的合法性产生分歧，也难以就解决目前危机形成统一立场，甚至将导致逊尼派和什叶派之间矛盾更加尖锐。

但随着时间的推移，以色列进攻气焰的持续和轰炸惨剧的加剧，阿拉伯乃至整个伊斯兰世界民众反美反以情绪逐渐高涨，一些激进组织开始谴责自己政府的“不作为”，这种情绪逐渐影响甚至主宰了阿拉伯各国政府。面对黎巴嫩南部的隆隆炮火，阿拉伯国家再次选择了团结，开始用一个声音说话，由沙特发起的贝鲁特外长会议，在以军炮火连天的贝鲁特举行，本身就是一种姿态：表明了阿拉伯国家对黎巴嫩的完全支持。阿拉伯国家贝鲁特外长会议可以说是开罗外长会议的后续。然而，近期阿拉伯国家对黎以冲突有着不同的解读，笔者认为，其中宗教差异是一个相当重要的原因。因为在阿拉伯世界中，埃及、沙特阿拉伯、约旦等国都是穆斯林逊尼派占绝对多数并掌握政权的国家，而伊朗、叙利亚、黎巴嫩真主党属什叶派。哈尼认为：伊朗希望借黎以冲突为伊核问题危机解套，而叙利亚则希望能继续在黎巴嫩发挥影响。美国在这场危机中则倾向阿拉伯世界的逊尼派，打压以伊朗为首的什叶派。叙利亚与伊朗结盟支持真主党武装，这可能使阿拉伯世界分化为两个阵营。虽然面对以色列阿拉伯国家再次团结了起来，但这并不意味着他们宗教矛盾的化解与宗教冲突的终结。正相反，在这次冲突过后，逊尼派与什叶派在中东地区实力的重新调整，即什叶派实力的凸显会使盘根错节的中东局势增添更多的动荡因素。

解析犹太极右势力发展及演变历程

——从“地下战争”到“定点清除”

杨显生*

内容提要：历史上犹太极右势力是特定历史条件下的特有产物，常与极端民族主义和宗教极端主义密切关联，并以极端的方式表现出来。近代以来，犹太极右势力经历了不断强化的三个阶段：以色列建国前以暴制暴的地下战争；建国后，犹太极右势力开始步入国家化轨道；2000年巴以冲突爆发以来，以恐反恐的定点清除不断强化。定点清除政策正式出台表明以色列业已实现以恐反恐措施与国家政策的结合，恐怖活动日益国家化。尽管犹太极右势力的不断强化与巴勒斯坦局势变化息息相关，但对多厄的中东和平进程无疑是致命的伤害。

* 杨显生，上海社会科学院欧亚所硕士研究生。

近年来，以色列以恐反恐的定点清除屡试不爽，使得原本就紧绷的阿以关系犹如雪上加霜，这不免使得国际社会越来越担心以色列是否会走上“国家恐怖主义”[①] 道路。尤其是 2006 年 7 月份以来，随着造成大量平民伤亡的黎以冲突的不断升级，促使人们更加关注犹太极右势力发展及演变历程，以探究犹太极右势力与极端民族主义和宗教极端主义之间的关联，力求能早日找到解决旷日持久的巴以冲突的方法。本文试着分析犹太极右势力不断发展的三个阶段变化：建国前以暴制暴的地下“抵抗恐怖主义”[②]；建国至 2000 年巴以冲突爆发，犹太极右势力出现国家化的新趋势，非官方的恐怖组织被完全取缔；从 2000 年巴以冲突后至今，国家行为的“以恐反恐”的定点清除作为政策正式出台。本文试着在此基础上结合巴勒斯坦的历史与现状，分析各个阶段犹太人恐怖活动的特点，并探讨最近犹太极右势力国家化趋势对巴以局势所造成的深远影响。

一、建国前后的犹太极右势力

犹太人在 135 年后被迫离开巴勒斯坦流散到世界各地。由于民族文化和宗教信仰的独特性，使他们很难融入流散地的主体民

① 理论上讲，一国政府以恐怖手段对付另一国，属于国家恐怖主义。（Benjamin Netanyahu：Fighting Terrorism，Noonday Press，1997，p. 52.）国内学者多认为“国家恐怖主义就是以国家为行为主体而实施的恐怖主义”。毕云红：《试论国家恐怖主义及其威胁》，载于《教学与研究》2003 年第 4 期，第 58—62 页。

② 所谓抵抗恐怖主义即指下层民众在进行共和主义、民族主义和反殖民主义的斗争中所使用的暴力手段。源自：http：//www. ict. org. il/. 参见 Boaz anor ，Defining Terrorism：Is One Man’s Terrorist Another Man’s Freedom? Sepertember 24，1998.

族，并因此时常受到主体民族的排挤或欺凌。“排犹现象是一个古老的历史现象，特别是自犹太人进入西方世界以来，形形色色的排犹更是几乎从未间断过。”[①] 为捍卫自身权益，处于弱势的犹太人在抗争时只能选择比较隐蔽的方式。对他们来说，采取非常规的恐怖袭击不仅成本极低，而且还常常能以弱制强。所以，早期的犹太人实施的恐怖袭击大都是隐蔽的、分散的，也没有系统的组织。而现代意义有组织的恐怖主义还要追溯到 19 世纪末 20 世纪初犹太复国主义的兴起。

复国前犹太人的艰难处境：犹太复国主义运动的实践在 1897 年第一届世界锡安主义者大会后蓬勃展开，此后犹太人便开始有组织地向外移民。其实早在 1881 年因沙皇遇刺而掀起大规模反犹浪潮后，俄罗斯犹太人便开始第一次“阿利亚”（Aliyah，犹太人回到故土的行动）。接着“在 1904——1914 年又掀起了犹太人移民巴勒斯坦的第二次阿利亚”，“正是在第二次阿利亚期间，在巴勒斯坦出现了最早的基布兹（Kibbuz，集体农庄性质的定居组织）。”[②] 此时聚居在巴勒斯坦的阿拉伯人尚未意识到犹太人的“阿利亚”将会给自己的生存造成威胁。在锡安主义者大会否决“乌干达方案”后，巴勒斯坦便成为犹太人“民族家园”的首选地；及至在帝国主义默许或支持下，1917 年《贝尔福宣言》发表后，接连的几次大规模“阿利亚”使犹太人在巴勒斯坦所占人口比例剧增。此时阿拉伯人才意识到犹太移民对自己生存所造成的威胁，并开始积极地抵制犹太人移民，还时常发动一些针对犹太人的暴力袭击，使用包括恐

① 刘洪一：《犹太文化要义》，商务印书馆，2004 年版，第 106 页。

② 潘光、陈超南、余建华：《犹太文明》，中国社会科学出版社，1999 年版，第 257 页。

怖袭击在内的各种极端手段。甚至在 1936 年还曾爆发过阿拉伯人反对犹太人的大起义。

鉴于巴勒斯坦地区犹太人和阿拉伯人的民族对立情绪日益激化，英国殖民当局面临阿拉伯人越来越大的压力，特别是二战全面爆发使得英国“扶犹制阿”政策难以维继。为确保石油供应和战略交通线，必然要赢得阿拉伯人的支持，英国转而执行“亲阿疏犹”政策，还颁布了限制犹太人移民和购买土地的“5·17 白皮书”。因此，巴勒斯坦犹太移民在同阿拉伯人作斗争的同时还得面对英国殖民当局的打压。

鉴于处在阿拉伯人包围中的犹太人安全不能得到有效的保障。为捍卫犹太人在巴勒斯坦的权益，特别是保护具有以色列特色的集体农庄性质的基布兹和犹太社团定居点——伊舒夫（Yishuv），很多犹太人开始意识到，“暴力将是最终解决民族冲突的唯一手段，也开始有计划地武装自己，并针对阿拉伯人从事了一些自发或有组织的暴力活动。”①

犹太人军事组织的建立：严峻的局势迫使犹太人团结起来反抗阿拉伯人发动的系列暴力袭击活动，很快有组织的武装力量便应运而生。1920 年，犹太人的自卫队——“哈加纳”（Haganah）在巴勒斯坦成立，它是以色列建国前最重要的军事组织之一，后来发展成为以色列国防军的骨干，对犹太人在巴勒斯坦建立以色列国起了决定性作用。哈加纳的主要任务就是对付阿拉伯人和英国殖民当局，因此哈加纳在英国托管统治时期被认为是非法的。讽刺的是，在二战爆发后，英国迫于巴勒斯坦地区的复杂局面，支持哈加纳在 1941 年组织一支称为“帕尔马赫”（Palm-

① 张家栋：《浅析犹太恐怖主义》，载《太平洋学报》2004 年第 2 期，第 76—82 页。

ach）的突击队以执行特殊任务。哈加纳、帕尔马赫在二战前极端严酷的现实条件下积极争取建立以色列国，使用过包括恐怖袭击在内的各种手段来达到实现独立的目标。

事实上哈加纳和帕尔马赫多是以坚持合法斗争为主，间或发动秘密的恐怖袭击。而“伊尔贡”（Irgun，1931 年从哈加纳极端分子中分离出的一支秘密恐怖主义武装）和“斯特恩帮”（Stern gang，1940 年拒绝同英国合作从伊尔贡中脱离而组成的武装组织）则多是以极端恐怖主义的手段参与或组织针对阿拉伯人和英国殖民当局的袭击。在以色列建国前，犹太军事组织为建立以色列国实施的系列袭击事件有很明显的特点：正面哈加纳的顽强抵抗和伊尔贡等极端民族主义组织的秘密的“地下战争”间相互配合。犹太人军事组织很好地维护了犹太移民的利益，甚至可以这样说，要是没有犹太人自己的军事组织就没有以色列国的诞生。

抵抗恐怖主义：二战结束后，英国拒绝了犹太人废除“白皮书”和允许犹太人移民巴勒斯坦的要求，仍坚持“亲阿疏犹”政策。这激起了巴勒斯坦犹太极端民族主义者的愤怒，各个派别的武装组织均发动了反对英国殖民统治的一致行动。1945 年 11 月 1 日，哈加纳袭击了巴勒斯坦的铁路系统并造成严重后果；同一天，帕尔马赫在海法和雅法击沉英国殖民当局的 3 艘警艇。“1946 年 6 月 18 日，哈加纳炸毁了巴勒斯坦边界的 8 座桥梁，使其同邻区的联系陷于瘫痪。”①

同哈加纳中出现的恐怖袭击相比，“伊尔贡”和“斯特恩帮”的恐怖活动更是另人瞠目。它们自成立之日起就一直把英国视为主要敌人，积极进行秘密的反英活动，同时还都主张采取恐怖手

---

① 阿巴·埃班：《犹太史》，中国社会科学出版社，1986 年版，第 422 页。

段主动出击，反对哈加纳的消极防御政策。它们在以色列建国前后曾组织实施过数起恐怖袭击：1942 年斯特恩在特拉维夫制造了系列反抗英国殖民当局的谋杀和恐怖袭击；在 1944 年 11 月 6 日，英国中东事务大臣莫因勋爵被两名斯特恩成员暗杀；1945 年 12 月 27，伊尔贡和斯特恩帮联合袭击多处的调查局大楼和机械厂，造成英国人 10 死 12 伤；1946 年 7 月 22 日伊尔贡成员摧毁了大卫王饭店，造成包括英军司令官在内的诸多高级军官共 91 人死亡，其中大多是平民；在“1947 年末，伊尔贡恐怖分子在等候公共汽车的人群中引爆了一个裹着炸药的油桶，炸死 17 名阿拉伯人”；[①] 1948 年 4 月 9 日，伊尔贡和斯特恩帮制造了骇人听闻的代尔亚辛村惨案，全村 300 名[②]阿拉伯人全部遇难。

尽管针对巴勒斯坦阿拉伯人和英国托管当局的恐怖袭击从未中断过，但犹太人在建立“民族家园”过程中的军事斗争多是为保护犹太移民利益，巩固先后建立起来的基布兹和伊舒夫。由于处于相对弱势地位，这就决定承担艰巨任务的哈加纳的对策主要是防御性的。但以伊尔贡和斯特恩帮为代表的极端恐怖主义组织则多是通过秘密的的恐怖袭击来打击异己，其恐怖袭击基本上也是抵抗性的还击。由此可见，这一时期处于弱势的犹太人恐怖活动大多是秘密的“地下战争”，带有明显的“抵抗恐怖主义”特征。

但是，在以色列建国后，经历几次中东战争，美国帮助下的犹太人在与阿拉伯人斗争中取得了绝对的优势。至此，犹太人“抵抗恐怖主义”的特征逐渐消失，非官方的秘密恐怖活动和以

---

① International Encyclopedia of Terrorism, Chicago & London: Fitzroy Dearborn Publishers, 1997, p. 128.

② 一说是 250 人遇难，见季国兴、陈和丰等著：《第二次世界大战后中东战争史》，中国社会科学出版社，1986 年版，第 59 页。

政府为行为主体的定点清除相互交织成为犹太极右势力发展的新特点。

二、犹太极右势力的新发展——恐怖主义国家化

1948年6月27日，以色列借巴勒斯坦战争第一次停火之机，以犹太社团的武装组织哈加纳为基础，成立以色列国防军。当时另外两个比较大的武装组织伊尔贡和斯特恩帮都有自己严密的组织体系，它们试图独立于国防军之外继续为所欲为。时任总理兼国防部长的本—古里安以巴勒斯坦战争需要为名，借1948年9月17日联合国调解专员伯纳多特被斯特恩帮暗杀之机，不惜冒爆发内战的危险用武力迫使伊尔贡和斯特恩帮解散。伊尔贡和斯特恩帮在分别编入国防军后为建立犹太国家的共同目标统一行动。至此，极端恐怖主义组织统一于合法武装组织——以色列国防军。但这并不是说恐怖活动在以色列就销声匿迹了，只是表明犹太极右势力发展开始步入以政府为行为主体的新阶段——恐怖活动国家化的阶段。新阶段犹太极右势力出现了新的发展趋势和特点：

定点清除（Targeted killing)：“所谓定点清除，就是在政府的明确同意下，用最有限的军事行动，杀死特定的危害以色列目标的行为。”[①] 以色列学者甚至也直言不讳，但是“以色列一般不用暗杀（Assassination）这个词来描述这种行为，认为暗杀包含有政治含义，主要针对高级政治成员，而定点清除则是要消灭

---

① 余国庆：《试析以色列定点清除政策》，载《西亚非洲》2004年第4期，第17—20页。

任何危害以色列安全的人或组织。”[1] 在以色列建国前后犹太人发动的恐怖袭击中，哈加纳、伊尔贡和斯特恩帮等武装团体也采用过类似定点清除的暗杀手段来袭击敌人。最为典型的事例就是在 1948 年 9 月 17 日，联合国调解专员伯纳多特乘车到耶路撒冷犹太区视察时，被 4 名对停战不满的斯特恩帮分支——“祖国阵线”开枪当场打死。

以色列在美国支持下与阿拉伯国家先后进行了五次中东战争，确立了在中东的绝对军事优势。犹太人的安全相对有了一定的保证，但安全威胁依然存在，针对犹太人的恐怖袭击反而有上升趋势。为此，以色列开始把“政治暗杀和有限军事手段相结合的定点清除政策作为保护以色列公民与国家安全的重要手段。”[2] 特别是比较有效又低成本的定点清除手段。在以色列建国后成立的“情报和调查综合分析研究机关”，即举世闻名的摩萨德(Mossad)，曾多次成功执行过定点清除。在政府默许下，摩萨德还经常走出国门。为报复 1972 年慕尼黑奥运会上发生的杀害 11 名以色列运动员的“黑九月事件”，摩萨德在世界各地搜捕、清除“黑九月事件”的参与者；在“1973 年 2 月，以色列突击队通过水路进入贝鲁特，杀死了三名巴勒斯坦解放组织的高级领导人，其中一名突击队员就是巴拉克，他后来成为以色列总理”。[3] 还有比较经典的定点清除案例是在 1988 年 4 月 16 日，摩萨德策划数十名以色列突击队员化装成突尼斯特种部队人员进入突尼斯暗杀了法塔赫组织的创始人、阿拉法特的副手——阿布·

---

① http://www.singtaonet.com/global/global_feature/t20060208_13570-8.html.

② 余国庆：《试析以色列定点清除政策》，载《西亚非洲》2004 年第 4 期，第 17—20 页。

③ http://www.singtaonet.com/global/global_sp/t20060208_135669.html.

杰哈德。

恐怖活动国家化：在国防军建立后，伊尔贡等恐怖组织被迫解散后分编入统一的以色列国防军，恐怖组织与合法武装之间的界线基本消失。国防军的军事实力在经过几次中东战争后有了大幅度提高，以色列很快由昔日弱者变成了强者。但取得优势的犹太人安全没有得到根本改善，阿拉伯人的恐怖袭击日益增多。这使得犹太人的极端民族主义和宗教极端主义思想更趋活跃，并很快就掌控了以色列的部分武装组织和情报部门。为巩固以色列的成果和打击阿拉伯人，专门的行动大多由以色列政府直接承担，犹太极右势力国家化趋势更加明显。国际上将这类由享有优势的国家在决策者的授权或是默许下、"以国家为行为主体而实施的恐怖主义"[①] 称为国家恐怖主义。但是，人们在注意到犹太极右势力升级的同时，还应看到以色列犹太人进退维谷的艰难处境。

在定点清除频繁使用的同时，以色列还屡屡出动武装直升机甚至F—16战机、坦克、装甲车等重型装备直接给既定目标以先发制人的打击。与定点清除相比不同的是，这类军事行动的规模通常都很大，往往会不可避免地造成大量平民的伤亡。而且出于各种目的，以色列正规军甚至还会发动针对阿拉伯平民的恐怖袭击。1953年10月14日，"近300名以色列士兵携带爆破筒、迫击炮袭击手无寸铁的基卜亚村平民，杀死53人，毁30多所房子。"[②] 沙龙在其自传中也承认其领导的101特种部队执行了这次屠杀。在1982年以色列入侵黎巴嫩期间，还发生了更惨无人道的针对阿拉伯平民的大屠杀，"1982年9月16日到18日间，

① 毕云红：《试论国家恐怖主义及其威胁》，载《教学与研究》2003年第4期，第58—62页。

② 季国兴、陈和丰等著：《第二次世界大战后中东战争史》，中国社会科学出版社，1986年版，第104页。

同以色列结盟的黎巴嫩基督教民兵奉沙龙的命令，在萨布拉和沙提拉两大巴勒斯坦难民营大开杀戒。据以色列情报部门统计，大约 800 名平民在这起屠杀事件中丧生。但巴勒斯坦方面估计有 2000 人遭杀戮。”[①]

袭击对象的扩大和非官方恐怖活动的消失：英国结束其在巴勒斯坦的委任统治后开始淡出中东历史舞台，巴以民族矛盾日渐突出并成为这一地区的最主要矛盾。随着犹太人优势地位的不断巩固，阿拉伯人对犹太人的安全威胁也相对在减弱，进而犹太民族内部的矛盾也日渐突出。特别是在 1985 年后中东和平进程不断取得进展的时候，“80 年代以后，犹太恐怖主义的意识形态基础来源于以色列政治中的‘拒绝主义’派别，他们仇视所有巴勒斯坦人，抵制政府与巴解组织达成的协议和妥协。”[②] 这种“毫不妥协”的意识形态首先在秘密的非官方恐怖组织实施的恐怖袭击中得以体现，这些在官方默许下的恐怖组织开始把矛头对准了犹太人内部主张巴以和谈的温和派官员。

进入 90 年代后，“卡赫和卡赫纳永生”（ Kach and Kachane Chai)、“埃亚尔”（Eyal）等一些宗教型极端组织也纷纷拿起屠刀，他们不再仅仅只袭击巴勒斯坦人，而且将袭击目标扩大到以色列温和派官员。1995 年 11 月 4 日，以色列总理拉宾在一次和平集会上被犹太人自己的恐怖组织刺杀，举世震惊。以色列政府立即一改往日纵容的态度，坚决取缔了“卡赫和卡赫纳永生”、“西卡瑞”（Sicarii)、“埃亚尔”等犹太人的地下恐怖组织。很快，秘密的非官方犹太人恐怖活动在以色列基本消失。但这并不

---

① http：//news. sina. com. cn/w/181570. html.

② 张家栋：《浅析犹太恐怖主义》，载《太平洋学报》2004 年第 2 期，第 76—82 页。

意味着犹太极右势力在以色列的绝迹，事实上犹太极右势力继续以国家行为的方式活跃在中东社会舞台，并且恐怖活动国家化的趋势还在不断强化中。

三、"定点清除"的强化

以色列大张旗鼓地取缔国内恐怖组织后，针对犹太人的恐怖袭击事件并没有相应得到有效遏止。为打击针对以色列的恐怖袭击，同时还希望不至引起国际社会的关注和谴责。因此，以色列针对既定目标不断实施先发制人的打击——定点清除。定点清除动作敏捷迅速，波及的范围小，还可以减少以军战斗人员的伤亡，而且成功率极高，引起的国际社会关注度也相对较小。从以色列历史上看，定点清除的实践早就屡见不鲜。摩萨德的传奇一直为人们津津乐道，当初摩萨德清除"黑九月事件"策划者的行动堪称是定点清除的典范。只是那时以色列还不敢将所谓的定点清除像今天这样肆无忌惮地提出，并作为打击巴勒斯坦激进军事组织领导人的战略措施。今天定点清除的强化表明以色列业已实现以恐反恐措施与国家政策的结合，以色列极右势力日益走向恐怖活动国家化的道路。

自从 2000 年 9 月巴以冲突再度爆发以来，以色列进一步强化了依靠精准情报和现代化军事装备的定点清除战略，以打击巴勒斯坦激进组织领导人和活跃分子。这次冲突爆发后不久，时任以色列总理巴拉克就毅然调整战略，决定将巴勒斯坦阿拉伯人军事组织的领导人和骨干分子作为打击的首要目标，进行所谓的"有目标的清算"。至此，定点清除作为以色列的国家战略正式提上日程。继巴拉克之后被喻为"以色列之鹰"的沙龙更加依赖这一政策并进一步使它强化。特别是在“9·11”事件后，以色列积极响应美国号召，借助国际反恐旗帜大行清除宿敌的夙愿。以下是2000年巴以冲突爆发以来以色列成功实施定点清除行动的重要纪录：

2000年10月，法塔赫官员塔贝特·塔贝特被杀，这标志着以色列新一轮暗杀行动的开始。

2000年11月，巴民族解放运动（法塔赫）领导人侯赛因·阿巴亚特在伯利恒市遭以武装直升机袭击，当场身亡。

2001年8月，以色列一架“阿帕奇”武装攻击直升机在西岸城市拉姆安拉杀死解放巴勒斯坦人民阵线组织秘书长阿布·阿里·穆斯塔法。

2001年9月，巴情报总局办公室主任泰希尔·希塔卜在加沙上班的路上遭暗杀。

2001年10月，法塔赫下属军事组织“阿克萨烈士旅”伯利恒地区负责人阿特夫·阿巴亚特在伯利恒被炸身亡。

2002年1月，阿克萨烈士旅西岸地区指挥官卡尔米在以色列的袭击中被击毙。

2002年7月，哈马斯领导人谢哈德和其他14人被以军飞机炸死。

2003年3月，哈马斯高级战略家马卡德社在以色列对加沙实施的空袭中丧生。

2003年8月21日，三名哈马斯成员，包括著名领导人萨纳布和他的两名保镖在以军直升机导弹攻中死亡。一名旁观者也被炸死，另有至少15人受伤。

2003年12月25日，五名巴勒斯坦人在以军对加沙的火箭弹袭击中丧生，其中包括伊斯兰圣战者组织领导人哈米德、两名该组织成员和两名旁观者。

2004年3月22日，伊斯兰抵抗运动（哈马斯）创立者、精神领袖亚辛在以军对加沙发动的导弹袭击中身亡。

2004年4月17日，以色列空军17日晚出动武装直升机向伊斯兰抵抗运动（哈马斯）加沙地带领导人兰提西乘坐的汽车发射一枚导弹，兰提斯及车内两名保镖身亡。[①]

“据巴勒斯坦医务官员称，自巴以双方于2000年9月再次爆发冲突以来，以色列已在‘定点清除’行动已杀死了一百五十多名武装分子。”[②] 的确，“以的定点清除政策使巴激进组织和成员受到沉重打击，造成巴有关机构和组织的暂时瘫痪。”[③] 而且定点清除政策很大程度上对恐怖分子的活动起到遏制作用。“以色列情报部门断定，通过清除哈马斯和杰哈德领导人，这些恐怖组织再也不能像以前那样随心所欲袭击以色列人了。”[④] 同时也一定程度上制止了一些针对犹太人的恐怖袭击。据以色列情报部门统计，“在2004年，以色列运用定点清除手段成功地挫败了95％以上的恐怖袭击事件。”[⑤]

另一方面，以色列的定点清除不可避免地造成了大量无辜平民的伤亡。2002年7月，以军一架F—16战机袭击了人口密集的加沙城区的一栋4层楼房，“此次轰炸行动造成巴勒斯坦回教激进组织哈玛斯的军事领导人谢哈德死亡，另有14名平民死亡，其中包括9名小孩”。以色列的袭击“在联合国安全理事会遭到全面谴责”，就连一直支持以色列的美国在这次袭击后也表示，

① 资料源自星岛周刊：http：//www.singtaonet.com/global/global.sp/t20060208.135669.html.

② http：//www.singtaonet.com/global/global_sp/t20060208_135669.html.

③ 王良生、王保谦：《浅析以色列的“定点清除”政策》，载《阿拉伯世界》2003年第3期，第13—15页。

④ 《解放日报》2006年3月8号。

⑤ http：//www.haaretzdaily.com/January 9，2004.

"华盛顿将不会反对安理会就以色列展开的轰炸行动进行辩论，并警告以色列，如果他们滥用美国的武器，他们就必须为其'后果'负责。"[①] 此外，在2003年3月6日，"以色列军队、坦克和直升机昨天大举进攻卡萨地带北部的贾巴利亚难民营，造成巴勒斯坦人至少13人死、100多人伤，其中30人伤势严重。伤者包括路透社一名摄影记者及一名摄像师。"[②] 类似这样造成大量平民伤亡的事例不胜枚举，"据联合国巴勒斯坦难民救济和工程处（UNRWA）的统计，以色列的定点清除军事行动给巴方造成的平民伤亡是武装分子伤亡的3倍。"[③]

以色列的定点清除行动造成巴勒斯坦人大量伤亡的同时，也激起了处于弱势的阿拉伯人不择手段的报复，形成了以怨抱怨的恶性循环。2001年8月，作为以色列清除了巴勒斯坦人阵总书记穆斯塔法回击，巴方在同年10月刺杀了以色列旅游部长泽维。"2002年7月，以色列杀死哈马斯重要军事领导人谢哈德，引发了7月底耶路撒冷希伯来大学的恶性爆炸事件，一名巴勒斯坦敢死队员引爆炸弹炸毁一辆公共巴士，至少造成9人丧命和50人受伤，其中20人伤势严重。"[④] 与此同时，在以色列国内，沙龙政府的定点清除政策也得到了以色列大多数民众的支持。据2001年以色列《国土报》的一项民意调查显示："90％的以色列公民支持定点清除政策。"2004年《国土报》在亚辛和兰提斯被杀后进行了一项民意测验中，"在回答驱逐阿拉法特；派军队

① http://www.zaobao.com/special/mideast/pages/mideast260702.html.

② http://www.zaobao.com/special/mideast/pages/mideast070303.html.

③ 余国庆：《试析以色列定点清除政策》，载《西亚非洲》2004年第4期，第17—20页。

④ 余国庆：《试析以色列定点清除政策》，载《西亚非洲》2004年第4期，第17—20页。

进驻加沙和西岸；修建隔离墙；继续定点清除政策等问题时，继续定点清除政策获得的支持率高达86％，高于其他3个问题。”[①] 很明显，巴以之间冲突已经陷入了冤冤相报的恶性循环。

四、总结：犹太极右势力的作用和影响

犹太极右势力有其特有的历史和宗教根源，还和以色列国特殊地理位置息息相关。它“不是孤立的，它既是对以色列安全困境的一种反应，也是以巴、以阿矛盾错综复杂的一种表现。”[②] 犹太极右势力先后经历了建国前隐蔽的、分散的、“以暴制暴”的“抵抗恐怖主义”阶段；到后来有计划、有系统的、“以怨报怨”的恐怖活动日益国家化；及至最后完全国家行为的“以恐反恐”的定点清除的不断强化。结合巴勒斯坦的历史与现实，不可否认，犹太极右势力走上以国家为行为主体的“定点清除”阶段有其历史必然性，甚至可以说是巴勒斯坦特定历史条件的特有产物。

犹太极右势力对以色列建国以及国家政权的巩固都起到了不可替代的作用。有很多学者甚至认为，是“恐怖分子把以色列送给了犹太人。”[③] 但从长远看，犹太极右势力，包括定点清除在内，它们无疑都很难从根本上改善犹太人的安全环境，反而会激

① http：//www. haaretzdaily. com/December 16，2001.

② 余国庆：《试析以色列定点清除政策》，载《西亚非洲》2004年第4期，第17—20页。

③ Alex P. Schmid and Ronald D. Crelinsten (edited), Western Responses to Terrorism, London: Frank Cass & Co. Ltd, 1993, pp. 162—163.

起巴勒斯坦人的加倍报复，进一步激化阿拉伯人与以色列人的矛盾，导致巴以之间陷入冤冤相报的恶性循环，使得犹太人的生存面临更多不确定的安全威胁。巴以冲突几十年的历史证明，以暴制暴的恐怖袭击不能根本解决巴勒斯坦问题，反而会使巴以矛盾更加复杂和尖锐。

尤为不幸的是，犹太极右势力的行动总会造成大量平民伤亡，特别是防不胜防的定点清除。在犹太极右势力活动日趋国家化的今天，国际社会更加关注所谓定点清除，强烈批评以色列这一违反国际法的行为。可以预见在巴以实现全面和解之前，在巴以之间严重缺乏互信的前提下，定点清除仍将是以色列打击“恐怖主义”的重要手段，而以色列的下一次定点清除无疑又会招致巴勒斯坦人对以色列人的新一轮恐怖袭击。这将使原本就扑朔迷离的中东和平进程的前景变得更加难以预测。

法国的文化外交

——兼论对我国对外文化交流的启示

孙敬亭*

内容提要：在当今的国际社会，文化外交发挥着日益重要的作用，文化外交对我国“软力量”发展的意义越来越显著，是我们能否实现“和平崛起”的关键因素之一。法国是世界上比较早就开始注意发展对外文化交往的国家，其对外文化拓展的模式有很多值得我们借鉴之处。如国家对对外文化交流给予特别重视；文化的对外拓展与经济的对外发展密切结合；注重对外语言传播等。当然，我国文化传统与法国有着根本的不同，在当今以西方价值为主体的全球化背景下，我国对外文化交往与法国相比既有优势，又存在着不足。而优秀文化内涵的选择则是我们文化外交成败的关键。

* 孙敬亭，上海社会科学院欧亚所副研究员。

在全球化日益加深的当今世界，国家间文化交往日益频繁，文化外交也逐渐成为各国外交活动的重要组成部分，而且文化外交所能发挥的作用也越来越受到人们的重视。作为公共外交组成部分的文化外交（Culture Diplomacy）是主权国家以文化传播、交流与沟通为内容和手段，以达到特定对外战略意图的一种外交活动。文化外交的主要目标就是通过加强一国人民与其他国家人民的相互理解来提高和加强该国的国际关系。对外文化拓展能使一国在其他国家形成良好的形象，并能使该国的对外政策更容易被他国人民所接受。也就是说，一个国家要展示其积极形象，其文化资本能用来产生社会资本，培养国际信任、合作和协作。近年来人们开始认识到文化外交是“软力量”的一种形式，应该成为国家处理国际事务工具的越来越重要的组成部分。正像约瑟夫·奈所断言：“国际政治变革的实质使得无形的力量更为重要。”[①] 他认为这种无形的“软力量”包括“有吸引力的思想力量和能在政治领域和确定讨论架构中影响其他人偏好的能力。影响其他国家的能力与一些无形的力量源泉密切相关，如文化、意识形态以及制度”。[②] 作为国家软力量的一个重要组成部分的文化外交以其特有的穿透力和亲和力，在国家对外战略中的地位日益重要，受到越来越多的国家的重视。法国和中国都是世界上举足轻重的文化大国，在发挥文化外交上有着得天独厚的条件。而法国无疑在对外文化拓展方面走在前头，有很多值得我们借鉴之处。

---

① Joseph S. Nye Jr.，“The Changing Nature of Power in World Politics”，*Political Science Quartery*，*summer* 1990，p. 164.

② Joseph S. Nye Jr.，“The Changing Nature of Power in World Politics”，*Political Science Quartery*，*summer* 1990，p. 166.

一、法国文化外交模式

1. 法国最早重视文化外交

法国作为一个文化大国的历史由来已久，有着丰沛的文化外交资源。在历史发展进程中，法国文明被认为主要建立在两大支柱上，即农业和文化。文化作为法国文明的第二个支柱无疑是法国取之不绝的“软力量”源泉。法国很早就认识到文化在国家外交战略中的作用，也是最早推行文化外交的国家，法国文化外交的历史可以追溯到 16 世纪。首先法语作为法国文化的载体在法国文化发展中发挥了很大作用，这得益于法国长期以来对语言的重视。1539 年，法国以法律的形式规定一切法律和公证文书必须用法语写作，确立了法语在国家社会生活中的地位。为了规范法语，1635 年法国成立法兰西学院，来指导法语的发展，负责制订法语规范，确定文学必须遵守已编成法典的“符合正确用法的”语法和词汇的规则。随着法国势力的强盛和对外交往的发展，法国越来越多地参与国际事务，并在其中发挥日益重要的作用，而推广法语作为文化外交的基础在法国外交方面发挥了日益重要的作用。法语以其清晰性和准确性受到外交官们的青睐，1648 年，威斯特伐利亚条约订立后，法语正式成为欧洲的外交用语。这种情况一直持续了 3 个世纪，直到第一次世界大战结束。同时，法语也作为法国高贵文化的载体，成为所有有教养的欧洲人的语言，甚至欧洲各国宫廷也以法语为标准语言。当时法国借助其强盛的国力，使以法语为载体的法国文化覆盖几乎整个欧洲，可以说，18 世纪是法语的世纪，同中世纪的拉丁语、文艺复兴时期的意大利语、14—17 世纪的西班牙语及今天的英语在国际上的地位一样重要。法语在18世纪的飞速发展同当时法国的国力强盛和文化的发展是分不开的，启蒙运动、法国大革命、巴黎公社使法国成为令世人瞩目的中心，对外扩张又让法国把自己的语言推广到了亚洲、美洲、特别是非洲的诸多殖民地。时至今日，面对英语的扩张，法语仍作为时尚高雅文化的代表，在世界各地被人们所追求。法国国力的强盛使法语走向世界，法语又将法国文化推广到世界。

另一方面，法国的哲学、艺术和文学自十七世纪以来就深刻地影响着世界，当今电影、文学、设计、音乐和时尚仍吸引着举世关注。法国历史上盛产小说家、诗人、剧作家、哲学家、钢琴家、雕塑家、作曲家、摄影家、舞蹈和舞台艺术大师和时尚设计家。一些享有盛誉的非法国作家、艺术家和文化大师，像凡高、贝可特等都曾在法国生活和工作过，法国是他们“灵感的家园”。法国在艺术方面极具活力，法国艺术和建筑到处被人模仿，引领着世界时尚的潮流。这是法国在世界文化领域的独特之处，使得法国文化有着充实而丰富的内涵。当然这也是与法国长期重视和扶持文化发展的政策是分不开的。早在17世纪，法国的国家政权就成为文化艺术的保护者，尤其是在路易十四统治下，以国家的名义鼓励、资助艺术家和作家进行创作，同样是在国家政权的保护下，凡尔赛宫和法兰西喜剧院建立起来了，这一传统一直持续到现在。

法国真正把对外文化拓展作为一项国家战略来实施是在二战后，特别是在第五共和国建立后确立的。法兰西第五共和国成立了世界上最早的文化部，1959年在著名作家安德烈·马尔罗的推动下，法国历史上第一次把文化事务集中在一个专门的行政部门，成立文化部，这也是世界上的第一个文化部。文化事务的范畴为艺术、文学（包括戏剧、音乐、博物馆、特殊的艺术教育）、建筑、档案等。从此法国有了明确的国家文化政策。最初，法国文化政策主要关注的是国内的文化发展和保护，1987 年法国文化部改名为文化交流部（简称文化部），其主要职责除了文化遗产保护和文化艺术教育外，增加了向世界弘扬法国文化、思想，提高国家的国际威望等对外文化拓展的内容。

随着需要文化手段承担的外交任务日益繁重，法国政府把对外文化拓展的责任交由外交部承担，而文化部给予辅助。根据法国外交部的信息，法国计划长期在国外推广法国文化，把这作为其对外政策的主要因素，这是基于这样一个理念："加强和提高法国文化和文化知识以及鼓励那些同法国合作的国家发展自主文化政策和产品，这样的文化合作有利于推动文化多样性。"①

2. 法国对外文化拓展的体制和内容

法国文化拓展主要集中在三个方面：推广法语、促进法国与世界各国的文化交流和积极参与世界文化遗产的保护。围绕着这些目标法国积极推动在世界各地的国际文化合作活动，发展了旨在文化多边主义和多样化的国家合作政策。法国对外拓展的体制结构采取了官方和民间结合，以官方管理民间，官民相互支持、合作推进的模式。

正如上文所指出的，法国负责对外文化拓展的主要机构是外交部，并由文化部作为辅助。外交部设立国际合作与发展总署（DGCID）来负责文化外交并对这些项目进行管理，这个总署有一个文化合作和法语署（CCF），负责对外文化交往和对外法语培训和教学。CCF 又分为两个分部：一个是文化和艺术合作处（CCF/C），另一个是法语处（CCF/F）。此外法国还有三个与对

① 参见法国外交部网站：www. france. diplomatie. fr/index. gb. html.

外文化拓展有关的民间或半官方组织：（1）法国艺术行动协会(AFAA)，其任务包括促进法国文化，支持创造性工作，发展国际文化合作，接待参与其项目的来访艺术家，提供咨询和建议。(2）法国法语联盟（Alliance Française)，这个法国文化机构在138个国家有分支，其目的是传播法国文化和语言。（3）151个法国文化中心。这些组织在外交部和文化部的管理下负责具体的对外文化交往事务。

近年来法国外交部国际合作与发展总署的财政预算一直维持在14亿欧元左右，占外交部预算的42%。文化部也为国际文化交流提供基金。其他一些部门和组织也是提供支持的重要来源。预算中约有5.4亿欧元为对外文化活动经费以及对不发达国家的援助，支持非政府组织及地区合作，食品救济运输支出以及用作对外广播，如法国国际广播电台（Radio France Internationale)和法国电视第五频道（TV5）的津贴；3亿用于为这些项目支付金融信贷以及长期投资开支；其他用于维持日常开销。在人员方面，法国大部分驻外使馆都有文化参赞，这些官员大多有着文化外交的背景，由来自文化机构、研究部门，具备丰富的对外文化交往的经验，外交部负责为这些官员进行短期外交事务方面的培训。

法国对外文化拓展主要包括以下一些项目和内容：（1）对外文化交流：每年国际合作与发展总署的预算包括22000个奖学金、5400个对外国代表的官方邀请，向海外委派8900个法国专家等。另外，法国艺术行动协会每年的交流项目有1100个；派出350个法国专家组（援外任务、技术会议和研讨会等)；300人负责法国对外文化网络的日常活动。文化中心项目包括在世界各地的11000个文化活动，1160个艺术活动等。（2）法语推广：法国通过300个学校网络向国外推广法语。同时通过在56个国家设立的130个文化组织来加强法语教学，这些文化组织为14万人提供法语课。另外，法语联盟在138个国家教授32万学生。文化中心则通过8800个不同的出版物以及900万图书同国外60万名读者建立联系，提供法语教学服务。(3)国际合作：积极参与世界各地的文化遗产保护项目和考古项目的合作，法国曾长期参与埃及古文明的发掘和保护，目前最大的文化项目是法国参与联合国UNESCO的柬埔寨吴哥窟保护。

尽管法国在世界范围内推行文化外交，但从国际合作与发展总署的预算中可以看出其文化合作是有地区侧重的。最大比例是用在非洲（占25%），这个地区有很多法国前殖民地，它们仍说法语。10%用在欧盟地区，包括中东欧占4%；西欧占6%。北美只有2%。在亚洲主要集中在中南半岛的法国前殖民地国家，近年来对中国和印度的投入开始增加。

3. 法国对外文化拓展的特点

从上文的分析，可以发现法国对外文化拓展模式有如下几个特点：首先，法国有着悠久的历史文化传统，文化底蕴丰厚，为其对外文化拓展提供了丰富的资源。其政府文化外交意识强，对外文化拓展比较早，成果显著。早在路易十四时期，甚至更早，法国就形成强大的中央集权国家，文化发展在欧洲独领风骚，影响着欧洲文化的发展。18世纪，特别是在19世纪后，随着法国海外殖民活动，法国文化向世界各地发展，在非洲、亚洲和美洲得以发展。其次，法国政府对文化的对外拓展起着主导和推动作用。从上文的分析可以看出：虽然法国对外文化拓展的体制是官民结合的模式，但官方始终占有主导地位，从政策指导到经费支持等各个方面都发挥着推动作用。再次，语言作为载体，为法国文化的对外拓展发挥了巨大作用。法国把其语言作为有价值的公共产品，作为一个有潜力的全球公共产品来开发，认为法语与国家的形象和特性密不可分，将其作为促进国家的国际利益的手段。最后，法国的对外文化拓展与经济活动密切结合。企业商品与法国高雅文化相结合，催生出法国奢侈品经济，时装、化妆品、葡萄酒等时尚消费品成为法国商品的特色。

二、法国对外文化拓展战略对我国文化外交的借鉴意义

中法同为文化大国，分别处于东西方文化的核心。但是，不可否认的是我国文化外交起步很晚，文化在我国对外交往中的作用还很有限，其潜力还远远没有发挥出来。这首先是因为中国传统的对外关系模式被以西方为主体的现代世界体系所破坏，以中国为中心的华夏体系崩溃，向周边辐射型的中华文化影响也同时遭到破坏。鸦片战争后中国传统文化受到怀疑，新的中华文化没能发育，中国自身的文化重建迟迟不能实现。一百余年里，中国积贫积弱，尚不能自保，其文化自然也丧失了吸引力。新中国成立后，中国人民在政治上找回了自信，但是很长一段时期中国由于经济发展受到制约，国力有限，尤其是在冷战两极格局下，中国被孤立于世界发展潮流之外，对外交流受到严重影响，更何谈对外的文化影响。同时，美国等西方国家从其国际政治的需要出发，不断地“妖魔化中国”，散布“中国威胁论”或“中国崩溃论”，这确实在很大程度上影响我国的对外文化交往，使我们的国际形象受损。

不过，自新中国成立以来，我国对文化外交工作逐渐自觉起来，并一直在努力挖掘和有效利用我们的文化资源。尤其在冷战

期间受到大国孤立时，文化外交作为政治外交的“开路先锋”或“润滑剂”，更是扮演了重要角色，其典型例子就是中美间的“乒乓外交”，在敌对状态下，从民间的文化外交入手，逐步打开政治外交的大门。进入21世纪，国际关系格局发生了深刻的变化，中国作为最大的发展中国家，随着经济体制改革的深入和加入国际贸易组织，逐步融入世界发展的主流，在国际社会担当起更大的责任，发挥着越来越大的影响。同时中国面临着一个前所未有的崛起机会，要成功地实现“和平崛起”战略，我国的国际战略除了政治战略、经济战略和军事战略外，还有一条重要的战略是文化战略。但是作为发展中大国，我国的文化外交与其所应承担的使命还存在着很大差距，正因为如此，法国这这方面的很多作法值得我们借鉴。

首先，法国文化的明确定位值得我们学习。法国的文化传承得到很好的延续，虽然经过法国大革命这种剧烈社会政治动荡，但其文化发展没有受到割裂，延续性好，因而有着厚重的文化底蕴。法国在对外文化拓展中充分发扬了其传统文化，形成了高雅文化为特色的法国文化，成为新时代的时尚文化。同时法国传统文化还与现代高科技相结合，不断产生标新立异的艺术、建筑风格，新老结合，引领时代潮流。反观同样有着悠久历史文化的中国，在对外文化交往中缺乏足够的吸引力、感召力，文化资源不能很好地转化为软力量。这主要是因为：(1) 对“什么是中国文化”缺乏清醒的认识，特别是在经历了“五四”运动和文化大革命的冲击后，中国传统文化在经过数次否定后，“破”而未“立”，中国对自身文化认识尚且模糊，又缺乏对传统文化与时代发展相结合的认知。这造成了不知道向外传播什么样的文化这一根本性的问题，这给对外文化传播造成极大困扰，制约了中国文化资源向“软力量”转化。(2) 与新时代相适应，能够同西方主流文化相抗衡，并占有优势的中华文化还很匮乏，所以只能卖弄“旧货”，似乎中国文化只有传统文化，没有现代文化理念。旧的东西只能博得一时的好奇探求，不可能为人喜爱和接受，以这样文化的内容向外传播，意义不大。（3）优秀传统文化的发掘不足，在当下的对外文化交流中，传统文化精品不多，而往往充斥着落后的东西，以糟粕示人，虽能博得外人一时的惊奇，而对文化外交的长远发展只会有害，不会有利。（4）优秀文化传统遗失。中国传统文化博大精深，而且周边国家在我国文化长期熏陶下也形成了与我同质的文化。因而我国的很多优秀的文化传统在这些国家也得到发展。在全球化的背景下，这些国家抢先把某些中国的优秀文化推向世界，比如近年来韩国把端午节申报为韩国的文化遗产；原本在中国产生发展的禅文化被很多西方人认为是日本文化等，造成很多优秀文化流失。因此，向世界推出我国优秀的文化有着急迫性。所以迅速确立中国优秀的文化内涵，摆脱文化层面的守势，是中国文化外交的“瓶颈”，亟须得到解决，这是中国文化外交能否成功的关键。

其次，把语言作为载体是法国成功对外进行文化拓展的秘诀。如果没有法语在法国文化保持国际上的领先地位中起着独特的作用，在全球化潮流中法国文化很有可能淹没在以美英为中心的强势英语文化中。所以法国不遗余力地在世界范围内推广法语，这在上文已做了深入探讨。近年来，我国也加大了对外汉语教学的力度，积极在海外建立孔子学院，这是个可喜的发展。中国已经将中文的国际推广提到国家发展战略的高度。加强汉语国际推广工作，是进一步发展中国与世界各国人民友好往来、满足海外学习汉语愿望的客观要求，是树立中国良好国际形象、维护世界文明多样性、构建和谐世界的必然要求，也是中国借鉴国际语言推广经验、提高汉语国际地位的战略举措。孔子学院借鉴了法国法语联盟、西班牙塞万提斯学院和德国歌德学院的模式，是一个语言推广和文化交流机构。截止到2006年6月，已经在35个国家和地区建立了75所孔子学院，并计划在5年内发展到100所，将海外学习汉语的人数从目前的三千万人提高到一亿人。国家对外汉语教学领导小组办公室负责对外汉语教学的管理。随着中国经济的发展，对海外的学习者来说，学习汉语能与中国的经济发展建立联系；由于英语过于普及，对于一个公司或职员，懂英语再也不能成为一项优势了。如果想取得优势，最好的选择就是学中文。资料显示：在美国和欧洲，20世纪90年代后，中文作为第二外语的地位，已超过了日语；在亚洲，中文更超过了英语，成为第二语言的首选。孔子学院的发展是中国经济发展所催生的，但是汉语教学决不能仅仅以服务中国经济发展为目的，应该承担更多对外文化传播的任务。

最后，法国文化的对外拓展同法国经济的对外发展相互促进，这值得我们学习。与高尚文化相适应的是法国时尚工业，服装、奢侈品、富有想象力的家用品以及饮食文化，这成了当今法国出口的主体。法国艺术和创造成为发展旅游业、娱乐、时尚财富的源泉，占据着世界时尚行业的前沿。我国企业尚未形成与文化结合的意识，要么只是为国外的品牌提供产品，要么自有的品牌毫无文化品位，无法在竞争激烈的市场上长期立足，靠人工成本维持的优势是无法长久的。更有甚者，将自有的品牌优势扼杀。比如长期以来中国丝绸是有着悠久传统的优质行业，但在改革开放初期，国内丝绸行业争相出口，无序竞争，造成这一行业一蹶不振，痛失国际市场。而同样名扬天下的法国葡萄酒则保持着品牌优势，至今我们在超市中买到同样品牌的法国葡萄酒要付出高于法国市场几倍甚至十几倍的代价。所以不能把文化外交与对外经济发展割裂，二者是相互促进，相辅相成的。这需要文化界和经济界团结合作，文化为经济发展铺路，对外经济的发展又促进文化的对外传播。

我国开展对外文化交流有优势也同时存在着需要克服的不足。同法国相比，中国与当今的主流文化——西方价值体系是异质的，法国文化则是西方价值体系的主要组成部分，所以法国文化在强势的英语文化面前立足，需要一定程度对全球化的排斥来实现，“文化纯洁运动”是法国抵御英语文化入侵的主要手段，法国甚至专门设立法兰西学院这样的机构来清除英语对法语的污染，比如电子邮件，法语中就禁止使用英文的EMAIL，而是另造一个法语词。法国还自觉抵制美国的快餐文化，以强调法国饮食文化的高雅。所以，以法国文化的威力往往要靠法国人对以美国为首的全球化的排斥来推动。而对中国的文化外交来说，作为同西方主流文化的异质文化在对外传播上既有劣势又有优势。中国要弘扬自己的文化，必须立足于自己的文化传统，只能借鉴和吸收西方的优秀文化，而不能全盘西化，否则就无所谓中国文化了，同时也是无法实现的。而要在西方文化占主体的世界体系中开拓出东方文化价值的天地，的确面临着很大困难。但是，中国独特而深厚的文化内涵的发展符合当今世界文化多样性的发展潮流，其吸引力，特别是对西方世界的吸引力是同质的法国文化所无法比拟的。

中国文化外交“赤字”严重，需要补课。与中国日益强大的经济影响相比，中国在对外方面缺乏有力的文化表现。正如英国前首相撒切尔夫人最近所说，中国出口的只是电视机，而不是思想观念。[①] 应当看到当今中国对外文化传播上不仅数量不够，而

---

① 《凤凰周刊》2006 年第 16 期。参见 http：//hk-btex. com/archiver/？tid-43379. html.

且在有限的对外文化交往中能体现中华真正文化内涵的东西也十分缺乏。在世界各地举办的“中国文化节”给人印象是往往是红灯笼、少林功夫、京剧，一片热闹，而热闹过后真正给外国人留下的中国文化印象可能微乎其微了。借鉴法国等西方发达国家对外文化交流的经验，让中国文化精髓走出去，在世界文化交流中确立以中国文化为代表的东方文化地位，任重而道远。

会议综述

高瞻远瞩、继承创新

——江泽民外交风格研讨会

苏　宁*

2006年8月22日，上海社会科学院世界经济与政治研究院举办了“江泽民外交风格”研讨会。黄仁伟、倪世雄、周汉民、吴寄南、金应忠、郭隆隆、张曙光、夏立平、赵宏伟、周建明、潘光、王少普、刘鸣、李秀石等学者出席研讨，世经政院院长张幼文研究员主持会议，上海社科院王荣华院长对研讨会进行了系统的总结。

第三代领导集体的外交战略和江泽民同志的外交活动，是我国取得当前国际地位，并不断提升国际地位的根本原因，也是建设和谐世界的重要理论和实践依据。在研讨会中，上海国际问题研究领域的著名学者共聚一堂，以对《为了世界更美好——江泽民同志出访纪实》一书的学习体会作为切入点，共同探讨了江泽民同志领导下中国外交所取得的巨大成就及相关经验，并对建设中国特色社会主义道路，以及国际关系理论等问题进行了深入讨论。

* 苏宁，上海社会科学院世界经济研究所助理研究员，历史学博士。

一、江泽民同志对我国外交的重大贡献

1. 和谐世界理论

在外交活动中，江泽民对我国的对外关系理论进行了深入、战略性的思考，其13年的外交实践开辟了“和谐世界”理论的发展方向。当前，我国致力于在国际社会创建和谐的国际环境，同江泽民的外交理念密切相关，体现了江泽民开创的外交格局与现阶段外交创新之间的内在联系。

从时间序列上看，江泽民外交风格和外交实践无疑是中国建设和谐世界的最初实践。在他的推动下，“和谐世界”成为中国在新阶段的外交目标和外交原则。这一理论与过去相比有很大发展，从最初的强调反霸，到强调国际新秩序、国际关系民主化，到今天我国主张“和谐世界”，体现了层层递进的关系。

通过具体的外交行为，江泽民同志向世界展现了中国的和平与和谐形象。中国提出和平发展与和谐世界，必须首先使世界了解中国，认识到中国不是可怕的威胁。对于外界提出的中国发展对世界的负面影响，外交实践上的回应与理论上的回应同样重要。江泽民同志的外交实践着重强调了中国不会影响世界的发展，中国的发展将为全世界贡献和谐，促进世界的共同繁荣，江泽民作为国家领导人，通过具体的外交行为，向世界展现了中国具有亲和力的形象，促进了和谐世界理念的传播。

此外，江泽民的外交风格体现了大国风范，体现了以人与人的和谐关系来处理国与国之间和平共处，共同发展的主题，体现了中国文化与外交的创新性结合。在国家的外交实践、外交风格如何体现中国的文化和思想的意义，如何体现文化层面的影响力这一重大课题上，江泽民的外交实践为我们提供了良好的基础。

与会学者一致认为：江泽民同志的外交实践开辟了和谐世界的理论基础，系统学习江泽民的外交实践经验，将有利于国际关系的理论创新，并为探讨中国发展的世界意义这一命题提供了良好的基础。

在建设和谐世界的发展方向问题上，从目前及未来一段时间的发展状况看，推进建设和谐世界的“路线图”可以分为三个阶段：

第一阶段即目前所处的阶段，基本属于传统的权利平衡、权利均势状况、一超多强的力量结构向多极化发展。

第二阶段是相互依存的国际世界，力量的布局趋于均衡。从大国关系讲，互不对称的相互依存概念越来越明显：首先体现为经济全球化，而后是包括安全领域的多方面相互依存。

第三个阶段是政治、经济、安全等领域实现一体化：首先为区域一体化，而后是整个世界的一体化。

在影响建设和谐世界的因素方面，有学者指出，民族主义和宗教因素是两个十分值得我们关注的问题。

民族主义的负面影响，历史上已有许多教训：第二次世界大战的战争发动国德国和日本，就将民族极端主义或非理性民族主义运用到国家活动的层面，并使用战争手段加以推行。目前，在大国层面，国家间发生战争的可能性大大减少了。但也应看到，非理性、不健康的民族主义仍然存在。一些大国热衷于建立“帝国”、单边主义、在国际事务的处理中采用战争的手段，实际上也是非理性民族主义。

当前的宗教因素，常常同民族主义相结合。一些大国当前的新保守主义、单边主义政策以及“极右”和极端举措，都同宗教因素有很大的关系。非理性的民族主义和宗教相结合，具有很大的危险性，也是建设和谐世界的重大障碍。

建立和谐世界的一个重大课题是：建立更加公正、合理的新型全球安全架构。作为新型的全球安全架构，主要应具备三个重要组成部分：

第一，大国战略稳定框架。这一框架若得到妥善维护，可以实现大国的协调发展。

第二，各国合作对付非传统安全威胁。

第三，新型核不扩散机制。在此机制中应加强各主权国家间合作，共同对应当前最危险的问题——核恐怖主义。

2. 外交路线创新

江泽民同志的外交风格和思想，是在冷战格局结束后世界的结构性转变这一特定历史条件和背景下形成的。他因应时代的变化，适时地对外交路线进行创新，出色地完成了化解矛盾、推进发展这一艰巨的外交使命。

从大的格局上看，江泽民同志的外交贡献，在于完成了中国后冷战时期的外交转变，展开了冷战后中国外交的布局。在邓小平时期，中国的外交基本上是在冷战后期的框架下进行的，受历史条件的限制，当时难以大规模展开冷战后的外交布局。

在江泽民同志的领导下，中国的外交路线出现了重大的发展，这一重大变化体现在 1996 年，该年第一次成立了以中国主导的国际组织，即上海五国组织。标志中国从双边外交转向多边外交，从不结盟外交转向集体安全。1997 年 3 月，中国在东盟论坛上，正式公布了新安全观文件。随后，江泽民主席在上海五国组织会议上正式提出了新安全观精神。这样，在江泽民同志的指导下，中国的外交从毛泽东时代的结盟外交、第三世界外交逐渐转变为多边外交、集体安全的方向。他提出了新安全观的基本理念，由他倡导创建的上海合作组织也成为这一理念的成功之作。

江泽民时期，中国外交目标确定为追求和平发展，在大国关系定位上也致力于和平发展，重视多边外交，从而推动了我国的多边外交迅速发展，促进了世界格局的多极化发展。

3. “和而不同”理念

江泽民同志倡导的“和而不同”理念是他在外交方面的重要创新。这一理念是中国传统文化的精髓之一，但将其用于当代的国际关系，则是江泽民同志的创造。

冷战结束以后，在国际关系层面的意识形态因素大大下降，但不同文明之间的矛盾日趋复杂。在这样的情况下，江泽民同志2002年在哈佛大学演讲中，系统地阐述了“和而不同”的理念，强调和谐，共生共长，相辅相成的观念。

“和而不同”的理念，既是对和平共处五项原则的继承发展，也是对邓小平同志和平发展外交主题的发扬。同时，“和而不同”的思想也为以胡锦涛为总书记新一代中央领导集体进一步发展“和谐世界、和谐地区，和谐发展道路，科学发展观”的外交战略提出了清晰的指导思想。

4. “实事求是、与时俱进”的外交核心理念

江泽民外交风格的核心理念，就是“实事求是、与时俱进”。江泽民同志上任之初，我国外交处于非常困难的环境。但是，中国终究要改革开放，要走向世界，要直面困难的环境，而解放思想便成为外交事业继续向前发展最重要的因素。

面对困难情况，他深入考察时代、形势变化的状况，敢于面

对新问题、新情况，并根据实际情况来解决这些问题。例如：在与以色列建交问题上，江泽民突破了传统的外交思路，在照顾第三方利益和感情的基础上实现了多方的共赢。许多外交事例证明，在与时俱进方面，江泽民同志作出了表率。他引进了新的外交核心理念，即随着时间的变化，我国的外交必然会遇到新的问题，而外交工作就是根据实际情况解决这些问题。

当前阶段，作为研究中国外交关系而言是一个新的起点。江泽民同志的外交风格、新的外交理念，应当作为党和人民的智慧来理解，并得到很好的继承和发扬，以适应新的发展情况。

5. 针对性强的外交特征

在WTO、世博会等重要事件的争取和申办过程中，江泽民同志的外交思想和外交风格起了巨大的作用。作为大国的领袖，他在决策中体现出的政治远见可用“高瞻远瞩、针对性强”八个字概括。在加入WTO、申奥、申博等过程中，江泽民的视野并未局限于事件本身，而将之视为民族复兴的舞台与机遇，从而作出更高立意、更具针对性的决策。在实践中，江泽民同志根据相关特点从民间外交着眼，从多边外交舞台着手的外交针对性风格也得到充分体现。江泽民外交思想中的针对性特征对我国外交的未来发展将产生很强的指导作用。

6. 为我国争取了安全的外部环境

以江泽民同志为领导核心的中国外交历程中，外交的总目标是使中国更加安全、更加发展，使中国更美好。中国的这一段外交历程，首先是为摆脱西方国家对我国的制裁和压力，争取中国的安全以及发展机会而努力的13年。江泽民同志对诸多危机的处理，在很大程度上是为了解决中国的国际环境安全和经济安全问题。中国主张更公正、更合理的国际秩序，这一主张贯彻在外交政策当中，就在于妥善地处理与我们有矛盾或者有争议的国家关系，通过和平协商的方式解决争议，使地区和世界更美好。

与会学者认为：江泽民同志领导时期的中国外交，一直致力于使中国更为安全，并为国家的发展奠定基础。在这13年的外交历程中，江泽民同志为获取中国的外部环境安全、经济安全积极奋斗，取得了许多重大的胜利，最终使国家的发展安全基本得到了保障。

二、江泽民对主要大国外交经验的总结

1. 对美外交

江主席对美外交思想是他整体外交思想的重要组成部分。在处理中美关系问题上，他提出了对美工作“增进了解，扩大共识，发展合作，共创未来”的16字方针和“登高望远、面向未来”的新世纪发展方向，并指出应以“长远、全局、积极向前”的态度来处理中美关系的原则。

在对美战略问题上，江泽民的历史贡献可用“继承发扬、承上启下”8个字来概括。他继承了毛泽东、邓小平同志对美的战略思想，深入总结了中美之间的战略共同利益，并以之为基础，提出以长远、全局、积极向前的态度来处理中美关系的原则，树立了其处理中美关系高瞻远瞩的风格和思想。这些思想对以胡锦涛总书记为核心的党中央对美外交思想起到承上启下的作用。

在江泽民同志的主持和指导下，我国学者第一次认真讨论了中美之间的战略共同利益，总结出中美双方不愿意进行战争或者战略对抗、双方互相有巨大的市场需求、中国要学习美国的先进

经验、中国在亚洲地区不直接挑战美国在亚洲的利益存在、双方都需要世界稳定等重要共同点。江泽民在与克林顿会晤时共同讨论了这些共同战略利益，并以此为基础上形成了双方战略伙伴关系的定位，目前进一步发展为“负责任的利益相关方”定位。

此外，在中美与中以关系的关联处理上，江泽民同志提出要了解美国，了解美国犹太人，了解犹太人的运作方式。他提出，要了解美国金融一定要了解犹太人的运作方式。对犹太人的研究不仅要研究犹太人的民族，更要与中美、中东关系相结合。

与会学者认为：1989—2002 的 13 年中，国际形势经历了冷战结束、世纪之交、以及“9·11”事件变化的发展。在整个过程中，江泽民同志适应形势的发展，及时提出了对美方针的新思路、新方针、新原则，这些思想将成为我们宝贵的财富。

2. 对日外交

江主席指导我国外交的 13 年里，在中日关系方面取得了巨大的进展。从他的思想和实践方面，主要有四个特点和贡献：

第一，对中日关系的定位。20 世纪 90 年代初，江泽民同志就提出加强中日关系间“相互交流”的清晰定位，以此为基础，中日经济关系打开了突破口，西方对华经济封锁也随之打破。在促进交流的定位下，13 年中中日双方的国家元首实现了互访，这也是历史上的第一次。

第二，江主席在对日关系问题上提出了“以史为鉴、面向未来”的八字方针。江主席的谈话中一再提到，历史是中日之间无法回避的问题，希望日本领导人对历史负责，对中国和广大亚洲人民作出正面的表示。

第三，在对日外交中，江泽民重视做日本政坛新生代的工作。江泽民同志及时把握了日本政坛新老交替的重要情况，推进外交中与日本新生代政治家的交流，对我国对日外交的发展发挥了重要的作用。

第四，江泽民同志提出加强中日民间友好的重要命题。他在2000年5月会见日本客人的时候提到，民间友好是中日友好的一个传统优势，要做好这方面的工作。他自己也身体力行，广泛会见日本各阶层人士，在日本人民中间留下了深刻的印象。

3. 中俄及中亚外交

中俄及中亚关系的快速发展成为江泽民诸多外交成果中的一个突出亮点。在江泽民对俄外交实践中，其重大贡献主要反映为四个方面的内容：

第一，江泽民同志坚决贯彻了邓小平对俄的战略思想，尊重各国人民的选择，不以意识形态挂帅，始终坚持发展国与国之间关系。由于始终贯彻了这一战略思想，中俄双边关系的总方针得以确立，从而使中俄两国继续沿着合作关系发展，和平共处。

第二，启动“上海五国”组织，解决历史遗留的边界问题。在谈判中，面临着主体变化等十分复杂的情况。在江主席的直接决策下，最终的协议在中俄和五国的边境地区建立了互信机制，解决了几百年遗留的边境问题。最终的五国协议在五国的边境地区建立了互信机制，解决了几百年遗留的边境问题，并塑造了“上海五国”组织的最初雏形。

第三，推动“上海五国”组织的升级。在江主席的积极推动下，从1996—2002年，五方召开对升级问题进行积极讨论，使这一原本解决边界问题的会议机制，发展成综合性地区合作组织。

第四，提出“上海精神”。2001年，江泽民同志确定并正式提出了“上海五国”的20字精神。5年来，以这一精神作为指导方针，中国进一步提出了和谐地区、和谐亚洲。江泽民同志的“上海精神”是对邓小平整体战略思想的概括，也成为中国外交的指导方针。20字的总结为我国进一步形成系统的外交理论提供了基础。

三、江泽民同志的独特外交风格

1. 开创新风格

在江泽民同志外交实践对我国外交风格的创新性影响方面，主要有以下几个突出特点：

第一，外交实践从大局着眼，体现了“有理、有利、有节”的风格。以中美关系为例，无论是1992年的银河号事件，1996年的导弹危机以及1999年的南斯拉夫大使馆事件，在一系列突发事件中，江泽民同志始终能从大局着眼，本着“斗而不破”的务实态度，使事件较为顺利地化解。

第二，江泽民同志善于以国际流行方式处理外交，在国家领导人中开创了一代风格。江主席利用国际流行的外交风格，与世界主要大国的领导人关系更为接近，有了更多的共同语言，有利于我国外交向多边外交方向转变。在他的促进下，APEC和上海合作组织获得了积极发展。中国的外交也因他的个人风格而带上了独特的“海派”风格，这种风格缩短了中国与西方国家之间的距离。

第三，江主席的外交风格使中国外交更具有外向性。在邓小平时代中国强调和平发展，但外交整体特征还不具备外向型。江泽民外向性的外交风格推动下，中国的形象在国际舞台中得到充分展示，江主席独特的个人风格也推进了中国外交外向性的发展。

第四，江泽民的外交风格使中国外交风格从强调原则转变为原则与灵活性并重的成熟形态。国际政治及国际关系的复杂状况需要外交的灵活性，一段时间以来，中国的外交侧重对原则的强调，显得灵活性稍有不足。13 年中，江泽民原则与灵活并重的外交风格逐渐使中国外交的整体发展趋势中带上了这一基本风格和特点。

2. 开拓新领域

江泽民同志在外交上的成功，除了他自身的优秀素质使然外，还与他积极开拓大国伙伴外交、首脑外交以及公共外交等新领域有密切的联系。这些领域的开拓对于我国外交事业而言，是非常有意义的全新尝试。

其一，江泽民同志十分注重发展大国外交，特别强调伙伴外交。在推进与俄罗斯的全面合作，对美国的持久关系等方面，江泽民致力于建立伙伴关系的落脚点非常清晰。

其二，是首脑外交。过去 20 年的经济全球化，加上媒体技术发展，使首脑外交日益引起舆论的重视。江主席强调应当身体力行，同时提出元首外交中“注重对话，不过分强调解决问题”的新思路。并在元首外交上逐渐把经济与政治剥离，使经济关系趋于非意识形态化。

其三，是公共外交。江主席对这一方面非常注重，进行了良好的尝试。在出访期间，江泽民同志出席了一系列高品质的记者发布会。这一时期，中国无论在西方社会，还是发展中国家中，都发出非常清晰的声音。

其四，是注重文化在外交方面的作用。江主席自身一方面十分关注对国外文化的研究，同时十分重视对访问国地理、人情、风情的了解，并通过文化因素的交流更好地展示中国的软实力。

3. 浓厚的文化色彩

江泽民同志的外交风格中，文化色彩浓厚是最明显的特点之一。他善于将中国传统文化优秀内容和西方文化中的优秀内容结合起来，其“和而不同”的外交理念拉近了中国同世界的距离，增加了中国的外交亲和力，进而更好地展现了我国的软实力。从江泽民同志开始，从中国传统文化发掘优秀内容推进外交工作成为指导思想。

在发挥文化影响力的途径方面，江泽民通过出访找到了非常好的切入点。在外交访问中，他突出了中国外交的文化内涵，利用中国五千年文明的魅力，拉近同世界的距离。在13年中，江泽民几乎走遍了所有与我们有外交关系的国家，通过不同文化间的内涵交流，逐渐使外界接受中国，了解中国，拉近同中国的距离，最后使中国文化为世界认同。这一切入点非常巧妙，使世界感受到新世纪中国外交的文化内涵。同时，这些经验对我国在新的历史条件下更好地运用中国的文化优势，通过外交为中国的利益服务也提供了很大的启发。

冷战结束后，中国在走向世界，中国对世界的了解更加深刻，对世界文明的了解更为丰富。更重要的是，寻找中国同世界各国的相同之处，大大增加了我国的外交亲和力。当前，建立和谐世界已成为我们的外交目标。从目前来看，关于和谐的最好的切入点就是文化内涵。在新的历史条件下如何更好地使用中国的文化优势，使外交为中国的利益服务，在这一问题上，江泽民同志的外交特色对我们有很大的启发。

4. 尊重学者、尊重知识

江泽民同志在处理外交事务当中，十分注意虚心倾听广大社会科学工作者的建议，注重学习，积极收集资料，并对各国文化、风情等方面进行深入的研究。在中美关系等重要问题的决策及政策制定时，江泽民同志总在事先与相关专家学者进行深入探讨，并做详细的记录，同时对每一个主要观点都深入反复探讨，由此确立大的战略考虑。此外，在外交出访前，江泽民同志十分注意对出访国历史、宗教、文化等方面的学习与研究，并对外交上可能出现的不利因素进行充分准备，做到成竹在胸、游刃有余。这些都体现出他尊重学者、尊重知识的认真态度和谦虚品格。

四、总结与展望

关于中国未来的外交发展，与会学者认为：在当前阶段，国际政治多极化，国际经济全球化的趋势日益明显，我国综合国力日益得到加强，国际地位不断提高，涉外利益迅速扩展，并日益广泛、深入地参与到国际事务当中去。我国全方位的外交格局已基本确立。当前的局势可以总结为：中国的发展离不开世界，世界的发展更需要中国。国内、外的事件紧密联系，国内、国际大局互动增强，从外交角度研究世界、研究国际事务对于国家的发展，对于中华民族的振兴有着越来越重要的作用和地位。在这种背景下，江泽民同志的外交经历和外交风格，将成为广大社会科学工作者们的宝贵精神财富，世界形势的变化也日益需要我们加强这一领域的研究。

图书在版编目（CIP）数据

多边机制与中国的定位/上海社会科学院世界经济与政治研究院编.
—北京：时事出版社，2007
（国际关系研究·第四辑）
ISBN 978-7-80232-053-6

Ⅰ. 多… Ⅱ. 上… Ⅲ. 中外关系—研究 Ⅳ. D822

中国版本图书馆 CIP 数据核字（2006）第 154265 号

出版发行：时事出版社
地　　址：北京市海淀区万寿寺甲 2 号
邮　　编：100081
发行热线：（010）88547590　88547591
读者服务部：（010）88547595
传　　真：（010）68418647
电子邮箱：shishichubanshe@sina. com
网　　址：www. shishishe. com
印　　刷：北京百善印刷厂

开本：787×1092　1/16　印张：22　字数：260 千字
2007 年 1 月第 1 版　2007 年 1 月第 1 次印刷
定价：45.00 元